Gunther Hellmann · Christian Weber · Frank Sauer (Hrsg.)

Die Semantik der neuen deutschen Außenpolitik

Gunther Hellmann · Christian Weber
Frank Sauer (Hrsg.)

Die Semantik der neuen deutschen Außenpolitik

Eine Analyse des außenpolitischen
Vokabulars seit Mitte
der 1980er Jahre

VS VERLAG FÜR SOZIALWISSENSCHAFTEN

Bibliografische Information der Deutschen Nationalbibliothek
Die Deutsche Nationalbibliothek verzeichnet diese Publikation in der
Deutschen Nationalbibliografie; detaillierte bibliografische Daten sind im Internet über
<http://dnb.d-nb.de> abrufbar.

1. Auflage 2008

Alle Rechte vorbehalten
© VS Verlag für Sozialwissenschaften | GWV Fachverlage GmbH, Wiesbaden 2008

Lektorat: Frank Schindler

VS Verlag für Sozialwissenschaften ist Teil der Fachverlagsgruppe
Springer Science+Business Media.
www.vs-verlag.de

Umschlaggestaltung: KünkelLopka Medienentwicklung, Heidelberg
Druck und buchbinderische Verarbeitung: Krips b.v., Meppel
Gedruckt auf säurefreiem und chlorfrei gebleichtem Papier
Printed in the Netherlands

ISBN 978-3-531-16064-1

Inhaltsverzeichnis

Vorwort

Das Humboldt'sche Ideal der „Einheit von Forschung und Lehre" fehlt auch in „Bologna"-Zeiten nur selten in den Reden deutscher Hochschulpolitiker. Dass die Freiräume zur praktischen Umsetzung dieser „Einheit" unter den Bedingungen moderner deutscher BA/MAssenuniversitäten allerdings immer stärker schwinden, liegt für alle Insider auf der Hand. Umso dankbarer sind sie, wenn sie diese wenigen Freiräume ausschöpfen und den gesamten Forschungsprozess von der Formulierung eines Problems bis zur Veröffentlichung eines wissenschaftlichen Aufsatzes bzw. eines Buches in einem Lehr-Forschungsprojekt durchlaufen können.

Das vorliegende Buch und ein parallel von der „Politischen Vierteljahreschrift" veröffentlichter Aufsatz sind das Ergebnis eines solchen Projekts. Beide basieren auf den Ergebnissen der zweisemestrigen, forschungsorientierten Lehrveranstaltung „Das neue außenpolitische Vokabular der Berliner Republik: Untersuchungen zur Veränderung deutscher Außenpolitik", die Gunther Hellmann im Wintersemester 2004/2005 sowie im Sommersemester 2005 an der Johann Wolfgang Goethe-Universität, Frankfurt am Main unterrichtet hat. Frank Sauer und Sonja Schirmbeck haben diese Veranstaltung anfangs als Tutoren begleitet. Christian Weber war zunächst als Student Teilnehmer der Veranstaltung. Bereits im Frühjahr 2005 unterstützte er den Arbeitsbereich allerdings auch als „studentische Hilfskraft" – und in diesem Zusammenhang wirkte er wesentlich an der Umsetzung dieses Lehr-Forschungsprojekts mit.

Die Bezeichnung „Lehr-Forschungsprojekt" (laut Studienordnung handelte es sich korrekt um ein „Empiriepraktikum") deutet bereits darauf hin, dass die Studierenden, die an dieser Lehrveranstaltung teilgenommen haben, wesentlichen Anteil am vorliegenden Endprodukt haben (auch wenn sich die Anteile aufgrund einer unterschiedlich intensiven Beteilung nach Abschluss der Lehrveranstaltung teilweise merklich unterscheiden). Unser Dank gilt daher insbesondere den Teilnehmern dieser Lehrveranstaltung: Rebecca Agrícola, Kristin Bode, Tobias Betz, Knut Büttner, Joel Fourier, Jacob Fuß, Jan Olaf Hess, Lisa van Holt, Sebastian Kessler, Oliver Kleppel, Erhard Mattern, Sandra Michels González, Guido Rosemann, Bouchra Sakali, Johann Schewe, Maik Sommerlad, Ursula Stark Urrestarazu, Frank Walzel, Christian Weber und Daniel Woitoll. Nach Abschluss der Lehrveranstaltung haben sich davon vor allem Rebecca Agrícola, Kristin Bode, Sebastian Kessler, Sandra Michels González, Johann Schewe, Ursula Stark Urrestarazu, Christian Weber und Daniel Woitoll an der Erstellung der Beiträge im Hauptteil dieses Buches beteiligt. Die Würdigung ihrer Mitarbeit findet sich jeweils in der ersten Fußnote der einzelnen Beiträge. Für konstruktive Kommentare zu früheren Fassungen von Teilen dieses Manuskriptes danken wir ferner den Teilnehmern der „offenen Sektionstagung" der Sektion Internationale Politik in der DVPW im Oktober 2005 in Mannheim, insbesondere Reinhard Wolf, dem Kommentator des Panels „Neue Ansätze zur Analyse deutscher Außenpolitik" sowie den Teilnehmern des Kolloquiums Internationale Beziehungen an der Johann Wolfgang Goethe-Universität Frankfurt am Main. Zumindest indirekt an diesem Projekt beteiligt waren auch andere (frühere bzw. derzeitige) Mitarbeiter im Arbeitsbereich der Professur von Gunther Hellmann. Zu nennen sind hier vor allem Rainer Baumann, Benjamin Herborth und Gabi Schlag, deren Beiträge in unterschiedlichsten Diskussionszusammenhängen zumindest indirekt in dieses Projekt eingeflossen sind. Ihnen allen gilt unser Dank.

Frankfurt am Main im März 2008

Gunther Hellmann
Christian Weber
Frank Sauer

Vokabularanalyse – Ein sprachanalytischer Ansatz zur Erforschung außenpolitischer Identität

Gunther Hellmann / Christian Weber / Frank Sauer / Sonja Schirmbeck

> „Unser Fehler ist, dort nach einer Erklärung zu suchen,
> wo wir die Tatsachen als ‚Urphänomene' sehen sollten.
> D.h., wo wir sagen sollten: *dieses Sprachspiel wird gespielt*"[1]

> „Stellen wir uns die Tatsachen anders vor, als sie sind,
> so verlieren gewisse Sprachspiele an Wichtigkeit, andere werden wichtig.
> Und so ändert sich, und zwar allmählich,
> der Gebrauch des Vokabulars der Sprache."[2]

Einleitung

Kontinuität und Wandel sind zwei Kategorien, die die politikwissenschaftliche Analyse deutscher Außenpolitik im letzten Jahrzehnt wesentlich prägten. Außenpolitische Kontinuität wurde dabei zumeist im Sinne des Festhaltens an den bundesrepublikanischen Handlungsmaximen eines „Handelsstaates" oder einer „Zivilmacht" verstanden, außenpolitischer Wandel hingegen in aller Regel als Hinwendung zu einer stärker eigenständigen und machtorientierten Politik konzeptualisiert. Befürworter eines so verstandenen Wandels forderten eine „Normalisierung" der deutschen Außenpolitik, während diejenigen, die ihn eher befürchteten denn erhofften, vor einer drohenden „Militarisierung" warnten.[3] Bis weit in die erste Amtszeit der Regierung Schröder hinein dominierte in fachwissenschaftlichen Kreisen die Auffassung, dass die Kategorie der Kontinuität die Außenpolitik des vereinten Deutschlands weit treffender charakterisiere, als die des Wandels. Je deutlicher die rot-grüne Regierung jedoch von früheren außenpolitischen Maximen abwich, desto mehr geriet die Kontinuitätsthese in Widersprüche. Beispiele wie der Konflikt mit Frankreich um die Verstärkung der deutschen Stimmgewichtung im EU-Ministerrat Ende der neunziger Jahre, die deutschen Vorstöße zur Relativierung des Euro-Stabilitätspakts oder auch das forcier-

---

[1] Wittgenstein 1984a (1958): § 654, Hervorhebung im Original.

[2] Wittgenstein 1984b (1969): § 63.

[3] Zur „Normalisierung" bzw. machtpolitischen Selbstbehauptung vgl. etwa Schwarz 1994, Baring 1999, Hacke 2003, 2006, Schöllgen 2003, 2004 und Crawford 2007. Zur These der „Militarisierung" vgl. Berndt 1997 und Mutz 2000.

te Streben nach einem ständigen Sitz im UN-Sicherheitsrat waren nur schwerlich mit der „Bonner" Tradition außenpolitischer „Zurückhaltung" in Übereinstimmung zu bringen.[4] Erst die markanten und teilweise auch offen als Tabu-Brüche markierten Einschnitte in der deutschen Außenpolitik im Nachgang zu den Ereignissen des 11. Septembers 2001 sowie dem US-Feldzug gegen Saddam Hussein im Irak ließen auch in politikwissenschaftlichen Fachkreisen die Erkenntnis wachsen, dass die Veränderungen möglicherweise doch tiefer reichen könnten, als lange Zeit angenommen.[5]

In diesem Buch soll nicht die Diskussion darüber fortgesetzt werden, *ob* Kontinuität oder Wandel überwiegt. Wichtiger erscheint uns vielmehr die Frage, *wie* sich die deutsche Außenpolitik in den vergangenen Jahrzehnten entwickelt hat und *woran* man neue Elemente, gegebenenfalls erkennen und festmachen kann. Wir schlagen in diesem Buch eine neue Methode vor, die es ermöglicht, solchen Entwicklungen nachzuspüren. Dabei gehen wir davon aus, dass man etwaige zurückliegende Veränderungen sowie gegenwärtige Trends besser verstehen kann, wenn man die *Sprache* der Außenpolitik in den Mittelpunkt der Untersuchung rückt und graduelle Veränderungen in den Narrativen über deutsche Außenpolitik rekonstruiert.

Welcher Stellenwert Sprache bei der Analyse von Politik eingeräumt werden und unter welchen Gesichtspunkten man politische Debatten untersuchen sollte, wird in der Politikwissenschaft strittig diskutiert. Man kann hier zwischen drei grundsätzlichen Auffassungen unterscheiden: Der ersten Auffassung nach zählen sprachliche Äußerungen nicht zu den „harten Fakten", da man sich nie sicher sein könne, ob Politiker sagen, „was sie wirklich denken" oder ob sie mit ihren Äußerungen nicht vielleicht ihre „wahren Absichten" verschleiern wollen. Entsprechend marginalisiert wird folglich die Analyse politischer Sprache. In der zweiten Auffassung steht gerade die Möglichkeit des bewussten instrumentellen Einsatzes von Sprache im Mittelpunkt. So versucht eine Reihe von Autoren, die politische Absicht hinter dem rhetorischen Schliff politischer Reden offen zu

---

[4]   Zur deutschen Europapolitik vgl. Hellmann 2006a; zur deutschen UN-Politik vgl. Hellmann/Roos 2007.

[5]   Einige Beobachter stimmen zwar zu, dass gewisse Veränderungen nicht zu leugnen sind, sehen aber den Kern Bonner Traditionen weiterhin in einer Form von „Kontinuität durch Wandel" (Risse 2004, 2007) gewahrt. In diesem Sinne argumentiert auch Hanns W. Maull, der bisherige Veränderungen als unumgehbare Anpassungen an veränderte Rahmenbedingungen interpretiert: „Wandel lässt sich [...] nur in begrenztem Umfang feststellen, er beschränkt sich im Wesentlichen auf Politikanpassungen im Bereich der Sicherheitspolitik und Veränderungen im außenpolitischen Stil und in der Rhetorik und ist insgesamt als Wandel im Detail innerhalb des Kontextes der Kontinuität zu verstehen." (Maull 2006: 422).

legen und damit einen Beitrag zur Aufklärung über die Funktionsweise politischer Sprache zu leisten.[6] Der dritten Auffassung zufolge, der wir uns anschließen, greifen die ersten beiden insofern zu kurz, als sie die Analyse des Sprachgebrauchs auf deren vermutete instrumentelle Absichten reduzieren und dabei ignorieren, dass jede öffentliche Äußerung zur gesellschaftlichen Sinnstiftung beiträgt und selbst Teil gesamtgesellschaftlicher Einstellungen und Überzeugungen ist. Dieser Auffassung liegt die Annahme zugrunde, dass jede (politische) Äußerung in umfassendere Diskurse eingebettet ist und dass im Gebrauch eines bestimmten Vokabulars bzw. in der Verwendung gängiger Redeweisen nicht nur individuelle Entscheidungen eines Politikers oder seines Redenschreibers zu sehen sind, sondern gesamtgesellschaftliche Überzeugungen zum Ausdruck kommen.

Wenngleich inzwischen einige diskurstheoretisch inspirierte Arbeiten zur deutschen Außenpolitik vorliegen (Bach 1999; Hellmann 1999; Ecker-Erhard 2002; Bock 2002; Baumann 2002, 2006), so scheint uns bislang doch ein Feld politischer Sprache vernachlässigt worden zu sein, dem in außenpolitischen Diskursen vor allem deshalb eine zentrale Bedeutung zukommt, weil sich darin spezifische politisch-kulturelle Eigenheiten unterschiedlicher Diskursgemeinschaften spiegeln. Die Rede ist von *Schlüsselbegriffen* (bzw. „Wortkombinationen" oder „Kollokationen"[7]), die im außenpolitischen Diskurs eine hervorgehobene Position einnehmen und eine große Prägekraft mit Blick auf die Ausbildung kollektiver Bedeutungsstrukturen haben. In solchen Schlüsselbegriffen konzentrieren sich zentrale gesellschaftliche Überzeugungen. Sie bilden damit auch gleichsam den harten Kern des *Vokabulars*, mit dem der deutschen Außenpolitik Sinn verliehen wird. Durch die hier vorgeschlagene Konzentration auf Schlüsselbegriffe soll die

---

[6] Dabei handelt es sich in erster Linie um linguistisch angeleitete Arbeiten über „Leitvokabeln" und „Kampfbegriffe". Vgl. Greiffenhagen 1980; Strauß/Haß/Harras 1989; Townson 1992; Stötzl/Wengeler 1995. Als besonders frühes Beispiel einer ähnlich angelegten politikwissenschaftlichen Sprachkritik vgl. Sternberger 1932.

[7] Vgl. hierzu Busse 2002: 408, der „Wortkombinationen" definiert als „phraseologische Einheiten, die nicht als vollständige syntaktische Struktur oder Teilstruktur verwendet werden können und die daher nicht über das Merkmal der (relativen) syntaktischen Selbständigkeit verfügen". Unter einer „Kollokation" versteht die Linguistik häufig zusammen auftretende Wörter, die manchmal sogar die Form vergleichsweise fester syntaktischer Verbindungen annehmen kann (siehe dazu: Teubert 1999: 299-301, 2006: 49 sowie Reder 2006: 158-161). Im Folgenden geht es daher nicht nur um zentrale *Begriffe* im deutschen außenpolitischen Diskurs wie „Verantwortung", „Macht" oder „Selbstbewusstsein", sondern auch um spezifischere (wenn auch teilweise unterschiedlich geartete) Wortkombinationen oder Kollokationen wie etwa „Verantwortung *übernehmen*", „Macht*politik*", „*Zivil*macht" oder „selbstbewusste *Außenpolitik*".

Bedeutung alternativer Ansätze nicht relativiert, wohl aber das Spektrum möglicher Analysegegenstände diskurstheoretischer Ansätze stärker ausdifferenziert werden. Statt umfassendere Diskurse (oder Diskursstrukturen) zu untersuchen, wenden wir uns hier der kleinsten bedeutungstragenden sprachlichen Einheit zu und begeben uns gleichsam auf die Mikroebene gesellschaftlicher Sinnkonstruktion.

Wichtig ist dabei, dass mit der Analyse eines bestimmten außenpolitischen Kernvokabulars kein Anspruch verbunden wird, im traditionellen Sinne zu *erklären, warum* sich deutsche Außenpolitik (möglicherweise) verändert hat.[8] Vielmehr geht es um einen Beitrag zur *Beschreibung* eines sich (möglicherweise) verändernden Sprachgebrauchs. Dem liegt die – von Positivisten hinsichtlich ihrer weitreichenden Implikationen zumeist unterschätzte – Überzeugung zugrunde, dass die treffende *Beschreibung* der *Erklärung* immer vorausgeht und insofern lediglich *einen* (notwendigerweise *kontingenten)* Ausgangspunkt nachfolgender Erklärungen markiert (Wittgenstein 1984b: § 189). Die vorgeschlagene Vokabularanalyse soll dazu beitragen, besser zu *verstehen, ob* und wenn ja *wie* sich der *Sprachgebrauch* derjenigen Diskursteilnehmer verändert hat, die das außenpolitische Selbstverständnis Deutschlands am stärksten beeinflussen. Die hier zugrunde gelegte Wittgenstein'sche sprachphilosophische Position bedeutet im Kern, dass sich die Bedeutung eines Begriffs nur über seinen *Gebrauch* verstehen lässt und sich „Gebrauch" am besten dadurch illustrieren lässt, dass man „Beispiele gibt".[9]

Zum Aufbau

Das Buch gliedert sich in drei Teile. Auf den folgenden Seiten dieses Einleitungskapitels gehen wir kurz auf die Diskussion in den Internationalen Beziehungen (IB) über die Rolle von Sprache ein und diskutieren die Nachteile einiger bisheriger konstruktivistischer Arbeiten zur Konstruktion kollektiver Identitäten. Vor diesem Hintergrund stellen wir daraufhin unseren Ansatz der Vokabularanalyse vor, der die nachfolgende Untersuchung anleitet, und fassen die ihm zugrunde liegenden theoretischen Annahmen sowie das Kernanliegen der empirischen Analyse zusammen. Wir verorten unseren Ansatz an der Schnittstelle zwischen Diskursanalyse und Begriffsgeschichte. Er zeichnet sich darüber hinaus durch sprachphilosophische Einflüsse aus dem Spätwerk Wittgensteins aus. Die Grund-

---

8   Zu einem solchen Erklärungsversuch vgl. allerdings Hellmann 2006a, 2007.
9   Vgl. Wittgenstein 1984a: §§ 71, 75, 77, 135, 208; 1984b: § 139.

annahme des Ansatzes besagt, dass sich graduelle Veränderungen der außenpolitischen Identität eines Landes unter anderem über Veränderungen des im außenpolitischen Diskurs gebräuchlichen Vokabulars erschließen lassen.

Im zweiten Teil des Buches – man könnte diesen auch als „Wörterbuch des
außenpolitischen Vokabulars der Bunderepublik Deutschland" bezeichnen –
werden die Ergebnisse der empirischen Forschungsarbeit, nämlich die Rekon-
struktionen des Bedeutungswandels von vierzehn ausgewählten Begriffen des
außenpolitischen Diskurses, im Detail vorgestellt. Jeder Beitrag zu einem Schlüsselbegriff beginnt mit einer kurzen Beschreibung der jeweils üblichen alltagstypi-
schen Begriffsverwendung. Daran schließt dann eine detaillierte Analyse an, die
die Entwicklung des Gebrauchs und damit auch der Bedeutung einzelner Schlüsselbegriffe im außenpolitischen Diskurs Deutschlands in einem Zeitraum von
1986 bis 2002 rekonstruiert. Die Zusammenhänge zwischen verschiedenen
Schlüsselbegriffen werden hier bereits durch Querverweise hervorgehoben, allerdings noch nicht ausführlich diskutiert.

Im dritten Teil diskutieren wir schließlich, warum die einzelnen Schlüsselbegriffe nicht isoliert voneinander, sondern als Teil eines *zusammenhängenden* und
sich auch *als Ganzes verändernden* Vokabulars betrachtet werden sollten. Vor diesem Hintergrund präsentieren wir auch unsere Schlussfolgerungen mit Blick auf
die Entwicklung der deutschen Außenpolitik. Abschließend skizzieren wir einige
allgemeinere Implikationen sowohl für diskurstheoretische Ansätze in den IB als
auch die deutsche Außenpolitik. Insbesondere argumentieren wir, dass sich mit
Bedeutungsverschiebungen einzelner Schlüsselbegriffe immer auch das Vokabular als Ganzes verändert. Wir arbeiten heraus, dass sich teilweise weitreichende
Veränderungen von einem typischen „Bonner" zu einem charakteristischen „Berliner" Vokabular vollzogen haben und dass damit eine bedeutsame Erweiterung
des Spektrums an Handlungsmöglichkeiten für die deutsche Außenpolitik einhergeht. Allerdings lassen sich die neuen Handlungsmöglichkeiten nicht eindi-
mensional auf *ein* Profil reduzieren. Eine die „nationalen Interessen" in den Vordergrund rückende, stärker eigenmächtige und betont „selbstbewusste" Außenpolitik wie sie etwa Bundeskanzler Schröder pflegte, bewegt sich beispielsweise
nicht minder innerhalb des neuen diskursiven Möglichkeitshorizontes wie eine
auf Vermittlung und Interessensausgleich im EU-Kontext bedachte Politik unter
Schröders Nachfolgerin Merkel, die die Übernahme „dauerhafter Verantwortung" im Rahmen eines nationalen ständigen Sitzes im UN-Sicherheitsrat aber
nicht minder scheut.

Diskursanalyse und Begriffsgeschichte

Was im Folgenden als Vokabularanalyse vorgestellt wird, ist dem heterogenen Feld konstruktivistischer Forschungsarbeiten in den IB zuzuordnen. Auch sie basiert auf der mittlerweile gängigen konstruktivistischen Prämisse, dass Akteure und Strukturen ontologisch gleichrangig sind und in einem wechselseitig konstitutiven Verhältnis zueinander stehen (Wendt 1999; Adler 2002): Akteure (re-)produzieren durch soziale Praxis ebenjene Strukturen, welche auf sie selbst zurückwirken.

Die Betonung sozialer Praxis hat das Augenmerk sozialkonstruktivistischer Analysen vor allem auf jene ideellen Aspekte gelenkt, die *handlungsleitend* sind. Entsprechend große Bedeutung haben im letzten Jahrzehnt Untersuchungen zur Identität von kollektiven Akteuren (wie etwa Staaten) gewonnen. Identitäten von Staaten – teilweise auch als „Rollen" (Maull 1992; Kirste/Maull 1996) oder „politische Kultur" (Duffield 1999) konzipiert – werden in sozialkonstruktivistischen Arbeiten als historisch gewachsene kollektive Überzeugungssysteme begriffen, die in einem Wechselspiel aus Selbst- und Fremdzuschreibungen entstehen (vgl. Risse 2007; Maull 1992: 54-55; Kirste/Maull 1996: 285-293; Boekle u.a. 2001: 110-115). Identitäten werden dabei zumeist als vergleichsweise stabile Phänomene betrachtet, die sich nur in „ernsthaften Krisensituationen" ändern (vgl. etwa Risse 2001: 203 sowie Legro 2005). Beispiele hierfür wären etwa das Ende des Kalten Krieges oder der 11. September 2001 (vgl. Boeckle u.a. 2001: 132-133).

Eine nachteilige Folge dieses Verständnisses ist, dass Identitätswandel als Veränderungsprozess nur *post hoc* in den Blick gerät und dann auch zumeist als Reaktion auf ebensolche Großphänomene zurückgeführt wird. Der *Prozess* identitärer Veränderung selbst ist in diesem Verständnis weniger bedeutsam und daher zumeist auch weniger erforscht. Vor diesem Hintergrund ist es wenig überraschend, dass sozialkonstruktivistische Studien zur deutschen Außenpolitik lange Zeit davon ausgingen, dass sich die in „Bonner" Zeiten gewachsene und durch den Erfolg der deutschen Vereinigung bestätigte außenpolitische Identität kaum ändern und wenn, dann lediglich (marginal) anpassen werde (Maull 1992, 2006; Berger 1998; Duffield 1999: 779-793; Harnisch/Maull 2001; Risse 2004, 2007). Auf einen zweiten Blick ist der Befund, dass konstruktivistische Forschung über die deutsche Außenpolitik lange Zeit überwiegend Kontinuität feststellte, allerdings erstaunlich, denn konstruktivistische Ansätze in den IB vertreten zumeist den Anspruch, Wandel besser erfassen und erklären zu können, als rationalistische Theorien. Eine mögliche Erklärung für die fehlende Sensibilität konstruktivistischer Ansätze für Veränderungsprozesse in der (deutschen) Außenpolitik scheint darin zu liegen, dass die *konstitutive* Funktion der Sprache bei der (Re-) Konstruktion geteilter Überzeugungen und kollektiver Identitäten weitgehend ausgeblendet wurde. Wendt verweist zwar auf eben diese Bedeutung von Sprache, wenn er schreibt: „since the structure of shared beliefs is ultimately a linguistic phenomenon, this means that language does not merely mediate thinking, it makes thinking possible" (Wendt 1999: 175). Er versäumt es jedoch, diese Erkenntnis systematisch in seinen Entwurf des Verhältnisses zwischen Akteuren und Strukturen zu integrieren. Seine Akteure bleiben stumm. Dieses Versäumnis ist auch einer der Kritikpunkte an der Theorie Alexander Wendts, in der die Akteure lediglich durch ihre „Handlungen" und Gesten miteinander kommunizieren.[10]

Unter Rückgriff auf frühere, stärker an ein Wittgenstein'sches Sprachverständnis angelehnte Arbeiten wie jene von Friedrich Kratochwil (1989) und Nicholas Onuf (1989) entstanden neben dem Wendt'schen Konstruktivismus in den letzten Jahren allerdings mehrere Arbeiten, die sich gegenüber der sprachlichen Dimension von Akteurshandeln öffneten. Diese Ansätze gehen davon aus, dass sich gesellschaftliche Sinnkonstruktion in *öffentlichen* Diskursen vollzieht und sich kontinuierlich weiterentwickelt (Wæver 2003: 198f., Diez 1999: 606-609). Das Sprechen selbst rückt somit – als *Wirklichkeit erzeugendes* (Sprech-)Handeln – in das Zentrum der Forschung (siehe Milliken 1999b, 2001; Mattern 2003).

Trotz der Heterogenität diskurstheoretischer Ansätze[11] lassen sich grundlegende Übereinstimmungen feststellen, die sie von jenen Ansätzen in den Internationalen Beziehungen abheben, in denen Sprache marginalisiert oder gänzlich ignoriert wird (vgl. Milliken 1999a: 225, 229-231): Erstens erwachsen aus Diskursen Strukturen der *Signifikation*, welche soziale Realität erst schaffen – das heißt der materiellen Welt wohnt für sich genommen noch keine Bedeutung inne. Vielmehr wird den Dingen in der Welt erst durch soziale Praktiken in Form von – zumeist sprachlichen – Zeichensystemen eine Bedeutung verliehen. Zweitens werden in Diskursen durch ebendiese Bedeutungszuschreibungen soziale Fakten produziert und reproduziert. Das bedeutet, dass im Diskurs festgelegt wird, wer zu einer sozialen Gruppe gehört und wer nicht, wer befugt ist welche Entscheidungen zu treffen und welche Handlungen als legitim erachtet werden. Dadurch wird der Horizont denkbarer Handlungen abgesteckt. Die Eröffnung neuer Handlungswege bedeutet stets ein Verschließen anderer. Insofern haben Diskurse durchaus eine kontrollierende und disziplinierende Stellung im sozialen Zu-

---

10 Zehfuß 1998: 110-114; vgl. hierzu ferner Herborth 2004.
11 Für einen Überblick diskurstheoretischer Ansätze in den IB vgl. Wæver 2003. Zur Entstehung und Charakterisierung dieser Ansätze in den Sozialwissenschaften allgemein vgl. Keller 1997.

sammenleben. Indem bestimmte Äußerungen als legitim und bestimmte Sprecherpositionen als autoritativ definiert werden, werden nicht zuletzt auch die Bedingungen festgeschrieben, unter denen Sprechhandeln stattfindet. Drittens ist es jedoch zugleich charakteristisch für Diskurse, dass sie nie völlig abgeschlossen sind und selbst dominierende Deutungen, die als Wahrheit angesehen werden, sich in einer fortwährenden Praxis der (Re-)Produktion von Sinn bewähren müssen. Aufgrund dieses „Spiels der Praxis", in dem Akteure sich ihres Wissens und ihrer Identität durch ständige Artikulation und Reartikulation vergewissern, sind Diskurse historisch kontingent und veränderbar. Sie haben notwendigerweise immer offene Enden und bleiben somit anschlussfähig für alternative Deutungen.

Eine weitere Gemeinsamkeit diskurstheoretischer Ansätze in den IB besteht darin, dass in den Internationalen Beziehungen Diskurse zumeist als ein (wie auch immer konzeptualisiertes) *Ganzes* untersucht werden – wenn auch mit unterschiedlichsten Methoden. Diese Fokussierung auf Diskurse als Makrophänomene bzw. komplexe Formationen hat in gängigen Diskursanalysen unter anderem dazu geführt, dass sie für die Feinheiten graduellen Wandels nicht hinreichend mikroanalytisch sensibilisiert sind. Vor allem unterschätzen sie neue Erkenntnismöglichkeiten, die sich dann ergeben, wenn man die kleinsten, aber für die Bedeutungskonstruktion umfangreicherer Diskurse zentralen sprachlichen Einheiten wie Schlüsselbegriffe, Wortkombinationen und Redewendungen in den Mittelpunkt der Analyse rückt. In einigen wenigen empirischen Studien wurden zwar aus der Analyse vergleichbare Begriffe oder Formulierungen herausgefiltert. So hat etwa Jennifer Milliken im Rahmen ihrer Forschungen (Milliken 1999b, 2001) herausgefunden, dass die westlichen Verbündeten ihrem Handeln während des Koreakriegs dadurch eine spezifische Bedeutung zuwiesen, dass sie ihn als Auseinandersetzung zwischen „democracies" und „totalitarians" beschrieben (Milliken 1999b: 101). Zudem hat sie herausgearbeitet, wie wichtig die Verwendung besonders aufgeladener Begriffe wie „the west" und „the free world" im Kontext der Konstruktion oder Reproduktion einer kollektiven Identität ist. Allerdings gibt es nach unserer Kenntnis in den IB bislang kaum vergleichbare Ansätze, die solche Schlüsselbegriffe ins Zentrum der Analyse stellen und das theoretische und methodische Instrumentarium entsprechend darauf ausrichten. In diesem Buch wird ein spezifischer Vorschlag für einen solchen Ansatz entwickelt und empirisch illustriert.[12]

---

[12] Aus dem Feld der IB sind einige Arbeiten erwähnenswert, die einzelne Schlüsselbegriffe des außenpolitischen Vokabulars nach 1990 systematischer untersucht haben. Kreile (1996) konzentriert sich dabei auf den Verantwortungsbegriff (ohne dabei ausführlich auf eine theoretische Verortung einzugehen), Bock (2002) untersucht neben „Verantwortung" auch „Hand-

Aufgrund seiner Fokussierung auf den Wandel kleinerer sprachlicher Sinneinheiten scheint bei diesem Unterfangen der Rückgriff auf die maßgeblich von Reinhardt Koselleck entwickelte *Begriffsgeschichte* eine Möglichkeit zu sein, die benannte Lücke zu schließen (Koselleck 1979, 2002, 2006). Dieses in der Geschichtswissenschaft entstandene Forschungsprogramm hebt hervor, dass die Bedeutung zentraler Begriffe untrennbar verbunden ist mit den politischen und sozialen Erfahrungszusammenhängen, in denen sie gebraucht werden. Gesellschaftliche Veränderungsprozesse und der Bedeutungswandel zentraler Begriffe gehen Hand in Hand. Ein Begriff ist in diesem Sinne „nicht nur Indikator der von ihm erfassten Zusammenhänge, er ist auch deren Faktor. Mit jedem Begriff wer-

---

lungsfähigkeit" und „Sonderweg", Baumann (2002, 2006) konzentriert sich vorrangig auf die Verknüpfung des Begriffs des „Multilateralismus" mit anderen, enger damit verbundenen Begriffen (wie z.B. „Verantwortung"). Stärker als die beiden letzteren Arbeiten, die insbesondere auf diskurstheoretische Ansätze aus der Soziolinguistik (etwa in der Nachfolge von Townson 1992 oder van Dijk 1997) zurückgreifen, knüpft das vorliegende Projekt unmittelbarer an die sprachphilosophische Tradition im Anschluss an Wittgenstein (1984a (1958) und 1984b (1969)) und den amerikanischen Pragmatismus an (Rorty 1979, 1989, 1992 (1967), und 2007, Kap. 11, 12; Davidson 2001, 2006). Auch im Bereich der Korpuslinguistik gibt es vereinzelte Versuche einer methodisch reflektierten Erforschung der Bedeutung von Schlüsselbegriffen im außenpolitischen Diskurs (Teubert 2002), die durchaus Gemeinsamkeiten mit der hier vorgestellten Vokabularanalyse haben. So hat Naser Shrouf (2005) in einer umfangreichen empirischen Studie den Wortschatz in den Debatten des Bundestags von 1949 bis 1998 untersucht. Ihm geht es allerdings darum, mit statistisch-quantitativen Verfahren Schlüsselwörter zu identifizieren und dann Unterschiede in ihrer Verwendung bei den Parteien des Bundestags festzustellen. Da er einem instrumentellen Sprachverständnis folgt und „Sprache als Mittel der Politik" betrachtet (Shrouf 2005: 14-20), geht er kaum darauf ein, wie der von ihm untersuchte Wandel im politischen Sprachgebrauch mit der Veränderung kollektiver Bedeutungsstrukturen zusammenhängt. Mit unserem sprachphilosophischen Verständnis, das die konstitutive Verschränkung von Bedeutungsstrukturen und kollektiven Identitäten betont, wäre ein instrumentelles Verständnis von Sprache als „Mittel der Politik" nicht vereinbar, wie es bei der Untersuchung bestimmter „Leitvokabeln" oder „Kampfbegriffe" besonders in linguistisch inspirierten Arbeiten über „politische Sprache" in der Regel im Vordergrund steht. Dort wird untersucht, welche rhetorischen Mechanismen zur Beeinflussung der öffentlichen Meinung unterschieden werden können (Townson 1992: 6-33). Uns interessiert jedoch an den von uns identifizierten Neologismen (wie z.B. „deutscher Weg" oder „erwachsene Nation") weder deren Entstehungsabsicht noch die Bedingungen, unter denen sie sich dauerhaft durchsetzen könnten, sondern vielmehr in welchem Kontext sie geäußert werden, wie sie sich in das vorhandene Vokabular einfügen und welche Veränderungen in den umfassenderen Bedeutungsstrukturen des außenpolitischen Vokabulars daran erkennbar werden. Anders als beispielsweise Shrouf zielen wir also auf ein besseres Verständnis davon ab, wie das außenpolitische Selbstverständnis in diskursiv reproduzierten Redeweisen zum Ausdruck kommt, d.h. *wie sich Deutschlands außenpolitische Identität entwickelt.*

den bestimmte Horizonte, aber auch Grenzen möglicher Erfahrungen und denkbarer Theorien gesetzt" (Koselleck 1979: 29). Koselleck und seine Kollegen haben sich darauf konzentriert, die jeweilige Bedeutung besonders zentraler „geschichtlicher Grundbegriffe" in unterschiedlichen Epochen zu dokumentieren und dadurch gesellschaftliche Wandlungsprozesse nachvollziehbar zu machen.

Neben dieser Annahme über den Zusammenhang zwischen sprachlichem und geschichtlichem Wandel zeichnet sich die Begriffsgeschichte gegenüber gängigen diskursanalytischen Ansätzen zudem dadurch aus, dass sie die von ihr untersuchten sprachlichen Einheiten von anderen Vokabeln abzugrenzen versucht – auch wenn eine *scharfe Trennung* zwischen „bedeutungsschweren" Begriffen einerseits und „normalen" Wörtern andererseits kaum möglich ist und auch Einzelfallunterscheidungen mitunter schwierig sind. Denn nach Kosellecks Verständnis muss jeder Begriff mit einem Wort, bzw. einer „Worthülle" verknüpft sein. Während ein Wort in seinem Gebrauch aber inhaltlich eindeutig werden kann, bleibt ein Begriff immer vieldeutig. Ein Wort wird erst dann zum Begriff, „wenn die Fülle eines politisch-sozialen Bedeutungs- und Erfahrungszusammenhanges, in dem und für den ein Wort gebraucht wird, insgesamt in das Wort eingeht" (Koselleck 1979: 29). So wird etwa für Koselleck das Wort „Staat" erst dann zum Begriff, wenn die mit ihm typischerweise verknüpften Bedeutungsinhalte (wie Gewaltmonopol, abgegrenztes Territorium, Verfassung) in ihm „konzentriert" sind. Bei solchen Bedeutungsinhalten handelt es sich allerdings nicht um unveränderliche, definitorische Merkmalsausprägungen. Vielmehr vermitteln sie mit einem Begriff typischerweise verknüpfte, geschichtliche Erfahrungsinhalte. In dem Maße, wie letztere sich wandeln, kann auch ein Begriff immer wieder mit neuen Bedeutungsinhalten „gefüllt" werden. Wenn bestimmte hochkomplexe Begriffe – trotz ihrer inhaltlichen Veränderbarkeit über Zeit – als Aggregat unterschiedlichster Bedeutungen prinzipiell „unersetzbar und unaustauschbar" bleiben, werden sie zu Grundbegriffen. Als solche sind sie aber notwendigerweise auch umstritten (Koselleck 2002: 41).

Sowohl in der sprachphilosophischen Ausrichtung als auch in der Wahl der Analyseeinheit gibt es viele Gemeinsamkeiten zwischen der Begriffsgeschichte und unserer Vokabularanalyse. Es gibt allerdings auch zwei wesentliche Unterschiede. Zum einen richtet sich das Erkenntnisinteresse der Vokabularanalyse nicht (wie bei Koselleck) auf Veränderungen, die in Folge eines Übergangs von einer Epoche zu einer anderen stattfinden. Hier geht es vielmehr um *graduelle*

Bedeutungsverschiebungen innerhalb weit kürzerer Zeiträume, manchmal sogar weniger Jahre.[13]

Zum anderen, und weitaus wichtiger, betrachtet die Vokabularanalyse Schlüsselbegriffe nicht isoliert voneinander, sondern in ihrer *Vernetzung* (vgl. Busse 1987, 2003a; Ifversen 2003). Wenn „nicht der einzelne Begriff [...], sondern das Ganze einer sich gegenseitig tragenden und stützenden Begrifflichkeit"[14] für ein semantisches Feld bedeutungsstiftend wirkt, dann mag es anhand einer isolierten Betrachtungsweise einzelner Begriffe zwar möglich sein, einen Teil davon zu rekonstruieren. Dabei bleiben aber wichtige Aspekte sowohl für den einzelnen Begriff wie auch für ein größeres semantisches Feld (wie etwa dasjenige des außenpolitischen Diskurses) notgedrungen ausgeblendet.[15] Dietrich Busse – selbst ein bedeutender Vertreter der historischen Semantik – kritisiert, dass die Begriffsgeschichte damit recht eigentlich „eine Art Eisbergspitzen-Semantik" betreibe, die „achtzig bis neunzig Prozent dessen, was als Wissen notwendig ist, um die Bedeutung eines Wortes im Kontext vollständig zu aktualisieren, unexpliziert lässt, ignoriert oder bestenfalls als selbstverständlich gegebenes Alltagswissen voraussetzt und damit als uninteressant (für weitere wissenschaftliche Betrachtung bzw. semantische Explikation) abtut" (Busse 2003a: 21).

Das Argument für die Betrachtung der Vernetzung von Begriffen gilt umso mehr, wenn umfassendere Bedeutungsstrukturen – wie diejenigen, die kollektiven Identitäten zugrunde liegen – in den Blick genommen werden sollen. Schließlich ergeben sich diese Sinnstrukturen gerade aus der Interpretation des *Zusammenspiels* von Begriffen. In der Fortschreibung der Begriffsgeschichte wird dies mittlerweile auch in Rechnung gestellt, argumentiert doch etwa Koselleck, dass

---

[13]   Allerdings wollen wir damit keineswegs ausschließen, dass auch grundlegendere und sich über längere Zeiträume erstreckende Bedeutungsveränderungen von Vokabularen Gegenstand vokabularanalytischer Untersuchungen sein können.

[14]   „Nicht der einzelne Begriff und die ihm in den verschiedenen Sprachen entsprechenden Wörter bilden den Gegenstand begriffsgeschichtlicher Bewußtheit, sondern das Ganze einer sich gegenseitig tragenden und stützenden Begrifflichkeit, die sich ihrerseits wie ein Sprachganzes aus dem Ganzen unserer sprachlichen Weltorientierung erhebt. Unsere sprachliche Weltorientierung aber vollzieht sich als ein kommunikativer Prozeß, der die isolierten sprachlichen Einheiten, die sich in ihm gebildet haben, Wörter und ihre Bedeutung, in die Bewegung wechselseitiger Verständigung zurückschmilzt." (Gadamer 1987(1971): 90).

[15]   Vgl. hierzu die Ausführungen bei Busse (1987: 60-72), wo er u.a. anhand ausgewählter Beispiele aus den „Geschichtlichen Grundbegriffen" aufzeigt, welche Konsequenzen die isolierte Betrachtung der Begriffe „Angestellter", „Arbeit", „Arbeiter", „Bauer/Bauernstand/Bauerntum", „Beruf", „Eigentum", „Fabrik/Fabrikant", „Industrie/Gewerbe", „Kapital/Kapitalist/Kapitalismus" und „Mittelstand" im „diskursiven Feld ‚Arbeitswelt, Wirtschaft'" hat.

Begriffe „immer in Begriffsnetze eingespannt" sind und daher auch die Trennung zwischen Diskursanalyse und Begriffsanalyse weit weniger scharf ist, als dies früher vielleicht gesehen wurde (Koselleck 2002: 43; 2006: 531f.). Ziel jeder Begriffsanalyse sollte es daher nicht nur sein, den Gebrauch einzelner Begriffe für sich zu analysieren, sondern die Analyse einzelner Begriffe auch aufeinander zu beziehen und ihre semantischen Verknüpfungen zu interpretieren. Die in diesem Buch präsentierte Methode der Vokabularanalyse will diesen beiden Dimensionen Rechnung tragen.

Vokabularanalyse

Unter Vokabularanalyse verstehen wir einen begriffs- und diskurstheoretisch reflektierten Ansatz zur Analyse des Gebrauchs von und der Vernetzung zwischen zentralen Begriffen innerhalb eines semantischen Feldes. Als *Vokabular* gilt dabei eine zusammenhängende, „sich gegenseitig tragende und stützende Begrifflichkeit" (Gadamer 1987(1971): 90), die Richard Rorty mit dem Begriff „vocabularies as wholes" einzufangen versucht (Rorty 1989: 5). Ein solches Vokabular ist eine kleinere sprachliche Einheit als die *Sprache* (im Sinne von „parole"), gleichzeitig aber auch eine größere als der *Satz* oder auch der *Begriff*.[16] Eine solche Vokabularanalyse stellt insofern eine Bereicherung gängiger (empirischer) sprachanalytischer Herangehensweisen dar, als sie zum einen versucht, bisherige diskursanalytische Ansätze durch eine Konzentration auf die Mikroebene der Sinnkonstruktion für Prozesse graduellen Wandels zu sensibilisieren und auf diese Weise wichtige Nuancen zu erfassen, die anderen diskursanalytischen Zugriffen verborgen bleiben. Zum anderen versucht sie Schwächen der Begriffsgeschichte zu beheben, indem sie nicht bei der Rekonstruktion des Bedeutungswandels einzelner Begriffe stehen bleibt, sondern deren Vernetzung zu einem *feldspezifischen Vokabular* in den Blick nimmt. Was wir hier also „Vokabularanalyse" nennen, basiert auf sechs sprachphilosophischen Prämissen:

1. Unsere individuellen und kollektiven sprachlichen Möglichkeiten markieren die Grenzen unserer Welt. Beobachtungen sind nicht nur theoriebeladen, sondern auch sprachabhängig. Wissen (verstanden als Handlungsvermögen) ist nur sprachlich

---

[16] Vgl. Rorty 1989: 5-8. Busse (2003b: 2) spricht in diesem Zusammenhang von „Begriffsnetzen", Davidson (2006: 45) von einem „Netz evaluativer Einstellungen", in die wir „verstrickt", seien.

greifbar. Deshalb müssen wir auch, wie Richard Rorty formuliert, die irrige Vorstellung aufgeben, dass sich die Welt gleichsam „aus eigener Initiative in satzförmige Teile aufsplittet, die man ‚Fakten' nennt" (Rorty 1989: 5). „Die Welt" tut nichts dergleichen. Sie ist zwar „da draußen", aber *Beschreibungen* der Welt sind es nicht:

> „To say that the world is out there, that it is not our creation, is to say, with common sense, that most things in space and time are the effects of causes which do not include human mental states. To say that truth is not out there is simply to say that where there are no sentences there is no truth, that sentences are elements of human languages, and that human languages are human creations." (Rorty 1989: 5).

Unsere Beschreibungen der Welt sind also unsere *Erfindungen*. Die Welt kann uns zwar, so Rorty, dazu bringen, bestimmte Überzeugungen zu haben „sobald wir uns selbst mit einer Sprache programmiert haben" (Rorty 1989: 6). Sie trägt uns jedoch keine Sprache an oder zwingt uns diese gar auf. Nur andere Menschen tun dies, indem sie uns etwa eine Sprache beibringen oder uns davon überzeugen, uns neue Sprechgewohnheiten zuzulegen. In diesem Sinne ist der Erwerb von Wissen nicht nur sprachabhängig, sondern auch „von Anfang an interpersonell" (Davidson 2006: 48). Der entscheidende Punkt dabei ist nicht, ob ein bestimmtes Vokabular die Welt (vermeintlich) angemessener wiedergibt als ein anderes. Die bei einer solchen Vorstellung durchscheinende Korrespondenztheorie der Wahrheit lehnen alle Anhänger eines „Holismus des Mentalen" ab (Davidson 2001: 123-127; 2006: 23-48). Vielmehr geht es um die Frage, ob uns (feldspezifisch) bestimmte Vokabulare in die Lage versetzen, mit und in diesen (feldspezifischen) „Welten" (besser) zurechtzukommen (Rorty 2000: 185).

2. Sprachliches und nichtsprachliches Handeln sind unauflöslich miteinander verwoben.
Man kann zwar unter analytischen Gesichtspunkten sprachliches von nichtsprachlichem Handeln unterscheiden. Im alltäglichen Leben sind es jedoch zwei Formen des Handelns, die fast immer gemeinsam ausgeführt werden und sich wechselseitig ergänzen. Dass Sprechen eine Form des Handelns ist, wird am Beispiel von *Sprechakten*, wie etwa Kriegserklärungen, Taufen, oder Hochzeiten, unmittelbar deutlich. John Austin (2002 (1962)) hat dies eindrucksvoll begründet und illustriert. Sprachliche Äußerungen sind aber auch in dem Sinne Handlungen, als sie unserer Umwelt erst jene Wirklichkeit (Bedeutung) verleihen, die wir ihr zuschreiben (Rorty 1989, Kap. 1). Vermeintlich ausschließlich nichtsprachliche soziale Handlungen sind dagegen äußerst selten. Selbst so „stumme" Ereignisse wie ein Faustschlag oder ein Bombenabwurf beziehen ihre Sinnhaftigkeit aus

einem Gesamtzusammenhang, der ohne Sprache nicht denkbar wäre. Nicht selten sind sie sogar in hohem Maße symbolisch aufgeladen, wie etwa der Kniefall Willy Brandts in Warschau. Solche Symbolik ist allerdings nicht-sprachlich undenkbar. Sprache erzeugt insofern erst das Umfeld, in dem nicht-sprachliche Praktiken verstanden und interpretiert werden können. Menschen sind sprechende Lebewesen – oder, um es mit Wittgenstein zu formulieren: „Befehlen, fragen, erzählen, plauschen gehören zu unserer Naturgeschichte so wie gehen, essen, trinken, spielen." (Wittgenstein 1984a (1958): §25).

3. Gesellschaftliche Sinnkonstruktion ist ein sprachlicher Prozess, der sich in öffentlichen Diskursen vollzieht. Kollektive Identitäten, wie die außenpolitische Identität eines Landes, entwickeln sich in öffentlichen Auseinandersetzungen. Die im Diskurs artikulierten und sich aufeinander beziehenden Aussagen und Behauptungen – etwa über die Vergangenheit, die Aufgaben oder die Ziele eines Staates – verdichten sich zu (inhaltlich) kohärenten Narrativen (bspw. über bestimmte außenpolitische Verantwortlichkeiten, die die Bundesrepublik Deutschland gegenüber dem Staat Israel hat, die sich nach weit überwiegender Auffassung der Mehrheit des deutschen außenpolitischen Establishments aus den Verbrechen der Nazi-Herrschaft ergeben). Fremdzuschreibungen anderer Akteure, die bei der Identitätskonstruktion eines Landes eine wichtige Rolle spielen (vgl. Wendt 1994: 385-386), finden Eingang in diese Diskurse und werden in ihnen verarbeitet. Diese externe Dimension kann insofern mit dem Ansatz der Vokabularanalyse nur indirekt erfasst werden.

4. Bestimmte Schlüsselbegriffe haben einen herausgehobenen Stellenwert in den Sprachspielen eines je spezifischen Diskurses. Sie bilden gemeinsam das Vokabular, mit dem die typischen Sprachspiele gespielt werden. Schlüsselbegriffe sind in diesem Zusammenhang Verdichtungspunkte von Bedeutungsstrukturen. So lassen sich etwa anhand von außenpolitischen Diskursen wesentliche Prozesse der kollektiven Selbstbeschreibung und Selbstverortung einer Gesellschaft nachvollziehen. Diese abstrakte Annahme wird schnell greifbar, wenn man sich beispielsweise vor Augen führt, in welchem spezifischen Sinne die Begriffe „Verantwortung", „Normalität", „Sonderweg" oder „Selbstbewusstsein" im außenpolitischen Diskurs Deutschlands mit Bedeutung aufgeladen sind. Selbst wenn dieselben Begriffe auch in den außenpolitischen Diskursen anderer Staaten verwendet werden, so ist doch davon auszugehen, dass sie dort zum Teil völlig anders konnotiert sind. Dies ließe sich sehr schnell etwa im Vergleich zu den beiden westeuropäischen Demokratien Frankreich oder Großbritannien zeigen.

5. *Die Schlüsselbegriffe eines Vokabulars stehen in einem inneren Zusammenhang, sie sind miteinander vernetzt. Veränderungen innerhalb eines Vokabulars betreffen daher zumeist auch alle wichtigen Schlüsselbegriffe.* So wie Menschen als Bündel von Überzeugungen und Wünschen gedacht werden können (Rorty 1993(1987): 61-67), so können Sprachspiele ihrerseits verstanden werden als Bündel von Sätzen und Sätze wiederum als Verknüpfung von Begriffen. In allen Fällen jedoch ist stimmige Vernetzung zentral. Denn genauso wie „eine Überzeugung" lediglich „einen Faden in einem umfassenderen Gewebe" von Überzeugungen ausmacht (Rorty 1993(1987): 66-67), so verbinden sich auch Begriffe und Sätze erst dann zu (sinnhaften) Sprachspielen, wenn sie sinnvoll miteinander verknüpft und untereinander stimmig sind, das heißt, wenn sie demselben Vokabular angehören.

6. *Vokabulare und die darauf aufbauenden Sprachspiele sind menschliche Erfindungen, Diskurse sind jedoch nur in Grenzen durch einzelne Sprechakte intentional steuerbar. Dies ändert nichts daran, dass sich Vokabulare und Sprachspiele über Zeit ändern. Sie tun dies allerdings selten abrupt, sondern im Regelfall eher schleichend.* Eine neue Sichtweise der Welt, wie sie sich beispielsweise in der Ablösung des Kepler'schen Weltbildes durch das Kopernikanische darstellt, geht notwendigerweise mit der Veränderung des entsprechenden Vokabulars einher (vgl. Rorty 1993(1987): 68-70). Solche (vergleichsweise raschen) Weltbild-Verschiebungen, die neuen Entdeckungen geschuldet sind, stellen allerdings außergewöhnliche Überzeugungsveränderungen dar. Unsere „Weltbilder" wählen wir nämlich nicht etwa, weil wir uns von ihrer vermeintlichen „Richtigkeit" überzeugt haben. Vielmehr stellen sie den „überkommenen Hintergrund" unserer Überzeugungen dar, auf dessen Grundlage wir zwischen wahr und falsch unterscheiden (Wittgenstein 1984b (1969): §94). Unsere Weltbilder sind in diesem Sinne der Dreh- und Angelpunkt eines ganzen Systems von Überzeugungen – und in diesem Sinne auch „die selbstverständliche Grundlage" aller unser Forschung (Wittgenstein 1984b(1969): §167, ferner §§105, 140-142, 162). Wenn sich daher grundlegende Veränderungen ergeben, haben sie eher den Charakter einer „Bekehrung" (Wittgenstein 1984b (1969): § 92). Im Regelfall verändern sich Vokabulare (wie auch Überzeugungen) eher „allmählich". Regeln werden öfter befolgt als gesetzt – das ist eine der Implikationen der Wittgenstein'schen Feststellung, dass für einen Handelnden nicht das „Wissen" einer Regel, sondern das „Beherrschen" eines Spiels entscheidend ist.[17] Ein Spiel zu beherrschen, bedeutet aber nichts anderes als darauf „abgerich-

---

[17] Vgl. Wittgenstein 1984a (1958): § 31 sowie generell zu diesem Punkt auch Busse 1987: 192-195.

tet" zu sein, dessen Regeln zu befolgen (Wittgenstein 1984a (1958): § 206). Regeln werden deshalb (häufig unbewusst) als Teil eines bestimmten Sprachspiels einfach nachgeahmt. Jeder einzelne Diskursteilnehmer kann sich zwar für oder gegen den Gebrach eines Schlüsselbegriffs entscheiden – und auch die „Erfindung" eines gänzlich neuen Vokabulars ist insofern immer möglich. Realiter ist dies aber bestenfalls als ein zeitlich gestreckter Entwicklungsprozess zu begreifen. Die Nachahmung (und damit immer auch Verfestigung) eingeübter Sprachspiele ist demgegenüber der Regelfall.

Diese sechs Prämissen leiten die nachfolgende Vokabularanalyse des deutschen außenpolitischen Diskurses an. Sie folgt dabei der Auffassung, dass nicht die „Erklärung", sondern die „Feststellung eines Sprachspiels" (bzw. seine „Beschreibung") entscheidend ist (Wittgenstein 1984a (1958): §§ 655, 486). Allerdings lässt sie sich bereits insofern in nicht unwesentlichen Teilen auf dieses Sprachspiel ein, als sie nicht problematisiert *wie* Begriffe wie „Verantwortung", „Selbstbewusstsein" oder „Macht" für diesen außenpolitischen Diskurs zentral wurden – d.h. warum etwa alternative Begriffe wie „Gerechtigkeit" oder „Teilen" nicht zumindest auch zum prägenden Vokabular gehören.

Vorgehensweise

Wie schon erwähnt, geht die Entstehung dieses Buches auf eine zweisemestrige Lehrveranstaltung, ein so genanntes „Empiriepraktikum", zurück. Viele der forschungspraktischen Entscheidungen wurden dort nach ausführlicher gemeinsamer Diskussion im Seminar gefällt. Auch die ersten Schritte bei der Erhebung und interpretativen Auswertung der Daten wurden maßgeblich von Seminarteilnehmern geleistet.

Im Mittelpunkt der Studie sollte die Analyse des Gebrauchs ausgewählter Schlüsselbegriffe des außenpolitischen Diskurses in Deutschland im Zeitraum zwischen 1986 und 2002 stehen. Dieser recht lange Untersuchungszeitraum sollte gewährleisten, dass eventuelle Veränderungen der Sprechgewohnheiten, die mit der Vereinigung Deutschlands oder dem Regierungswechsel 1998 einhergehen, in jedem Fall erfasst werden. Aus forschungspraktischen Gründen wurden nur Texte herangezogen, die in engem zeitlichen Zusammenhang mit den Bundestagswahlen 1987, 1990, 1994, 1998 und 2002 standen. Dies geschah in der Erwartung, dass jene Jahre, in denen Bundestagswahlen stattfinden, Kristallisationspunkte einer genauso umfassenden wie grundsätzlichen politischen Auseinan-

dersetzung sind.[18] Als untersuchenswerte Begriffe wurden in einem ersten Zugriff solche ausgewählt, die aufgrund vergangener Forschungsarbeiten als besonders prominent angesehen werden konnten. Zu diesen zählten zunächst die folgenden Begriffe: Bündnisfähigkeit, Deutschland, Europa, Frieden, Gleichberechtigung, Handlungsfähigkeit, Integration, Interessen, Intervention, Macht, Mitte,
Multilateralismus, „nie wieder", Normalität, Patriotismus, Selbstbewusstsein,
Sicherheit, Sonderweg, Stolz, Verantwortung, Verlässlichkeit, Vermittler, Weltpolitik, Zivilität und Zurückhaltung.

Der Gebrauch dieser Begriffe sollte in Quellen untersucht werden, die für
den außenpolitischen Diskurs in besonderer Weise als repräsentativ gelten konnten. Die Plenardebatten des Bundestags wurden hierfür nicht zuletzt deshalb als
wichtigste Quelle identifiziert, weil der prägende Diskurs in der Außenpolitik im
Vergleich zu anderen Politikfeldern noch stärker als sonst im Parlament geführt
wird. Wir gingen dabei davon aus, dass der Sprachgebrauch der politischen Eliten als besonders wichtiger Ausschnitt des außenpolitischen Diskurses in
Deutschland gelten kann, weil die Sprechakte von Politikern in Regierung und
Parlament insbesondere durch die vielfältige mediale Berichterstattung eine wesentlich breitere Öffentlichkeit erreichen, als diejenigen von Publizisten, Wissen-
schaftlern oder etwa Vertretern der zahlreichen privaten Organisationen. Zudem
wird Angehörigen der politischen Elite in der Öffentlichkeit die Befugnis zuge-
sprochen, außenpolitische Positionen im Namen Deutschlands zu formulieren.
Insofern nehmen sie autoritative Sprecherpositionen ein (vgl. Wæver 1995: 57,
Buzan u.a. 1998: 31-33).[19]

---

[18]   Da die ersten hier zur Debatte stehenden Bundestagswahlen am 25. Januar 1987 stattfanden,
        haben wir für diese Wahlen weitgehend Materialien aus dem vorangehenden Jahr 1986 he-
        rangezogen.

[19]   Wir sind uns dabei bewusst, dass wir mit diesem „Elitenfokus" nur *einen* – wenngleich
        zentralen – Ausschnitt des Diskurses untersuchen (vgl. Baumann 2006: 85-88). Es wäre
        wünschenswert, unsere Annahmen mit einer diskursanalytischen Untersuchung darüber zu
        unterfüttern, wie sich dominante Sprecherpositionen im außenpolitischen Diskurs konstitu-
        ieren. Solch eine Untersuchung könnte empirisch ermitteln, in welchen Foren von welchen
        Akteuren der größte Einfluss auf die Konstruktion eines außenpolitischen Selbstverständ-
        nisses ausgeht. Es ist durchaus denkbar, dass man bei einer solchen Untersuchung bei-
        spielsweise auch zu dem Ergebnis gelangen könnte, dass das außenpolitische Vokabular be-
        sonders stark von Äußerungen prominenter Publizisten im medialen Diskurs geprägt wird
        und Veränderungen von dort aus auf den politischen Diskurs ausstrahlen. Insofern eröffnet
        unsere Annahme vom besonderen Einfluss der politischen Elite die Möglichkeit empiri-
        scher Kritik. Für eine neo-gramscianische Diskursanalyse und für die deliberative Demokra-
        tietheorie könnte es darüber hinaus eine interessante Frage sein, wie hegemoniale Spre-
        cherpositionen speziell im deutschen außenpolitischen Diskurs zustande kommen, welche

Um die Materialfülle handhabbar zu gestalten, wurden die systematisch zu untersuchenden Debatten auf die Haushaltsdebatten im unmittelbaren zeitlichen Umfeld der Bundestagswahlen und diese wiederum auf die außenpolitisch relevanten Teile beschränkt. Der Konzentration auf Haushaltsdebatten lag die Einschätzung zugrunde, dass diese traditionell als Generaldebatte verstanden werden und daher von allen Rednern grundsätzlichere Überlegungen in die Diskussion eingebracht werden.[20] Ergänzend wurden die Wahlprogramme der im Bundestag vertretenen Parteien, Reden des deutschen Außenministers vor der Generalversammlung der Vereinten Nationen[21] sowie Zeitungskommentare der überregionalen Tageszeitungen FAZ und TAZ einbezogen.[22] Nach einer ersten Sichtung des Materials zu den ausgewählten Begriffen wurden diese auf die folgenden vierzehn Begriffe reduziert: Deutschland, Europa, Frieden, Gleichberechtigung, Integration, Interessen, Macht, Multilateralismus, Normalität, Selbstbewusstsein, Sonderweg, Stolz, Verantwortung und Zivilität. Ausschlaggebend für die Aufnahme war nicht nur, dass der jeweilige Begriff im außenpolitischen Diskurs eine gewisse Schlüsselstellung einnimmt, sondern auch, dass er hinreichend oft (manchmal mehrere hundert, mindestens aber zwanzig Mal) verwendet wurde.[23] In den genannten Quellen wurden sodann in einem ersten, aufwendigen

---

Diskurteilnehmer davon ausgeschlossen bleiben und welche Konsequenzen sich daraus ergeben (siehe z.b. Achbar 2001; Chomsky 2004; Przeworski 1998: 142-146; Niesen 2007: 11). Dies herauszufinden ist jedoch nicht das Anliegen dieses Buches. Den Hinweis auf die Möglichkeit dieser interessanten Anschlussfragen verdanken wir einem der anonymen Gutachter zum vorangehenden Aufsatz in der Politischen Vierteljahresschrift.

[20]   Ausgewählt wurden die Haushaltsdebatten aus dem Herbst 1986, dem Frühjahr 1991, Dezember 1994 und März 1995, Frühjahr 1999 sowie Herbst 2002.

[21]   Die Einbeziehung dieser Reden beruhte auf der Einschätzung, dass sich in der Form jährlich wiederkehrender Reden desselben Amtsträgers vor dem entscheidenden Gremium der Weltpolitik ein gutes Abbild deutscher Außenpolitik über Zeit erstellen ließe.

[22]   Ein möglicher Einwand gegen die Konzentration auf Bundestagswahljahre und Haushaltsdebatten könnte darin bestehen, dass dies recht willkürlich sei, weil dadurch beispielsweise gerade die wichtigen außenpolitischen Debatten (etwa zu Krisen-Zeiten wie dem Kosovo-Krieg) *nicht* in den Blick kämen. Dem ist allerdings entgegenzuhalten, dass gerade der nicht auf spezifische *Ereignisse* fokussierte Blick uns in die Lage versetzt, grundlegendere Überzeugungen aufgrund des alltäglichen Gebrauchs bestimmter Begriffe zu rekonstruieren.

[23]   Ein denkbarer Einwand gegen diese Auswahl könnte darin bestehen, dass auch dies vergleichsweise willkürlich sei, es also kein scharfes Kriterium dafür gibt, was einen im außenpolitischen Diskurs gebrauchten Begriff zu einem Schlüsselbegriff macht. Und in der Tat kann hier „nur" auf den Anspruch verwiesen werden, dass die Auswahl auf einer *gewissen Expertise* hinsichtlich des Gegenstands „deutsche Außenpolitik" gründet. Für die Zwecke dieser Untersuchung sollte dies aber ausreichen, denn selbst wenn der eine oder andere Begriff, den man zusätzlich noch als Schlüsselbegriff identifizieren könnte, übersehen wur-

Schritt sämtliche Fundstellen dieser Begriffe ausfindig gemacht und tabellarisch aufbereitet. Besonders aussagekräftige Fundstellen wurden in einem zweiten Schritt daraufhin ausgewertet, was sie über die Bedeutung und Verwendungsweise des jeweiligen Begriffs im außenpolitischen Sprachspiel aussagen. Dieser Prozess der Auswahl der Begriffe, der Aufbereitung des Quellenmaterials und schließlich deren Auswertung wurde maßgeblich von den dreißig Studierenden der zweisemestrigen Lehrveranstaltung geleistet. Mehrere der in diesem Buch präsentierten Analysen zu den vierzehn Schlüsselbegriffen basieren im Wesentlichen auf der Sammlung und interpretativen Auswertung der Fundstellen zu jeweils einem Schlüsselbegriff in den Seminararbeiten der Kursteilnehmer und -teil-nehmerinnen.

Da es im Folgenden nicht um die Erklärung der Veränderung eines Vokabulars, sondern um die Beschreibung außenpolitischer Sprachspiele geht, wird in der Rekonstruktion der Begriffe ausführlich mit teils kürzeren, teils längeren Zitaten gearbeitet. Diese Zitate sollen die Gebrauchsentwicklung der jeweiligen Begriffe im Verlauf des Untersuchungszeitraums veranschaulichen. Was ein Begriff *bedeutet*, hängt dabei davon ab, wie er gebraucht wird, das heißt konkret, in welchem Wortumfeld er steht (Kotext) und in welchem inhaltlichen Zusammenhang er verwendet wird (Kontext).[24] Bereits bei der Rekonstruktion jedes einzelnen Begriffs wird deutlich, wie sehr dieser mit anderen Schlüsselbegriffen gekoppelt bzw. vernetzt ist. Auf die Vernetzungsdimension wird jedoch primär im Schlusskapitel dieses Buches eingegangen. Dabei interessieren vor allem graduelle Veränderungen von Bedeutungsstrukturen, also die Frage, wie sich das außenpolitische Vokabular über Zeit entwickelt hat und welche Rückschlüsse sich daraus im Hinblick auf eine veränderte außenpolitische Identität Deutschlands ergeben.

---

de oder umgekehrt Begriffe aufgenommen wurden, die sich letztlich als weit weniger zentral herausstellten als vermutet (dies gilt etwa für den Begriff der „Integration"), sollte das die übergreifende Zielsetzung nicht wesentlich tangieren, die Entwicklung des außenpolitischen *Vokabulars* über Zeit nachzeichnen zu können. Diese Zuversicht fußt auf der Annahme, dass das *Netz* der Begriffe wichtiger ist als der einzelne Begriff, wenn es darum geht, die Entwicklung eines Vokabulars (und damit kollektiver Überzeugungen) nachzuzeichnen. In Rortys Metaphorik: ein Vokabular hängt genauso wenig am einzelnen Begriff wie das Netz am einzelnen Faden.

[24] Stathi 2006: 76: „Besonders für semantische Fragen bedeutet dies, dass [...] die Bedeutung von lexikalischen Einheiten zwingend als Bedeutung im Gebrauch oder Bedeutung als Gebrauch behandelt [wird]. Bedeutung ist Bedeutung im Kotext, d.h. in der unmittelbaren, lokalen syntaktischen Umgebung des betreffenden lexikalischen Elements im Satz, und im Kontext, d.h. im Äußerungskontext."

Deutschland[1]

Deutschland – liegt im Herzen Europas und verbindet West und Ost, Nord und Süd. Das bevölkerungsreichste Land Europas ist seit der Vereinigung beider deutscher Staaten im Jahr 1990 von neun Nachbarstaaten umgeben. Eingebunden in die Europäische Union und die NATO ist Deutschland Partner der mittel- und osteuropäischen Staaten, die auf dem Weg in das vereinte Europa sind.[2]

deutsch – bezeichnet das edle und treffliche, und diese bedeutung wurzelt in der unauslöschbaren liebe der deutschen zu ihrem vaterland und in dem gefühl von dem geist der es belegt (Luther) (…) gelegentlich erhält es ironische bedeutung.[3]

Im **alltäglichen Sprachgebrauch** beziehen sich die Begriffe *deutsch* und *Deutschland* nicht nur auf den geografischen Raum in der Mitte Europas. Ebenso werden mit ihnen die Staatsbürgergesellschaft innerhalb der Grenzen Deutschlands (das ‚*deutsche* Volk'), die Nation, Sprache und Kultur benannt, sowie Eigenarten einer Sache, Person oder Personengruppe. Die inhaltliche Wertung, was mit *deutsch* oder *Deutschland* impliziert wird, bleibt dabei unbestimmt.

Da es für *deutsch* und *Deutschland* keine Synonyme gibt, treten die Begriffe im **außenpolitischen Diskurs** notwendigerweise auf, wenn Politiker sich auf den eigenen Staat beziehen, etwas über dessen Zukunft und Geschichte sagen oder etwa die individuelle Politik und Positionierung gegenüber anderen Staaten im internationalen Kontext thematisieren. Im Unterschied zur Alltagssprache stehen *deutsch* und *Deutschland* hier in einem engeren Sinne für den Staat und die Nati-

---

[1] Maßgeblich verfasst haben diesen Beitrag Rebecca Agrícola und Daniel Woitoll. Beigetragen hat außerdem Johann Schewe. Alle Beiträge in diesem Band wurden zudem von Gunther Hellmann, Frank Sauer und Christian Weber editorisch bearbeitet.

[2] http://www.tatsachen-ueber-deutschland.de/7.0.html [11.04.2006].

[3] Stichwort „deutsch", Nr. 2 und 3, in: Deutsches Wörterbuch von Jacob und Wilhelm Grimm [1885]: http://germazope.uni-trier.de/Projects/WBB/woerterbuecher/dwb/wbgui?lemmode= lemmasearch&mode=hierarchy&textsize=600&onlist=&word=deutsch&lemid=GD01770& query_start=1&totalhits=0&textword=&locpattern=&textpattern=&lemmapattern=&verspat tern=#GD01770L0 [12.12.2007]

on. Durch die begrifflichen Charakteristika des zwingend häufigen Gebrauchs und der gleichzeitig freien Konnotation lässt sich nur auf Grund des Kontextes erschließen, worauf sich *deutsch* oder *Deutschland* in der außenpolitischen Rede jeweils beziehen.

Mit ihrer Verfassung von 1949 hat die *Bundesrepublik Deutschland* ihre Außenpolitik unter die Prämisse gestellt, „als gleichberechtigtes Glied in einem vereinten Europa dem Frieden der Welt zu dienen".[4] Schon der Rekurs auf diesen Satz dient seitdem als Fundament für die **deutsche Zugehörigkeit zum Westen** (→ Integration). In einer durchaus typischen Art und Weise preist Bundeskanzler Kohl Mitte der 1980er Jahre „die Einbindung der Bundesrepublik und ihrer außenpolitischen Interessen in die Bündnisse und Gemeinschaften der westlichen Welt". Sie sei die „logische Folgerung aus unserer freiheitlich-demokratischen Verfassung im Inneren" und stelle deshalb „ein politisch notwendiges Ziel an sich" dar.[5] [i] Darüber hinaus ist die Bindung an den Westen der Sonderstellung geschuldet, die *Deutschland* zu Zeiten des Kalten Krieges als „geteiltes Land an der Schnittlinie von West und Ost" einnahm. Die Überzeugung, dass „die Bundesrepublik Deutschland mehr als andere Länder Freunde und Bündnispartner" brauche und dass man diese „in der Atlantischen Allianz und in der Europäischen Gemeinschaft gefunden" habe, war als außenpolitischer Konsens über Parteigrenzen hinweg anerkannt.[6] [ii]

Die Blockkonfrontation und die daraus resultierende Teilung beeinflusste bis zur Vereinigung merklich den Gebrauch des Begriffs *Deutschland*. Schon die Wahl zwischen den Bezeichnungen ‚Bundesrepublik' und ‚Deutschland' zeigte an, ob ein Sprecher nur den westlichen Teil des Landes oder die gesamtdeutsche Nation ins Auge fasst. Vor allem der Gebrauch von Abkürzungen war während des Kalten Kriegs im westlichen Teil *Deutschlands* ein Politikum. Die Bezeichnung BRD als Abkürzung für *Bundesrepublik Deutschland* galt als linker Kampfbegriff. Wer das Kürzel BRD benutzte, signalisierte damit, dass es einen zweiten *deutschen* Staat mit der Abkürzung DDR gab. Zwar hatte die Bundesrepublik den Alleinvertretungsanspruch mit dem Grundlagenvertrag von 1972 aufgegeben, in dem sie die DDR erstmals offiziell als Staat anerkannte. Dennoch waren einige *westdeutsche* Konservative auch Jahre später nicht bereit, die *deutsche* Zweistaatlichkeit zu akzeptieren. In den Reihen der Union bedeutete die Existenz des ‚anderen *Deutschland*' schlicht, dass eine „Grenze mitten durch Deutschland verläuft

---

4 Präambel des Grundgesetzes der Bundesrepublik Deutschland.
5 Kohl, Helmut (CDU): Plenarprotokolle, 10/249, 26.11.1986, S. 19311.
6 Wahlprogramm CDU 1986, S. 8.

und unsere Landsleute jenseits der Grenze einsperrt".[7] [iii] Die Bezeichnung BRD war folglich nur von denen zu hören, die mit der Existenz des zweiten *deutschen* Staates weniger Probleme hatten. Wenn beispielsweise die Berliner taz von einem „Honecker-Besuch in der BRD" schrieb, kam allein mit dieser Wortwahl schon ein Bekenntnis zur Eigenstaatlichkeit der DDR zum Ausdruck.[8] [iv] Während also Teile der Linken durch den Gebrauch der Kürzels BRD implizit ihre Akzeptanz des zweiten *deutschen* Staates ausdrückten,[9] [v] benutzten konservative Gegner der *deutschen* Zweistaatlichkeit bewusst keine Abkürzungen, sondern brachten durch den stetigen Verweis auf (Gesamt-)*Deutschland* ihren Wunsch nach Vereinigung zum Ausdruck.[10] [vi]

Die vollzogene **Vereinigung 1990** markiert einen Einschnitt im *deutschen* Selbstverständnis und machte eine **Neudefinition der Begrifflichkeiten** notwendig. Obwohl *Bundesrepublik Deutschland* nach wie vor die amtliche Staatsbezeichnung ist, sind mit dem Ende des Ost-West-Konflikts die Variationen des Begriffs *Deutschland* insofern weggefallen, als er sich nur noch auf *einen* Staat bezieht. Hinzu kommt, dass die Bezüge auf die *deutsche* Nation vor dem Hintergrund einer zunehmend an Bedeutung gewinnenden Selbstwahrnehmung als Einwanderungsland durch eine Assoziation von *Deutschland* mit einer ethnisch heterogenen Staatsbürgergesellschaft innerhalb der Grenzen des *deutschen* Staates zumindest überlagert wird. Als typisches Merkmal lässt sich aber die enge Verknüpfung mit den außenpolitischen Rahmenbedingungen festhalten, die für die Bedeutung der Begriffe *deutsch* und *Deutschland* nach wie vor zentral sind. Redewendungen aus früheren Jahren, man wolle „das geteilte *Deutschland* [...] überwinden"[11] [vii] weichen solchen, die zu beantworten versuchen „welche neue Rolle das vereinte Deutschland eigentlich spielen soll."[12] [viii] Prägend für den Sprachgebrauch ist die neu gewonnene Chance auf Eigenständigkeit. So ist zum Beispiel die Kombination aus *Deutschland* und „souverän"[13] [ix] in den Jahren nach 1989 eine

---

7   Dregger, Alfred (CSU): Plenarprotokolle, 10/228, 10.9.1986, S. 17666.
8   Rathfelder, Erich: TAZ, 19.4.1986, S. 4.
9   Siebel, Ursel: TAZ, 25.10.1986, S. 4; Schulze-Marmeling, Dietrich: TAZ, 14.4.1986, S. 4;
     Fischer, Joseph (GRÜNE): Plenarprotokolle, 10/249, 26.11.1986, S. 19362.
10   Dregger, Alfred (CSU): Plenarprotokolle, 10/228, 10.9.1986, S. 17660;
     Waigel, Theodor (CSU): Plenarprotokolle, 10/249, 26.11.1986, S. 19295.
11   Ertl, Josef (FDP): Plenarprotokolle, 10/249, 26.11.1986, S. 19335.
12   Lafontaine, Oskar (SPD): Plenarprotokolle, 11/226, 20.9.1990, S. 17809.
13   Genscher Hans-Dietrich (FDP): Plenarprotokolle, 11/226, 20.9.1990, S. 17803f;
     Hafner, Gerald (GRÜNE): Plenarprotokolle, 11/226, 20.9.1990, S. 17825;
     Kohl, Helmut (CDU): Plenarprotokolle, 11/221, 23.8.1990, S. 17441;
     Stücklen, Richard (CSU): Plenarprotokolle, 11/226, 20.9.1990, S. 17886.

gern gebrauchte Formel. Als geeintes Land werde man „die volle Souveränität über seine inneren und äußeren Angelegenheiten"[14] [x] und „seinen Platz in der Welt wieder ein[nehmen]."[15] Die bekannte Metapher vom „Platz" mag an dieser Stelle besorgen. Dass dieser nun „wieder" eingenommen wird, verweist aber nicht so sehr auf eine Orientierung an *deutschen* Reichstraditionen, sondern vielmehr darauf, dass die Epoche der Teilung als unnatürlich empfunden wurde und über vierzig Jahre hinweg mit dem Selbstverständnis *Deutschlands* nicht vereinbar erschien (→ Normalität).

Neben der gewonnenen Normalität in den innerdeutschen Beziehungen werden die Einigung und das Ende der Blockkonfrontation auch als **Erweiterung des außenpolitischen Handlungsspielraums** interpretiert. *Deutschland* sei „in den letzten Jahrzehnten außenpolitisch nie in einer so glücklichen Lage wie jetzt."[16] [xi] gewesen. Es sei nun „umzingelt von Nachbarn, die Verbündete oder Freunde sind."[17] [xii] Die Wahrnehmung, „umzingelt" zu sein, speist sich hier noch aus der jahrzehntelangen Erfahrung mit der prekären Sicherheitslage zwischen Ost und West. Je mehr die Bedrohungen des Kalten Krieges und die daraus für *Deutschland* entstehenden Zwänge jedoch verblassen, umso mehr wird *Deutschland* als eigenständiger Akteur aufgefasst. Im „Wissen, dass sich die Völker Europas die Frage stellen, wie [die] Deutschen dieses größere Gewicht nutzen werden",[18] [xiii] wird 1990 über den politischen Umgang mit der veränderten Machtposition *Deutschlands* diskutiert (→ Macht). Zwar scheint das „Schicksal Deutschlands" nach wie vor „eingebettet" zu sein „in das Schicksal Europas."[19] [xiv] Gleichzeitig steht und fällt das Gelingen der Idee Europa nun aber zunehmend mit dem Wirken *Deutschlands*. Politiker verstehen den kollektiven Akteur *Deutschland* mehr und mehr als unersetzlichen Protagonisten der europäischen Einigung (→ Europa). So resümierte beispielsweise der damalige Außenminister Klaus Kinkel 1994 nach einem europäischen Gipfeltreffen in Essen, dass *Deutschland* nicht nur die „Konjunkturlokomotive in Europa" sei, sondern „zusammen mit Frankreich auch unbestritten einer der Hauptarchitekten der europäischen Einigung." Es erfüllte ihn spürbar mit Stolz, dass bei den Fortschritten, die dort für die „wirtschaftliche Erneuerung, das politische Zusammenwachsen und die Handlungs-

---

[14] Voigt, Karsten (SPD): Plenarprotokolle, 11/226, 20.9.1990, S. 17830.

[14] Genscher, Hans-Dietrich (FDP): Plenarprotokolle, 11/226, 20.9.1990, S. 17803.

[15] Genrich, Klaus: FAZ, 10.10.1990.

[16] Kinkel, Klaus (FDP): Plenarprotokolle, 13/9, 15.12.1994, S. 398.

[17] Poppe, Gerd (GRÜNE): Plenarprotokolle, 13/31, 30.3.1995, S. 2389.

[18] Genscher, Hans-Dietrich (FDP): Plenarprotokolle, 11/226, 20.9.1990, S. 17804.

[19] Genscher, Hans-Dietrich (FDP): Plenarprotokolle, 11/226, 20.9.1990, S. 17804.

fähigkeit Europas" erreicht worden waren, niemand „die deutsche Handschrift" bestreiten könne.[20] [xv] In Bezug auf die Währungsunion lässt sich Finanzminister Theodor Waigel sogar zu der Aussage hinreißen: „der Euro spricht deutsch".[21] [xvi] Ende der 1990er Jahre scheint sich die Auffassung etabliert zu haben, dass *Deutschland* nicht nur in der EU, sondern bei der institutionellen Ausgestaltung ganz Europas „eine ganz wichtige führende Rolle spielen" könne. Von Deutschland hänge es „stark ab, wie sich Europa weiterentwickelt".[22] [xvii] Dieser gewachsene Geltungsanspruch wird auch über Europa hinaus im globalen Maßstab geäußert: „Wir wollen in Europa und der Welt wieder eine Spitzenstellung einnehmen, mit starken Partnern kooperieren können und selber ein starker Partner sein."[23] [xviii]

Mit dem gewachsenen Anspruch eines eigenständigen Akteurs wird auch die **besondere Verantwortung Deutschlands** neu diskutiert (→ Verantwortung). Während einige Stimmen Verantwortung weiterhin im historischen Sinne als „moralische Verpflichtung" verstehen, mit der Folge, dass „wir als Deutsche sehr, sehr zurückhaltend sein sollten",[24] [xix] setzt sich allmählich noch eine ganz andere Bedeutung des Verantwortungsbegriffs durch, die an die vermeintlich gestärkte internationale Position *Deutschlands* gekoppelt ist: „Deutschland in der Mitte Europas als souveränes Land mit 80 Millionen Einwohnern und einer erheblichen Wirtschaftskraft" müsse „sicherheitspolitisch mehr Verantwortung für die Welt übernehmen" und auch bereit sein, „das Instrument Bundeswehr dabei einzusetzen".[25] [xx] In der Bezeichnung der Bundeswehr als „Instrument" zeigt sich, dass die Anwendung militärischer Mittel in der Außenpolitik schon wenige Jahre nach der Vereinigung zu einer Option für die politische Elite geworden ist, die man offen ansprechen kann. Die *deutsche* Armee wird mehr und mehr als eine von mehreren Möglichkeiten politischen Wirkens im Ausland angesehen. Neben der Diplomatie wird der Einsatz Bundeswehr zu einem ‚normalen' Mittel *deutscher* Außenpolitik erklärt (→Normalität), auf das man sogar stolz sein könne (→ Stolz).[26] [xxi]

---

[20]   Kinkel, Klaus (FDP): Plenarprotokolle, 13/9, 15.12.1994, S. 398.

[21]   Waigel, Theodor (CSU) zitiert von Oskar Lafontaine (SPD): Plenarprotokolle, 13/246, 2.9.1998, S. 22918.

[22]   Hornhues, Karl-Heinz (CDU): Plenarprotokolle, 14/38, 5.5.1999, S. 3142.

[23]   Bulmahn, Edelgard (SPD): Plenarprotokolle, 14/20, 23.2.1999, S. 1454.

[24]   Verheugen, Günther (SPD): Plenarprotokolle, 13/9, 15.12.1994, S. 424.

[25]   Breuer, Paul (CDU): Plenarprotokolle, 13/31, 30.3.1995, S. 2409.

[26]   Struck, Peter (SPD): Plenarprotokolle, 14/250, 25.7.2002, S. 25394.

Parallel zu den politischen Handlungsoptionen, welche die wiedererlangte Souveränität mit sich bringt, schlägt sich die Überwindung der Teilung auch im **Wortumfeld des Begriffs** *Deutschland* nieder. Nicht nur durch Formulierungen wie „das vereinte Deutschland"[27] xxii wird 1990 auf das mit vereinten Kräften möglich Gemachte hingewiesen, auch auf die Bürger dieses Staates wird von jetzt an immer öfter als „wir Deutschen"[28] xxiii Bezug genommen. Die mit dem ‚Wir' zum Subjekt erhobenen *Deutschen* werden von Regierungsvertretern vermehrt auf neue Anforderungen hingewiesen, die nun auf Grund des neuen „Gewichts" und der veränderten weltpolitischen Lage von außen an *Deutschland* herangetragen würden. „Wir haben eine Pflicht zur Solidarität, zur Wahrnehmung von Verantwortung und zur Unterstützung derer, die auf uns bauen" mahnt etwa der SPD-Verteidigungspolitiker Reinhold Robbe im Jahr 2002. Die „internationalen Erwartungshaltungen gegenüber Deutschland" seien „gewachsen" und die „Anforderungen an Deutschland und seine Streitkräfte" entsprechend hoch. Über diese Tatsache sind allerdings kaum Beschwerden zu vernehmen. Vielmehr bemüht man sich um einen Umbau der Bundeswehr, damit sie leisten könne, was von ihr „zu Recht erwartet" werde, „nämlich deutsche Politik für Frieden und Sicherheit wirksam und mit allen zur Verfügung stehenden Mitteln zu unterstützen."[29] xxiv

Diese Erwartungen erwachsen freilich nicht nur aus dem, was *Deutschland* zu leisten in der Lage ist. Gerade anhand der sprachlichen Verbindung mit Geschichte lässt sich ein Wandel in der Selbstwahrnehmung festmachen, der sich auch dort niederschlägt, wo eigene Möglichkeiten umschrieben werden. Basierend auf der Tatsache, dass man aus der Geschichte gelernt habe, ergeben sich durchaus unterschiedliche Interpretationen für den außenpolitischen Akteur *Deutschland*. Interessant ist dabei, welcher Teil der *deutschen* Geschichte in welchem Kontext bemüht wird. Je nachdem ob „Karl der Große und Otto der Große"[30] xxv die Wurzeln *Deutschland*s sind oder das „Deutschland des Jahres 1990 außenpolitisch unter besseren Bedingungen in die Geschichte ein[tritt] als das Bismarck-Reich von 1871",[31] xxvi bestimmt die Geschichte Politik in unterschied-

---

27   Schäuble, Wolfgang (CDU): Plenarprotokolle, 11/226, 20.9.1990, S. 17821;
      Genscher, Hans-Dietrich (FDP): Plenarprotokolle, 11/226, 20.9.1990, S. 17805;
      Lafontaine, Oskar (SPD): Plenarprotokolle, 11/226, 20.9.1990, S. 17809.

28   Kohl, Helmut (CDU): Plenarprotokolle, 13/9, 13.12.1994, S. 418;
      Genscher, Hans-Dietrich (FDP): Plenarprotokolle, 11/26, 20.9.1990, S. 17804.

29   Robbe, Reinhold (SPD), Plenarprotokolle, 15/4, 29.10.2002, S. 119.

30   Dregger, Alfred (CDU): Plenarprotokolle, 10/228, 10.9.1986, S. 17660.

31   Dregger, Alfred (CDU): Plenarprotokolle, 11/221, 23.8.1990, S. 17450.

lichste Richtungen. Immer mit dem Zusatz, man habe „aus der Geschichte gelernt".[32] [xxvii]

Zusammenfassend lässt sich sagen, dass der Begriff *Deutschland* im außenpolitischen Diskurs keine durchgängig typische Bedeutung hat. Nicht selten werden Ersatzbegriffe oder Abkürzungen verwendet, die bestimmte politische Sichtweisen spiegeln sollen und offensichtlich weitergehende Implikationen in sich tragen. Am deutlichsten ist dies an der Unterscheidung zwischen DDR, BRD und Bundesrepublik zu beobachten. Der Gebrauch der Begriffe *deutsch* und *Deutschland* zeigt, wie der außenpolitische Kontext wahrgenommen wird, wie das eigene Selbst darin verortet wird und welche Aufgaben ihm zugeschrieben werden. Der Begriff *Deutschland* umfasst während des Kalten Kriegs die Nation, die man einen und das (geteilte) ‚Volk',, das man auf beiden Seiten der innerdeutschen Grenze erreichen wollte. Mit dem Erreichen dieses Ziels wird *Deutschland* schon bald als einer der zentralen Akteure der europäischen Politik verstanden, der zu mehr weltweiter Aktivität gedrängt wird und auch eigene Ambitionen zeigt, den gestiegenen Ansprüchen mit neuen Mitteln gerecht zu werden. *Deutschland* erscheint zunehmend als Kürzel zur Selbstbeschreibung eines Akteurs, der im Dienste des Friedens (→ Verantwortung) bereit ist, seine Soldaten weit über die Grenzen Europas hinaus zu entsenden. Der zuvor zentrale Referenzpunkt zur Beschreibung des identitären Kerns dieses Akteurs (→ Europa) wird dabei zunehmend verdrängt. Als historischer Begriff wird *Deutschland* selten in Bezug auf die Gesamtheit der geschichtlichen Ereignisse gebraucht, obwohl gerade dies immer wieder betont wird. *Deutsche* Geschichte als Vokabel umspannt aber jeweils nur die Eckpunkte des Geschehens, die als Metapher taugen um ein passendes Bild der Gegenwart zu zeichnen.

Endnoten

[i] **Kohl, Helmut (CDU): Plenarprotokolle, 10/249, 26.11.1986, S. 19311:**

„Die Einbindung der *Bundesrepublik* und ihrer außenpolitischen Interessen in die Bündnisse und Gemeinschaften der westlichen Welt ist für uns die logische Folgerung aus unserer freiheitlich-demokratischen Verfassung im Inneren. Sie stellt deshalb ein politisch notwendiges Ziel an sich dar. Diese für uns unumstößliche Grundorientierung *deutscher* Außenpolitik nach Westen findet selbstverständlich auch Ausdruck in ihrer ostpolitischen Dimension."

---

[32]   Schulze-Marmeling, Dietrich: TAZ, 14.4.1986;
     Schmidt, Helmut (SPD): Plenarprotokolle, 10/228, 10.9.1986, S. 17683.

ii **Wahlprogramm CDU 1986, S. 8:**

„Die Außen- und Sicherheitspolitik von CDU und CSU dient dem Ziel, die Freiheit zu bewahren und den Frieden in Europa und in der Welt zu festigen. Für uns ist aktive Friedenspolitik politische Notwendigkeit und sittliche Pflicht. Als geteiltes Land an der Schnittstelle zwischen West und Ost braucht die *Bundesrepublik* mehr als andere Länder Freunde und Bündnispartner, die wir in der Atlantischen Allianz und in der Europäischen Gemeinschaft gefunden haben. Wir gehören zur Wertegemeinschaft der westlichen Welt. Mit ihr verbindet uns eine echte Sicherheitspartnerschaft."

iii **Dregger, Alfred (CSU): Plenarprotokolle, 10/228, 10.9.1986, S. 17666:**

„Meine Damen und Herren, in Nürnberg war häufig von der Selbstbehauptung Europas die Rede. Aber vor wem denn? Wenn Sie diese Selbstbehauptung nicht auf das sowjetische Imperium beziehen, dessen Grenze mitten durch *Deutschland* verläuft und unsere Landsleute jenseits der Grenze einsperrt und das uns mit einer ungeheuren Rüstung bedroht, wenn Sie diese Selbstbehauptung Europas auf unseren wichtigsten Verbündeten, die Vereinigten Staaten von Amerika beziehen, dann muß ich sagen: Das ist doch der Höhepunkt der Perversion des Denkens, die Egon Bahr erfunden hat; anders kann man das doch wirklich nicht sagen."

iv **Rathfelder, Erich: TAZ, 19.4.1986, S. 4:**

„Besonders die Bundesrepublik ist dabei angesprochen. Mit dem Angebot vom Januar war der umfassende Abbau der Mittelstreckenraketen in Europa verbunden. Die CDU-Hardliner schrieen ‚Stopp', als selbst die Reagan-Administration darauf eingehen wollte. Keine Zweifel: Die scharfen Töne in der Rede Gorbatschows galten Bonn. Realistisch ist nun, daß die Chancen für ein eigenständiges *deutsch-deutsches* Techtelmechtel sinken. Gorbatschow ist nicht gewillt, sich die außenpolitische Initiative aus der Hand nehmen zu lassen – auch von der SED nicht. Der Honecker-Besuch in der BRD war auf dem Parteitag bisher kein Thema. Erst mit einer grundsätzlichen Umorientierung der Politik der europäischen Regierungen scheinen weitere *deutsch-deutsche* Annäherungen möglich. Der Schlüssel hierfür liegt nach wie vor in Moskau."

v **Siebel, Ursel: TAZ, 25.10.1986, S. 4:**

„Die Bundesregierung, die CSU, die CDU, die *deutschen* Militärs – sie wollen die Atomwaffen in der *BRD*. […]

Gegen diese Gefahr eines begrenzten Atomkrieges vor allem hat die Friedensbewegung gekämpft. Doch sie begriff die *BRD* vornehmlich als Opfer amerikanischer Politik."

Schulze-Marmeling, Dietrich: TAZ, 14.4.1986, S. 4:

„Erst vor wenigen Tagen fragte die ‚FAZ', was eigentlich dagegen spräche, mit einem multinationalen NATO-Verband – das heißt unter Beteiligung der *BRD*-Marine – vor der libyschen Küste Kanonenbootpolitik zu betreiben. […]

Der Fall Libyen stößt die Friedensbewegung auf die Frage nach der NATO-Mitgliedschaft der *BRD*. […] Aber selbst wenn dies nicht der Fall sein sollte, sich die *BRD*-Regierung gar gegen den US-Interventionismus gegen Libyen wenden würde: Allein schon die Mitgliedschaft in einem gemeinsamen Bündnis bedeutet eine Ermunterung des amerikanischen Abenteurertums."

Fischer, Joseph (GRÜNE): Plenarprotokolle, 10/249, 26.11.1986, S. 19362:

„Wir wollen Selbstbestimmung mit freiwilliger Selbstbeschränkung der Bundesrepublik verbinden; Selbstbestimmung insofern, als nicht mehr ausschließlich die Interessen der USA die Außenpolitik der *BRD* prägen sollten; auch das wurde aus Ihrem Beitrag deutlich, Kollege Rose."

vi Dregger, Alfred (CSU): Plenarprotokolle, 10/228, 10.9.1986, S. 17660:

„Als Sie, meine Damen und Herren von der SPD, 1982 nach dreizehn Jahren – ich muß schon sagen: endlich – abtraten, hatten Sie *Deutschland* verändert, wenn auch nicht so, wie Sie es versprochen hatten."

Waigel, Theodor (CSU): Plenarprotokolle, 10/249, 26.11.1986, S. 19295:

„Das ist schon eine Unverfrorenheit sondergleichen,
                              (Zustimmung bei der CDU/CSU)
die Ihnen aber außer einem Teil der eigenen Anhängerschaft — selbst die nicht einmal mehr ganz — in ganz *Deutschland* niemand mehr abnimmt."

vii Ertl, Josef (FDP): Plenarprotokolle, 10/249, 26.11.1986, S. 19335:

„Ich fange gern mit diesen beiden Eckpunkten an, weil ich meine, dass sie für die Gegenwart so wichtig sind und vielleicht auch für die Zukunft bleiben werden. Es bleibt der historische Auftrag: Wie werden wir das geteilte *Deutschland* und damit das geteilte Europa überwinden? Wie werden wir für die *Deutschen* ein menschliches Leben in Freiheit ermöglichen ohne Mauer und Stacheldraht?"

[viii] **Lafontaine, Oskar (SPD): Plenarprotokolle, 11/226, 20.9.1990, S. 17809:**

„In den letzten Tagen ist so viel davon geredet worden, welche neue Rolle das vereinte *Deutschland* eigentlich spielen soll. Dabei ist hier und da auch unbedachterweise der Begriff der Weltmacht wieder verwandt worden. Ich glaube, daß wir alle uns sehr viel Zurückhaltung auferlegen sollten, wenn solche Begriffe in der Debatte auftauchen."

[ix] **Genscher, Hans-Dietrich (FDP): Plenarprotokolle, 11/226, 20.9.1990, S. 17803f:**

„Das vereinigte *Deutschland* wird mit dem Inkrafttreten des Vertrages die volle Souveränität über seine inneren und äußeren Angelegenheiten erhalten. [...] Wir werden unsere volle Souveränität in europäischer Friedensverantwortung wahrnehmen. Das souveräne, demokratische und freiheitliche *Deutschland* wird der Einheit, der Stabilität und dem Fortschritt Gesamteuropas verpflichtet sein."

Hafner, Gerald (GRÜNE): Plenarprotokolle, 11/226, 20.9.1990, S. 17825:

„Das ist ein schlechter Auftakt für den gemeinsamen Staat und ein gefährliches Signal für alle, die die neue Größe und Souveränität *Deutschlands* mit verständlicher Angst betrachten."

Kohl, Helmut (CDU): Plenarprotokolle, 11/221, 23.8.1990, S. 17441:

„*Deutschland*, unser Vaterland, wird souverän sein."

Stücklen, Richard (CSU): Plenarprotokolle, 11/226, 20.9.1990, S. 17886:

„Nach den erfolgreichen Verhandlungen mit den vier Siegermächten erhält *Deutschland* die Souveränität zurück."

Voigt, Karsten (SPD): Plenarprotokolle, 11/226, 20.9.1990, S. 17830:

„Damit sind wir künftig ein gleichberechtigtes und voll souveränes Mitglied der Familie der europäischen Völker und der internationalen Staatengemeinschaft."

^x **Genscher, Hans-Dietrich (FDP): Plenarprotokolle, 11/226, 20.9.1990, S. 17803:**

„Am 12. September ist in Moskau der Vertrag über die abschließende Regelung in bezug auf *Deutschland* unterzeichnet worden. Zusammen mit dem Einigungsvertrag, den wir heute abschließend beraten, eröffnet er uns *Deutschen* den Weg zur Vereinigung in Freiheit. Die Unterzeichnung dieses abschließenden Dokumentes bildet den Schlußpunkt der europäischen Nachkriegsgeschichte. Uns *Deutschen* eröffnet sich eine neue Chance, Europa erhält die Möglichkeit eines umfassenden Neuanfangs. Der Vertrag weist in eine bessere europäische Zukunft. Er ist ein Dokument des Friedenswillens aller Beteiligten. Mit diesem Vertrag beendigen die Vier Mächte ihre Rechte und Verantwortlichkeiten in bezug auf Berlin und auf *Deutschland* als Ganzes. Das vereinte *Deutschland* wird mit dem Inkrafttreten des Vertrages die volle Souveränität über seine inneren und äußeren Angelegenheiten erhalten."

^{xi} **Kinkel, Klaus (FDP): Plenarprotokolle 13/9, 15.12.1994, S. 398:**

„Fünf Jahre nach dem Fall der Mauer und dem Beginn einer einmaligen Kraftanstrengung ist das wiedervereinigte *Deutschland* in Europa trotz mancher noch ungelöster Probleme politisch und wirtschaftlich wieder ein Hort der Stabilität. *Deutschland* ist nicht nur die Konjunkturlokomotive in Europa; *Deutschland* ist zusammen mit Frankreich auch unbestritten einer der Hauptarchitekten der europäischen Einigung.
(Beifall bei der F.D.P. und der CDU/CSU)
Im gesamten Wahlkampf herrschte bei der Opposition in puncto Außenpolitik relatives Schweigen im Walde. Es gab offensichtlich nicht so sehr viel zu kritisieren, was uns ja freuen kann. Jetzt wird die Außenpolitik jedoch plötzlich wiederentdeckt, und es wird insbesondere an der EU-Präsidentschaft herumkritisiert, es wird genörgelt. Nun läßt sich aber wohl kaum bestreiten, daß *Deutschland* in den letzten Jahrzehnten außenpolitisch nie in einer so glücklichen Lage war wie jetzt. […]
Deutschland ist erstmals in seiner Geschichte nur noch von Freunden umgeben und wie nie zuvor in der Nachkriegszeit ein geachtetes, hochgeachtetes Mitglied der Völkergemeinschaft."

^{xii} **Poppe, Gerd (GRÜNE): Plenarprotokolle 13/31, 30.3.1995, S. 2389:**

„40 Jahre lang wurden im Kalten Krieg ungeheure Summen in militärische Sicherheit gegenüber dem Warschauer Pakt investiert. Stolz schlägt man sich auf die Schulter, die Sowjetunion totgerüstet zu haben, und gesteht damit ungewollt ein, daß die Bedrohung wohl doch nicht so einseitig war, wie man uns Jahrzehnte lang gerne glauben ließ. Nun ist der Warschauer Pakt verschwunden, die Sowjetunion aufgelöst, Rußland auf seinen Territorialbesitz von vor 300 Jahren zurückgeworfen, *Deutschland*

umzingelt von Nachbarn, die Verbündete oder Freunde sind, obwohl man sie nicht immer so behandelt wie Freunde -- Herr Scharping hat dazu schon einiges gesagt --, aber immerhin umzingelt von Freunden.
Man sollte meinen, wir könnten die Verteidigungsausgaben allmählich sozialverträglich zurückführen. Aber nein, wir sind ja wieder wer, nach General Naumann nun nicht mehr im Maschinenraum, sondern auf der Brücke des Dampfers UN, KSZE, NATO, EU usw. Ich kann bloß sagen: Hoffentlich ist es nicht die Titanic, die, Volldampf voraus, vermeintlich unsinkbar, auf die Eisberge zurast, die unsere Sicherheit tatsächlich bedrohen: die Klima- und Umweltkatastrophen, die drohenden nuklearen GAUs, die Überbevölkerung, die Kluft zwischen den Reichen, die immer weniger und immer reicher werden, und den Armen, die immer mehr und immer ärmer werden, in *Deutschland*, in Europa, in Amerika und erst recht weltweit."

xiii **Genscher, Hans-Dietrich (FDP): Plenarprotokolle 11/226, 20.9.1990, S. 17804:**

„Das vereinigte *Deutschland* wird größeres Gewicht haben. Wir wissen, daß sich die Völker Europas die Frage stellen, wie wir *Deutschen* dieses größere Gewicht nutzen werden. Es kann darauf nur eine Antwort geben: Mit diesem größeren Gewicht streben wir nicht nach mehr Macht, wohl aber sind wir uns der größeren Verantwortung bewußt, die daraus erwächst."

xiv **Genscher, Hans-Dietrich (FDP): Plenarprotokolle 11/226, 20.9.1990, S. 17804:**

„Die Politik des vereinten *Deutschland* wird von der Friedenspflicht und den Grundwerten unseres Grundgesetzes bestimmt. Mit Hochachtung und Dankbarkeit gedenken wir der Weitsicht und Klugheit der Frauen und Männer, die unser Grundgesetz geschaffen haben. Auch mit den Erfahrungen von vier Jahrzehnten deutscher Nachkriegspolitik könnte unser Auftrag heute nicht eindrucksvoller formuliert werden als der Verfassungsauftrag in der Präambel unseres Grundgesetzes, nämlich die Einheit *Deutschlands* zu vollenden, Europa zu vereinigen und dem Frieden der Welt zu dienen.
(Beifall bei der FDP, der CDU/CSU und der SPD sowie der Abg. Frau Unruh
[fraktionslos])
Das bestimmt die europäische Berufung und die Friedenverantwortung der *Deutschen*. Das Schicksal *Deutschlands* ist eingebettet in das Schicksal Europas, uns war stets bewußt: Die *deutsche* Spaltung kann nur durch Überwindung der Trennung Europas beendet werden."

^xv **Kinkel, Klaus (FDP): Plenarprotokolle 13/9, 15.12.1994, S. 398:**

„Die Erneuerung unserer Kräfte in einem vereinten, handlungsfähigen und bürgerna-
hen Europa - das steht für die Bundesregierung im Zentrum dieser Legislaturperiode.
Fünf Jahre nach dem Fall der Mauer und dem Beginn einer einmaligen Kraftanstrengung ist das wiedervereinigte *Deutschland* in Europa trotz mancher noch ungelöster
Probleme politisch und wirtschaftlich wieder ein Hort der Stabilität. *Deutschland* ist
nicht nur die Konjunkturlokomotive in Europa; *Deutschland* ist zusammen mit Frankreich auch unbestritten einer der Hauptarchitekten der europäischen Einigung.
(Beifall bei der F.D.P. und der CDU/CSU)
Im gesamten Wahlkampf herrschte bei der Opposition in puncto Außenpolitik relatives Schweigen im Walde. Es gab offensichtlich nicht so sehr viel zu kritisieren, was
uns ja freuen kann. Jetzt wird die Außenpolitik jedoch plötzlich wiederentdeckt, und
es wird insbesondere an der EU-Präsidentschaft herumkritisiert, es wird genörgelt.
Nun läßt sich aber wohl kaum bestreiten, daß *Deutschland* in den letzten Jahrzehnten
außenpolitisch nie in einer so glücklichen Lage war wie jetzt.
(Beifall bei Abgeordneten der F.D.P. und der CDU/CSU)
Es läßt sich wohl auch nicht bestreiten, daß das ein Erfolg dieser Koalition und dieser
Regierung ist.
(Beifall bei der F.D.P. und der CDU/CSU)
Deutschland ist erstmals in seiner Geschichte nur noch von Freunden umgeben und
wie nie zuvor in der Nachkriegszeit ein geachtetes, hochgeachtetes Mitglied der Völ-
kergemeinschaft.
(Beifall bei Abgeordneten der F.D.P. und der CDU/CSU)
Das lassen wir uns nicht kleinkariert zerreden, vor allem auch nicht die positive Bilanz
unserer EU-Präsidentschaft und den Erfolg des Europäischen Rates in Essen.
(Beifall bei der F.D.P. und der CDU/CSU)
Hören Sie, was unsere Partner und Freunde dazu sagen, und lesen Sie die ausländi-
sche Presse zum Essener Gipfel!
(Zuruf von der SPD: Europäisches Parlament!)
Niemand bestreitet die *deutsche* Handschrift bei den Fortschritten, die dort für die
wirtschaftliche Erneuerung, das politische Zusammenwachsen und die Handlungsfähigkeit Europas erreicht wurden."

^xvi **Lafontaine, Oskar (SPD): Plenarprotokolle 13/246, 2.9.1998, S. 22918f:**

„Sehen Sie, auch das ersparen Sie mir jetzt nicht: Wenn Sie Helmut Kohl als Weltklasse plakatieren

(Heiterkeit bei der SPD)

und ihn zum Stabilitätsanker erklären, dann möchte das noch hingehen, solange eben nicht folgendes passiert, daß nämlich der Ruf der Jungsozialisten

(Joachim Hörster [CDU/CSU]: Gibt es die überhaupt noch?)

„Kohl muß weg" - ich habe ihn manchmal als sprachlich etwas hart empfunden - ein solcher Erfolgsschlager wurde, daß zuerst Westerwelle darauf herumsurfte, dann fast die ganze F.D.P. und dann mehr und mehr die CDU. Herr Solms hat vorhin geklatscht, Herr Geißler hat das wenigstens nicht getan, als Sie gesagt haben, Helmut Kohl sei der Fels in der Brandung. Meine Damen und Herren, wenn Sie auf der einen Seite den Rücktritt von Helmut Kohl fordern und ihn auf der anderen Seite gleichzeitig als Weltklasse und als Fels in der Brandung feiern, dann muß ich sagen, daß das irgendwie nicht zusammen paßt. Die Wählerinnen und Wähler bekommen das nicht so richtig mit.

(Beifall bei der SPD, dem BÜNDNIS 90/DIE GRÜNEN und der PDS)

Es war mir natürlich auch ein gewisses Vergnügen, das reumütige Klatschen von Wolfgang Schäuble zu beobachten.

(Heiterkeit bei der SPD)

Es war zwar ein reumütiger Beifall, aber immerhin hat Wolfgang Schäuble gezeigt, daß er die Einheit von Fraktion und Partei im Auge hat.

(Beifall bei der SPD)

Manchmal ist es eben so, daß gewisse Parteien in Schwierigkeiten sind. Man muß dann versuchen, die Wahlaussagen einigermaßen zur Deckung zu bringen. Daß dem bei Ihnen nicht so ist, ist ja keine Erfindung von mir. Heute habe ich zum Beispiel gelesen, ein Mitglied der Koalition - ich sehe ihn hier; aber ich will ihn gar nicht ansprechen - habe sich geäußert, sie könnten den Kohl nicht mehr sehen. Das ist einfach kein angemessener Umgangsstil.

(Heiterkeit und Beifall bei der SPD)

Aber das wird auch nicht besser, Herr Kollege Waigel, wenn Sie sich mit den Worten vernehmen lassen, Sie seien der eigentliche Außenminister, und gleichzeitig sagen: „Der Euro spricht *deutsch*". Ich möchte Sie doch bitten, letzteres zu unterlassen. „Der Euro spricht bayerisch" konnten Sie angesichts der Haltung Stoibers nicht sagen.

(Beifall bei der SPD sowie bei Abgeordneten des BÜNDNISSES 90/DIE GRÜNEN und des Abg. Gerhard Zwerenz [PDS])

Wissen Sie, „Der Euro spricht *deutsch*" hört sich in den Hauptstädten Europas merkwürdig an. Sie sollten solche Töne wirklich unterlassen. Ich bitte Sie im Interesse unseres Ansehens in Europa darum."

[xvii] **Hornhues, Karl-Heinz (CDU): Plenarprotokolle 14/38, 5.5.1999, S. 3142:**

„Wenn wir jetzt Strukturveränderungen angehen, müssen wir über eines klar sein: Versprechungen zu machen, die nur begrenzt zu halten sind, macht wenig Sinn. Wir müssen uns die Frage stellen, welche Rolle die Institutionen, die wir haben, also zum Beispiel der Europarat, in dem 40 europäische Nationen, also fast alle, Mitglied sind

(Klaus Bühler [Bruchsal] [CDU/CSU]: 41!)

– Entschuldigung, 41; Georgien ist dazugekommen –, spielen können. Der ehemalige ungarische Premier- und Außenminister, Horn, hat recht, wenn er morgen im „Stern" – so habe ich es gerade in einer Agenturmeldung gelesen – sagt: Von Deutschland hängt es stark ab, wie sich Europa weiterentwickelt. – Deswegen meine dringende herzliche Bitte, diese Fragen aufzunehmen. Ich glaube, daß wir da eine ganz wichtige führende Rolle spielen können."

xviii **Bulmahn, Edelgard (SPD): Plenarprotokolle 14/20, 23.2.1999, S. 1454:**

„Wir wollen die Zusammenarbeit in Europa und der Welt auch künftig weiter aus-bauen. Unsere Anstrengungen für eine stärkere Internationalisierung durchziehen deshalb den Haushalt wie ein roter Faden. Ich möchte beispielsweise die Mittel für die Entwicklung internationaler Studiengänge nennen. Sie sind ein wichtiger Beitrag zur Steigerung der Attraktivität des Studienstandortes Deutschland. Wir wollen in Europa und der Welt wieder eine Spitzenstellung einnehmen, mit starken Partnern kooperie-ren können und selber ein starker Partner sein. Unsere nationalen Anstrengungen im Bereich Bildung und Forschung zeigen, daß es uns damit Ernst ist."

xix **Verheugen, Günther (SPD): Plenarprotokolle 13/9, 15.12.1994, S. 424:**

„Zur Frage Bosnien will ich Ihnen eines sagen: Der Bundestag hat, was die militäri-schen Einsätze angeht, Rechte. Diese haben wir vor dem Bundesverfassungsgericht erstritten. Ich möchte Sie ausdrücklich davor warnen, durch den Konsultationsprozeß mit der NATO eine Situation herbeizuführen, die den Deutschen Bundestag hinterher vor eine vollendete Tatsache stellt, so daß wir am Ende nur noch entscheiden dürfen und entscheiden können: Schaden wir dem Ansehen der Bundesrepublik Deutschland im Bündnis, oder müssen wir zähneknirschend das mitmachen, was die Regierung vorgegeben hat, ohne die verfassungsmäßigen Rechte des Parlaments zu beachten? Das heißt, auch das, was Sie mit der NATO in ihrem Planungsprozeß konsultieren, muß Bestandteil des Dialogs mit dem Deutschen Bundestag und seinen Ausschüssen sein. Wir bieten es ausdrücklich an, diesen Dialog zu führen. Aber es reicht nicht aus, wenn Sie von Zeit zu Zeit jemanden schicken, der über das informiert, was die NATO irgendwo geschrieben hat.

(Beifall bei der SPD)

Das reicht nicht; das muß dann schon eine echte Konsultation sein. Bringen Sie einmal ein bißchen Ordnung in Ihren Betrieb! So kann es ja nun auch nicht weitergehen. Zuerst lesen wir, daß der NATO- Oberbefehlshaber Europa Kontingente angefordert hat. Das bestätigen der Außenminister und der Verteidigungsminister. Dann führen Sie eine muntere Debatte darüber, was man daraus machen soll, und anschließend ziehen Sie plötzlich einen Brief des NATO-Generalsekretärs aus der Tasche, in dem steht, daß das alles gar nicht stimmt. Daß man das nicht eine klare, konsistente Außenpolitik nennen kann, sondern dass diese Außenpolitik von der Verlegenheit des Tages bestimmt ist und der die Konzeption fehlt, können Sie nicht bestreiten.

(Beifall bei der SPD)

Ein Letztes. Sie haben das Wort von der „moralischen Verpflichtung gegenüber unseren Freunden" gebraucht. Das sehen wir ganz genauso. Gerade weil wir diese moralische Verpflichtung haben, bin ich der Meinung, daß wir als *Deutsche* sehr, sehr zurückhaltend sein sollten mit Ratschlägen, wie sich andere, die sich in Bosnien engagieren, verhalten sollen. Wir sollten da sehr, sehr zurückhaltend sein.

(Zustimmung bei der SPD)

Wir sollten statt dessen die Frage stellen: Gibt es nicht Möglichkeiten, den Vereinten Nationen bei dem zu helfen, was not tut, nämlich eine stärkere, eine wirkungsvollere Präsenz von Friedenstruppen herzustellen? Wir sollten uns darauf verständigen, endlich aufzuhören, durch Fernsehtalkshows zu laufen

(Dr. Helmut Haussmann [F.D.P.]: Das sagt er!)

und überall zu jammern, wie sehr die UNO, die Europäische Union oder die NATO im ehemaligen Jugoslawien versagt hat. Die Wahrheit ist, daß die UNO im ehemaligen Jugoslawien eben nicht versagt hat. Die Leistungen, die die Blauhelmsoldaten in den letzten drei Jahren dort vollbracht haben, haben Hunderttausende von Frauen, Männern und Kindern vor dem Hungertod bewahrt und ihnen das Leben gerettet."

xx Breuer, Paul (CDU): Plenarprotokolle 13/31, 30.3.1995, S. 2409:

„Der Bundeswehr ist in den letzten Jahren Erhebliches an finanziellen Mitteln entzogen worden: Im Jahr 1989 betrug der Anteil des Verteidigungsetats am Gesamtetat des Bundes etwa 18 %, und im Jahr 1995 beträgt er noch 9,9 %.

(Gerhard Zwerenz [PDS]: Wie traurig!)

Das ist eine erhebliche Reduzierung der finanziellen Möglichkeiten der Bundeswehr. Wer jetzt noch von einer Militarisierung der *deutschen* Außenpolitik und von einer Fehlsteuerung finanzieller Mittel im Hinblick auf die Bundeswehr redet,

(Dr. Friedbert Pflüger [CDU/CSU]: Der tickt nicht ganz richtig!)

der ist an Ignoranz nicht mehr zu überbieten. Die Zahlen zeigen eindeutig, daß wir richtige Politik betreiben.

(Beifall bei der CDU/CSU und der F.D.P.)

Aber ich möchte deutlich machen, daß man das mit anderen Entwicklungen in Zusammenhang setzen muß. Das Bundesverfassungsgericht -- vorhin ist es hier in der außenpolitischen Debatte angesprochen worden -- hat im Sommer letzten Jahres die

44

Auslandseinsätze der Bundeswehr außerhalb des NATO-Gebietes im Sinne der CDU/CSU für zulässig erklärt. Damit ist die Diskussion darüber, ob der Auftrag der Bundeswehr klar ist, im Prinzip beendet. Der Auftrag ist klar. Man kann jetzt unterschiedlicher Meinung sein. Wir sind der Meinung, daß *Deutschland* in der Mitte Europas als souveränes Land mit 80 Millionen Einwohnern und einer erheblichen Wirtschaftskraft sicherheitspolitisch mehr Verantwortung für die Welt übernehmen und auch bereit sein muß, das Instrument Bundeswehr dabei einzusetzen. Dafür müssen wir die Bundeswehr konzeptionell ändern. Das ist mit den Konzeptionellen Leitlinien geschehen. Sie sichern einerseits die allgemeine Wehrpflicht, also die Einbindung der Bundeswehr als eines sehr sensiblen Organismus in unsere Gesellschaft. Darüber hinaus schafft die allgemeine Wehrpflicht eine soziale Kontrolle, eine bessere politische Kontrolle über die Streitkräfte. Mit der großen Mehrheit der Sozialdemokraten stimmen wir in dieser Position völlig überein, auch wenn es einzelne gibt, die das anders sehen."

[xxi] **Struck, Peter (SPD): Plenarprotokolle, 14/250, 25.7.2002, S. 25394:**

„Es hat nicht viele Momente in unserer Geschichte gegeben, in denen man *deutsche* Soldaten in anderen Ländern um die Übernahme von Aufgaben gebeten hat, in denen tiefes Vertrauen in die *deutsche* Politik herrscht. Seien wir ein wenig stolz darauf, meine Damen und Herren, dass es jetzt so ist."

[xxii] **Schäuble, Wolfgang (CDU): Plenarprotokolle, 11/226, 20.9.1990, S. 17821:**

„Herr Lafontaine, Sie haben noch auf der Berliner Parteitagsrede im Dezember 1989 die Einbindung des vereinten *Deutschlands* in die NATO als historischen Schwachsinn bezeichnet. Nehmen Sie den Satz zurück, oder halten Sie ihn aufrecht?
(Beifall bei der CDU/CSU und der FDP - Zuruf von der CDU/CSU; Eine gute Frage ist das!)
Für mich, meine Damen und Herren, ist es eine sehr bedenkliche und bedenkenswerte Erfahrung, daß wir genau in dem Zeitpunkt, in dem der Ost-West-Konflikt — Gott sei Dank — endlich zu Ende zu gehen scheint, eine neue Krise am Persischen Golf haben und der Friede auf neue Weise bedroht wird."

Genscher, Hans-Dietrich (FDP): Plenarprotokolle, 11/226, 20.9.1990, S. 17805:

„Unsere größere Verantwortung für die Zukunft Europas erkennen wir auch für unser Verhältnis zu Polen. Die Unverletzlichkeit der Grenzen ist ein Kernelement der Friedensordnung in Europa. Der Vertrag vom 12. September 1990 bestätigt den endgültigen Charakter der Grenzen des geeinten *Deutschland*. Das vereinte *Deutschland* hat keinerlei Gebietsansprüche gegen andere Staaten und wird solche auch in Zukunft nicht erheben.

(Beifall bei allen Fraktionen)

Das vereinte *Deutschland* wird die bestehende deutsch-polnische Grenze in einem völkerrechtlich verbindlichen Vertrag bestätigen. Das wird innerhalb der kürzestmöglichen Zeit nach der Herstellung der *deutschen* Einheit geschehen. Für Millionen *Deutsche*, die ihre Heimat unter schmerzlichen Bedingungen aufgeben mußten, bedeutet diese Entscheidung einen besonderen und persönlichen Beitrag zum Frieden in Europa."

Lafontaine, Oskar (SPD): Plenarprotokolle, 11/226, 20.9.1990, S. 17809:

„In den letzten Tagen ist so viel davon geredet worden, welche neue Rolle das vereinte *Deutschland* eigentlich spielen soll. Dabei ist hier oder da auch unbedachterweise der Begriff der Weltmacht wieder verwandt worden. Ich glaube, daß wir alle uns sehr viel Zurückhaltung auferlegen sollten, wenn solche Begriffe in der Debatte auftauchen,

(Beifall bei der SPD und den GRÜNEN sowie der Abg, Frau Unruh [fraktionslos])

Ich würde mir etwas ganz, ganz anderes wünschen, nämlich daß wir die neugewonnenen Chancen dazu nutzen, Vorreiterrollen zu übernehmen. Eine Vorreiterrolle sollte auf der Grundlage unserer Geschichte unsere Bemühungen um Abrüstung in Mitteleuropa sein. Dies stünde uns gut zu Gesicht."

[xxiii] **Kohl, Helmut (CDU): Plenarprotokolle, 13/9, 13.12.1994, S. 418:**

„Dann - das bitte ich Sie ganz ruhig zu erwägen; das alles steht ja nicht heute zur Entscheidung an - kommen wir *Deutschen* möglicherweise in folgende Situation. Man wird uns sagen: Wir haben Verständnis dafür gehabt, daß ihr in der konkreten Situation im früheren Jugoslawien nicht irgendwelche Einsätze leisten könnt. Aber wenn es darum geht, unseren Soldaten, den Armeen unserer Söhne, zu helfen, könnt ihr dann sagen: Wir tun gar nichts?"

[xxiv] **Robbe, Reinhold (SPD): Plenarprotokolle, 15/4, 29.10.2002, S. 119:**

„Nichts ist mehr so, wie es war. *Deutschland* hat sich von der reinen Landesverteidigung verabschiedet und internationale Verantwortung übernommen. Die Welt ist enger zusammengewachsen. Die internationalen Erwartungshaltungen gegenüber *Deutschland* sind gewachsen. Heute befinden wir uns auf einem Weg, von dem zurzeit noch niemand genau weiß, wie er mittelfristig und langfristig exakt verlaufen wird.

Aber eines steht trotz unvermeidlicher Differenzen im Detail und trotz gewisser ta-
gespolitischer Aufgeregtheiten unumstößlich fest: Wir sind ein verlässlicher und soli-
darischer Partner in Europa und in der Welt. Unsere Außen- und Sicherheitspolitik ist
aktive Friedenspolitik.

(Beifall bei Abgeordneten der SPD und des BÜNDNISSES 90/DIE GRÜNEN)
Wir stehen zu unseren Bündnisverpflichtungen und im Zweifelsfalle immer auf der
Seite derer, die von Vertreibung, Verfolgung oder Schlimmerem bedroht werden.
Hierbei verkennen wir nicht die Grenzen unserer Möglichkeiten, die sich naturgemäß
auch an unseren verfassungsrechtlichen Auflagen und an den militärischen Fähigkeiten unserer Bundeswehr festmachen. Dazu hat sich der Verteidigungsminister heute
und auch in der Vergangenheit umfassend geäußert, ein Verteidigungsminister im
Übrigen – dieser Hinweis sei mir an dieser Stelle erlaubt –, der seinen Job ausgesprochen gut macht, kompetent, führungsstark, umsichtig und sensibel.

(Beifall bei Abgeordneten der SPD und des BÜNDNISSES 90/DIE GRÜNEN)
Die konsequente Fortsetzung des eingeschlagenen Reformweges für die Bundeswehr
ist Grundvoraussetzung für die außen- und sicherheitspolitische Handlungsfähigkeit
Deutschlands. Die außerordentlich komplizierte und schwierige internationale Lage
lässt auf absehbare Zeit keine Entlastung für das deutsche Engagement und die Einsätze der Bundeswehr erwarten. Die Anforderungen an Deutschland und seine Streitkräfte sind und bleiben hoch. Wir haben eine Pflicht zur Solidarität, zur Wahrnehmung
von Verantwortung und zur Unterstützung derer, die auf uns bauen.
Mit jedem Fortschritt bei der Umsetzung der Reform der Bundeswehr werden wir
besser in der Lage sein, das zu leisten, was von ihr in Deutschland, in der NATO, in der
Europäischen Union, in den Vereinten Nationen und seitens unserer Partner und
Freunde in aller Welt zu Recht erwartet wird, nämlich deutsche Politik für Frieden und
Sicherheit wirksam und mit allen zur Verfügung stehenden Mitteln zu unterstützen.“

[xxv] **Dregger, Alfred (CDU): Plenarprotokolle, 10/228, 10.9.1986, S. 17660:**

„Die deutsche Nation wurde nicht 1933 gegründet, und sie wurde auch nicht 1945
beerdigt. Unsere Gründungsväter sind nicht Himmler und Hitler, sondern, wenn wir
das Gesamtbild unserer Geschichte ins Auge fassen, sind es Karl der Große und Otto
der Große, die in Aachen und Magdeburg ihre letzte Ruhe gefunden haben.“

[xxvi] **Dregger, Alfred (CDU): Plenarprotokolle, 11/221, 23.8.1990, S. 17450:**

„Damit tritt das Deutschland des Jahres 1990 außenpolitisch unter besseren Bedingungen in die Geschichte ein als das Bismarck-Reich von 1871. Die geschichtliche Erfahrung aus der ersten Hälfte des 20. Jahrhunderts ist es, daß wir als Land in der Mitte
Europas nicht ohne Verbündete leben können. Unsere Mitgliedschaft in der NATO

verhindert eine Wiederholung dessen, was in den beiden ersten Weltkriegen passierte."

^{xxvii} **Schulze-Marmeling, Dietrich: TAZ, 14.4.1986:**

„Was hätte wir aus der Geschichte der Kriege gelernt, wenn wir nicht auch und gerade solche Länder gegen kriegerische Drohungen verteidigen würden, deren gesellschaftspolitische Realität mit unseren Vorstellungen nicht korrespondiert?."

Schmidt, Helmut (SPD): Plenarprotokolle, 10/228, 10.9.1986, S. 17683:

„Die jungen *Deutschen* mögen aus der Geschichte der Nazi-Zeit aber bitte eines erkennen: In den ganz frühen 30er Jahren hat es unter dem Druck der damaligen ersten großen Weltwirtschaftskrise mit der Suche nach Sündenböcken angefangen. Dann hat es angefangen mit Gewalt gegen Schriften und gegen Bücher. Mit Gewalt gegen Sachen hat es sich fortgesetzt Danach kam die Gewalt gegen Personen, und schließlich kam der Mord und der millionenfache Mord. Wenn wir heute auf die letzten 40 Jahre seit 1945 oder seit 1949 zurückschauen und uns die Frage stellen: Dürfen wir eigentlich zufrieden sein? Oder müssen wir unzufrieden sein? Was haben wir damals eigentlich erhofft? Was ist eigentlich daraus geworden? Haben wir dazu genug beigetragen? Die Antworten müssen wir den Späteren überlassen, wie die Geschichtsschreibung darüber befinden wird. Wir können nur subjektiv urteilen; aber wenn wir subjektiv — wenngleich unvoreingenommen — auf die vier Jahrzehnte zurückschauen, wenn wir ohne die parteilichen Brillen, die wir auch immer einmal wieder auf setzen müssen, den Blick auf die Bundesrepublik dieses Jahres 1986 richten und sie mit der des Jahres 1946 vergleichen, dann, denke ich, dürfen wir das Erreichte dankbar anerkennen."

Europa[1]

Europa – Einer der fünf Erdteile, der kleinste der drei, welche die Alte
Welt bilden.[2]
– wo zusammensetzung eintritt, ist die gestalt schleppend, doch an sich
untadelhaft.[3]

Das Wort *Europa* wird meist als geographische Bezeichnung für den Erdkontinent
verwendet. Dieser Gebrauch des Wortes ist eng mit einer konkreten Vorstellung
von Größe, Grenzen und zugehörigen Staaten auf einer definierten Landmasse
verknüpft.

Beliebt ist der Begriff *Europa* im **außenpolitischen Diskurs** Deutschlands
besonders dann, wenn politische Präferenzen in einen übergeordneten Hand-
lungsrahmen gestellt werden sollen. So schafft man eine breitere Legitimationsbasis für die eigene Aussage und schwächt Gegenargumentationen ab. Wer *Europa* sagt, impliziert „universalistische Werte, auf die wir uns verpflichten müssen."[4] [i] Diese positive Konnotation bleibt dem Begriff sowohl über Zeit als auch
über die Grenzen der politischen Lager hinweg erhalten. Ein sehr anschauliches
Beispiel für diese Verwendungsweise bietet die Diskussion über die Frage des
sowjetischen Truppenabzugs aus Ostdeutschland – „diesen für Deutschland,
Europa und die Welt so wichtigen und wertvollen Prozeß von Glasnost und
Perestrojka".[5] [ii] Die Tatsache, dass das geeinte Deutschland auf beiden Seiten der
ehemaligen Grenze noch von Soldaten der Siegermächte besetzt bleibt, ist dabei
zuerst einmal ein deutscher Belang (→ Deutschland). Die Verbindung mit *Europa*
verdeutlicht hier, dass die Rückführung der Besatzer in Deutschland einen zent-

---

[1]   Maßgeblich verfasst haben diesen Beitrag Rebecca Agrícola, Joel Fourier und Daniel Woi-
      toll. Beigetragen hat außerdem Jan-Olaf Hess.
[2]   Meyers Konversationslexikon, 1888, S. 919.
[3]   Stichwort ‚Europa', Nr. 1, in: Deutsches Wörterbuch von Jacob und Wilhelm Grimm [1885]:
      http://germazope.uni-trier.de/Projects/WBB/woerterbuecher/dwb/wbgui?lemmode=
      lemmasearch&mode=hierarchy&textsize=600&onlist=&word=europa&lemid=GE10071&
      query_start=1&totalhits=0&textword=&locpattern=&textpattern=&lemmapattern=&
      verspattern=#GE10071L0 [12.12.2007]
[4]   Lafontaine, Oskar (SPD): Plenarprotokolle, 11/221, 23.8.1990, S. 17445.
[5]   Schäuble, Wolfgang (CDU): Plenarprotokolle, 11/226, 20.9.1990, S. 17820.

ralen Teil der Entspannung in der Welt darstellt. Mit der Formulierung dass „[K]onkrete Fortschritte in Europa [...] ein Beitrag zu Entwicklung, Stabilität und Sicherheit in der Welt"[6] sind, verdeutlicht Außenminister Genscher die positive Interpretation von *Europas* weltpolitischer Bedeutung, die in seiner Auslegung schon vor der deutschen Einheit aus der Peripherie der westlichen Allianz das Zentrum einer friedlichen Zukunft machte. Der Verweis auf eine wünschenswerte Entwicklung, die Öffnung der Sowjetunion, wird durch die Einbindung in einen globalpolitischen Zusammenhang zusätzlich gestützt. Hier spiegelt sich zudem der häufig wiederholte Grundsatz wider, dass „die deutsche Einheit und die europäische Einigung zwei Seiten derselben Medaille"[7] seien (→Integration).

„Als Volk in der Mitte Europas"[8] [iii] nimmt **Deutschland eine besondere Rolle in** *Europa* ein - spätestens nachdem „Deutschland ein normales Land"[9] [iv] geworden ist (→ Deutschland, → Normalität). Denn mit der Vereinigung hat Deutschland die als unnatürlich wahrgenommenen fünfzig Jahre nach dem Krieg überwunden. Das Ende der DDR und der Fall der Mauer entlassen ein geeintes Deutschland in die Reihe der anderen *europäischen* Nationalstaaten. Hier wird, schleichend und über mehrere Jahre, Deutschlands Rolle in *Europa* ein neues Selbstbewusstsein zugeschrieben, wodurch die Idee *Europas* aber nicht in Frage gestellt, sondern nur eigenen Vorstellungen anpasst wird (→ Selbstbewusstsein). War man früher sicher, dass „die Idee eines deutschen Sonderwegs [...] die Stabilität in Europa gefährde"[10] [v] (→ Sonderweg), so hängt in den neunziger Jahren zunehmend „von Deutschland [...] ab, wie sich Europa weiterentwickelt".[11] [vi] Deutschland ist, nicht nur geopolitisch, von der Randlage im Bündnis in die „Mitte Europas"[12] zurückgekehrt.

In die gleiche Richtung weisen Aussagen, die für eine **Stärkung der** *europäischen* **Position** plädieren, sei sie einer der beiden militärischen „Pfeiler der Atlantischen Allianz"[13] [vii] oder „Pfeiler des westlichen Bündnisses"[14] [viii] insgesamt. Die Metapher des Pfeilers deutet schon an, dass das, was *Europa* ausmacht und vertritt, nicht nur ein wichtiger – weil tragender – Bestandteil des Bündnisses ist. Das Bild taugt auch dafür, die Eigenständigkeit dessen, wofür *Europa* steht, zu ver-

---

6   Genscher, Hans-Dietrich (FDP): Rede vor der UN-Generalversammlung, VN 6/86, S. 208.
7   Parteiprogramm FDP 1986, S. 8
8   Genscher, Hans-Dietrich (FDP): Rede vor der UN-Generalversammlung, VN 6/86, S. 208.
9   Müntefering, Franz (SPD): Plenarprotokolle, 15/4, 29.10.2002, S. 74.
10   Parteiprogramm SPD 1986, S. 41.
11   Hornhues, Karl-Heinz (CDU): Plenarprotokolle, 15/38, 5.5.1999, S. 3142.
12   Genscher, Hans-Dietrich (FDP): Rede vor der UN-Generalversammlung, VN 6/86, S. 208.
13   Dregger, Alfred (CDU): Plenarprotokolle, 12/14, 13.3.1991, S. 749.
14   Genscher, Hans-Dietrich (FDP): Plenarprotokolle, 12/14, 13.3.1991, S. 792.

deutlichen, denn der *europäische* Pfeiler ist eben nicht der amerikanische. Die europäische Säule steht für sich und trägt nicht nur einen Teil, sondern einen *eigenen* Teil dessen, was die westliche Allianz ausmacht. Dies versinnbildlicht die Stärke und die Fähigkeit, ein politisches Gebäude auch alleine zu tragen – zumindest traut man sich selbst diese Aufgabe zu (→ Deutschland). Auch hier tritt die enge Verknüpfung der Verwendung von „Europa" und „Selbstbewusstsein" zu Tage. Bei allen unterschwelligen Zweifeln, die die Aussage auch transportiert, ist Europa nicht nur ein „Faktor des Friedens in der Welt", sondern wirkt „selbstbewusst als ein Faktor des Friedens in der Welt".[15] [ix] Also nicht nur passiv im Fahrwasser der Amerikaner sondern aktiv mit eigenem Kurs.

Sobald *Europa* Deutschland im Wege zu stehen scheint, wachsen die Zweifel – zwar nicht an der **Idee Europas**, aber an der Art und Weise wie die *europäische* Einigung konkret gestaltet werden soll. Was noch 1986 nur eine Befürchtung einiger Christdemokraten war, die vor „einem Europa [...] der Bürokraten, Grenzpfähle und Schranken" [16] [x] warnten, scheint gut ein Jahrzehnt später Realität geworden zu sein, da „dieser Tanker – das sind wir als Europa inzwischen geworden – bewegungsunfähig" sei. Um nicht manövrierunfähig umherzutreiben führe kein Weg „an qualifizierten Mehrheitsentscheidungen in klar definierbaren und definierten Einzel- und Teilbereichen vorbei".[17] [xi] Dies bedeutet, dass *Europa* dort kein Hindernis sein soll, wo Deutschland seinen Weg gehen möchte – was sich an anderer Stelle noch deutlicher zeigt. Man kann bei architektonischen Bildern bleiben um diese Skepsis auszumachen. War Deutschland unter dem Schutzschirm Amerikas lange Zeit gut aufgehoben, ist die „Gestaltung einer neuen Sicherheitsarchitektur nach dem Wegfall der Ost-West-Auseinandersetzung [...] eine historische Notwendigkeit, die im Interesse aller europäischen Völker"[18] [xii] liege. Die „Alte Welt" solle nicht länger nur eine „europäische Fahnenstange" neben einem „amerikanischen Pfeiler" [19] [xiii] sein. Für *Europa* bedeutet dies schnell „auch in der Außen- und Sicherheitspolitik ein ebenbürtiger Partner der USA [zu] werden"[20] [xiv] (→ Gleichberechtigung).

Zusammenfassend kann festgehalten werden, dass bei der Verwendung des Begriffs *Europa* im außenpolitischen Diskurs in der Bundesrepublik Deutschland keine Trennlinien entlang der Parteigrenzen zu erkennen sind. Vielmehr dient

---

[15] Genscher, Hans-Dietrich (FDP): Plenarprotokolle, 10/249, 26.11.1986, S. 19373.
[16] Parteiprogramm CDU 1986, S. 14.
[17] Kinkel, Klaus (FDP): Plenarprotokolle, 13/9, 30.3.1995, S. 2381.
[18] Kinkel, Klaus (FDP): Plenarprotokolle, 13/9, 15.12.1994, S. 400.
[19] Genscher, Hans-Dietrich (FDP): Plenarprotokolle, 10/228, 10.9.1986, S. 17728.
[20] Schockenhoff, Andreas (CDU): Plenarprotokolle, 14/38, 5.5.1999, S. 3145.

der Verweis auf Europa häufig der Schaffung einer breiteren Legitimationsbasis eigener politischer Präferenzen, und dies quer durch alle Fraktionen. Dass *Europa* in der politischen Auseinandersetzung immer positiv konnotiert bleibt, ist offensichtlich. Dass es dennoch gegen Ende der 90er Jahre und zu Beginn des 21. Jahrhunderts hinter nationalen Konzepten zurücksteht, ist insofern verwunderlich, als eine Trennung von Deutschland und *Europa* lange Zeit schwer vorstellbar war. Am Anfang des 21. Jahrhunderts wird *Europa* nicht mehr als großes Friedensprojekt ehemaliger Erbfeinde, sondern ganz pragmatisch als eine Institution beschrieben, die „fit" gemacht werden müsse „für die großen Aufgaben, die vor uns liegen".[21] xv Die europäische Einigung gilt immer weniger als Ziel an sich. In den Vordergrund tritt ein instrumentelles Verständnis, das in der EU das unausweichliche Mittel zur Durchsetzung übergeordneter, letztlich aber nicht alleine realisierbarer nationaler Ziele sieht.

Endnoten

[i] **Lafontaine, Oskar (SPD): Plenarprotokolle, 11/221, 23.8.1990, S. 17445:**

„Meine Damen und Herren, ich sprach von der Verpflichtung, den Einigungsprozess europäisch zu organisieren. Dies setzt uns vor die Aufgabe, uns darüber zu verständigen, was wir zukünftig eigentlich unter „Nation" begreifen wollen. Es ist so viel von der nationalen Frage die Rede gewesen. Aber wir müssen sehen, daß es gilt, wie es Carlo Schmid hier einmal am 25. Februar 1972 formuliert hat, eine Nation Europa zu bauen. [...] Konstituierend für die Zugehörigkeit zur Nation — dies ist das Entscheidende, und dies heißt die Nation Europa bauen – muß in Zukunft sein, daß sich eine Gemeinschaft von Staatsbürgerinnen und Staatsbürgern zu den gleichen Zielen der Verfassung bekennt, die bereits in der bürgerlichen Revolution in Frankreich vorgegeben waren. Die Werte Freiheit, Gleichheit, Brüderlichkeit, die wir heute um den Wert der Schwesterlichkeit ergänzen, sind nicht in den Grenzen einer nationalen Kultur zu definieren, sondern sie sind universalistische Werte, auf die wir uns verpflichten müssen, wenn wir denn die Vereinigten Staaten von *Europa* schaffen wollen."

---

[21]   Pflüger, Friedbert (CDU), Plenarprotokolle, 14/21, 24.2.1999. S. 1545.

[ii] **Schäuble, Wolfgang (CDU): Plenarprotokolle, 11/226, 20.9.1990, S. 17820:**

„Sind es Kosten der Einheit, wenn wir der Sowjetunion helfen, die sowjetischen Soldaten rasch aus Mitteldeutschland zurückzunehmen, wenn wir helfen, diesen für Deutschland, *Europa* und die Welt so wichtigen und wertvollen Prozeß von Glasnost und Perestrojka wirtschaftlich und sozial abzufedern?"

[iii] **Genscher, Hans-Dietrich (FDP): Rede vor der Generalversammlung der Vereinten Nationen, in: Vereinte Nationen Nr. 6, 1986, S. 208:**

„Als Volk in der Mitte *Europas* betrachten wir es als unsere geschichtliche Aufgabe, den West-Ost-Gegensatz zu entschärfen und schließlich zu überwinden. Wir wären schlechte Deutsche und schlechte Europäer wenn wir anders handelten."

[iv] **Müntefering, Franz (SPD): Plenarprotokolle, 15/4, 29.10.2002, S. 74:**

„Ein Projekt heißt: Deutschland, ein normales Land in Europa. Lange Zeit war Deutschland getrennt und wir Deutschen in West und in Ost lebten in einer besonderen Situation. Wie tief greifend die Entwicklung seit 1990 für unser Land und für uns als Deutsche in diesem Land sein würde, haben wir 1990 vielleicht noch nicht geahnt. Jetzt ist Deutschland ein normales Land in *Europa* mit Rechten und Pflichten und in der Verantwortung, seinen Beitrag für das Gelingen *Europas* zu leisten."

[v] **Parteiprogramm SPD 1986, S. 41:**

„Die Idee eines deutschen Sonderwegs – zumal in die Neutralität – ist unrealistisch. Er würde die Stabilität *Europas* gefährden. Die Teilung Deutschlands kann nur in einer *europäischen* Friedensordnung aufgehoben werden."

[vi] **Hornhues, Karl-Heinz (CDU): Plenarprotokolle 15/38, 5.5.1999, S. 3142:**

„Der ehemalige ungarische Premier- und Außenminister, Horn, hat recht, wenn er morgen im „Stern" – so habe ich es gerade in einer Agenturmeldung gelesen – sagt: Von Deutschland hängt es stark ab, wie sich *Europa* weiterentwickelt. – Deswegen meine dringende herzliche Bitte, diese Fragen aufzunehmen. Ich glaube, daß wir da eine ganz wichtige führende Rolle spielen können."

vii **Dregger, Alfred (CDU): Plenarprotokolle, 12/14, 13.3.1991, S. 749:**

„Eine Wirtschafts- und Währungsunion wird es nicht geben, wenn nicht auch eine *Europäische* Sicherheitsunion zustande kommt. Beide Felder betreffen die Kernstücke der staatlichen Souveränität, man kann nicht das eine an *Europa* übertragen und das andere für sich behalten wollen. […] Die *Europäische* Sicherheitsunion wird zwei Aufgaben haben. Sie wird Pfeiler der Atlantischen Allianz sein, die unentbehrlich bleibt, und zugleich sicherheitspolitische Grundlage der Politischen Union *Europas*. Ich hoffe, daß alle Partnerländer bereit sind, ihre Sicherheitspolitik zu *europäisieren*, auch Frankreich, das in dieser Frage eine Schlüsselrolle hat."

viii **Genscher, Hans-Dietrich (FDP): Plenarprotokolle, 12/14, 13.3.1991, S. 792:**

„Der Bundeskanzler hat heute schon gesagt, die Entwicklung einer gemeinsamen *europäischen* Außen-, Sicherheits- und Verteidigungspolitik im Rahmen der Europäischen Gemeinschaft und der WEU soll keine Ersatz-NATO schaffen. Für uns steht sie in der Finalität der *europäischen* Einigung. Sie wird so auch den *europäischen* Pfeiler des westlichen Bündnisses festigen. Wachsende *europäische* Identität soll den Atlantik nicht breiter, aber unser Bündnis fester machen. Das westliche Bündnis, das Bündnis der nordamerikanischen und der *europäischen* Demokratien, hat sich in den vergangenen Jahrzehnten ebenfalls als ein Stabilitätsfaktor für *Europa* und die Welt erwiesen. Wir wollen, daß es so bleibt."

ix **Genscher, Hans-Dietrich (FDP): Plenarprotokolle, 10/249, 26.11.1986, S. 19373:**

„Jetzt sind wir dabei, das nächste Kooperationsabkommen – wie ich hoffe, recht bald – zustande zu bringen, nämlich mit den Staaten der Golfregion, wo eine Stabilisierung im Interesse des Friedens in der nah- und mittelöstlichen Region und auch im Interesse der Energieversorgung der Welt wichtig ist. Hier ist die *Europäische Gemeinschaft* also selbstbewußt als ein Faktor des Friedens in der Welt, als eine Region tätig, von der friedliche und nicht kriegerische Initiativen ausgehen, was es in der Vergangenheit gegeben hat."

x **Parteiprogramm CDU 1986, S. 14:**

„Wir brauchen ein *Europa* der Bürger, nicht der Bürokraten, ein *Europa* ohne Grenzpfähle und Schranken."

[xi] **Kinkel, Klaus (FDP): Plenarprotokolle 13/9, 30.3.1995, S. 2381:**

„Eine Union mit 20 und mehr Mitgliedstaaten muß sich also anders organisieren, sonst wird dieser Tanker -- das sind wir als *Europa* inzwischen geworden -- bewegungsunfähig. Deshalb führt kein Weg an qualifizierten Mehrheitsentscheidungen in klar definierbaren und definierten Einzel- und Teilbereichen vorbei."

[xii] **Kinkel, Klaus (FDP): Plenarprotokolle, 13/9, 15.12.1994, S. 400:**

„Der Prozeß des Zusammenwachsens in *Europa*, der Gestaltung einer neuen Sicherheitsarchitektur nach dem Wegfall der Ost-West-Auseinandersetzung ist eine historische Notwendigkeit, die im Interesse aller europäischen Völker liegt."

[xiii] **Genscher, Hans-Dietrich (FDP): Plenarprotokolle, 10/228, 10.9.1986, S. 17728:**

„Wir fühlen uns verbunden in Wertüberzeugungen, und es gibt auch gar keinen Zweifel, wir sitzen alle in einem Boot, *Europäer* und Amerikaner. Wir *Europäer* sitzen etwas mehr am Rand; aber wenn das Boot kentert und sinkt, ist das eine Katastrophe für uns alle. Deshalb ist es so wichtig, daß man die gegenseitige Bedeutung dieses Bündnisses erkennt […]. Kennedy sprach von dem Bild des Bündnisses, das auf zwei Pfeilern ruht. Ja, dann ist es aber notwendig, daß eben nicht nur ein amerikanischer Pfeiler und eine *europäische* Fahnenstange da sind, sondern dann ist auch ein *europäischer* Pfeiler erforderlich. Das bedeutet Zusammenschluß der *Europäer* untereinander."

[xiv] **Schockenhoff, Andreas (CDU): Plenarprotokolle, 14/38, 5.5.1999, S. 3145:**

„Es ist aber keineswegs selbstverständlich, daß die Amerikaner immer die Hauptverantwortung für die Sicherheit in und für *Europa* übernehmen. Die *Europäische Union* muß auch in der Außen- und Sicherheitspolitik ein ebenbürtiger Partner der USA werden und endlich den *europäischen* Pfeiler der NATO schaffen."

[xv] **Pflüger, Friedbert (CDU): Plenarprotokolle, 14/21, 24.2.1999, S. 1545:**

„Wir müssen sehr aufpassen, und zwar alle miteinander, daß der Gipfel, vor dem wir stehen – der wirklich sehr wichtig ist, übrigens auch für die Stabilität des Euro –, nicht zu einem Verteilungsgipfel wird, sondern daß es ein Gestaltungsgipfel wird. Das Ziel dieses Gipfels ist, *Europa* fit zu machen für die großen Aufgaben, die vor uns liegen. Das ist das Entscheidende, und diesbezüglich hat Herr Schröder am Anfang falsche Töne gesetzt."

Frieden[1]

Frieden – [vertraglich gesicherter] Zustand des inner- oder zwischen-staatlichen Zusammenlebens in Ruhe und Sicherheit.[2]
– sachen, zustände in schutz und schirm nehmen, beruhigen.[3]

Der Begriff *Frieden* beschreibt im **allgemeinen Sprachgebrauch** eine soziale Beziehung, da er einen Zustand des Zusammenlebens klassifiziert: ein *friedliches* Miteinander mehrerer Individuen und Gruppen innerhalb einer Gesellschaft oder zwischen Staaten. Als Antonym zu Krieg wird durch *Frieden* die Abwesenheit von Gewalt und somit eines der grundlegenden menschlichen Bedürfnisse nach körperlicher, geistiger und seelischer Unversehrtheit bezeichnet.

Dem *Frieden* als höchstem Ziel des öffentlichen Lebens wird ganz besonders im **(außen)politischen Sprachgebrauch** Rechnung getragen. *Frieden* wird dort als Idealzustand verstanden, an dem sich außenpolitische Handlungen messen lassen müssen. Nach zwei Weltkriegen und einem halben Jahrhundert mindestens eingeschränkten Handlungsspielraums ist in Deutschland der Verzicht auf Gewalt oberste Direktive: „Außenpolitik ist Friedenspolitik".[4][i] Die Mittel, mit denen *Frieden* gewahrt oder geschaffen werden soll, können dabei variieren und müssen im jeweiligen Kontext legitimiert werden. Der *Frieden* als solcher ist jedoch stets Grundlage und unumstrittener Wert der Politik, den es umzusetzen gilt. So werden selbst militärische Maßnahmen mitunter durch den Verweis auf *Frieden* legitimiert. Da der Begriff also durchweg positiv konnotiert ist, vermag man mit *Frieden* Zustimmungsbereitschaft herzustellen. Im außenpolitischen Diskurs findet er sich häufig als Schlagwort und in Parolen wie „Frieden schaffen mit weni-

1   Maßgeblich verfasst haben diesen Beitrag Rebecca Agrícola, Christian Weber und Daniel Woitoll. Beigetragen haben außerdem Sandra Michels González und Bouchra Sakali.

2   Duden, Das große Wörterbuch der deutschen Sprache in sechs Bänden, Band 6, Mannheim/Wien/Zürich, Dudenverlag 1981.

3   Stichwort ,Frieden', Nr. 2, in: Deutsches Wörterbuch von Jacob und Wilhelm Grimm [1885]: http://germazope.uni-trier.de/Projects/WBB/woerterbuecher/dwb/wbgui?lemmode=lemmasearch&mode=hierarch y&textsize=600&onlist=&word=frieden&lemid=GF09225&query_start=1&totalhits=0&textw ord=&locpattern=&textpattern=&lemmapattern=&verspattern=#GF09225L0

4   Stercken, Hans (CDU): Plenarprotokolle, 10/249, 26.11.1986, S. 19370.

ger Waffen".[5] [ii] Gerne wird im Zusammenhang mit *Frieden* ein Pathos bemüht – beispielsweise wenn die aus dem Grundgesetz stammende etablierte Kollokation „dem Frieden dienen"[6] [iii] verwendet wird oder wenn mit dem Begriff als Aphorismus (etwa im Parteiprogramm der SPD) gespielt wird: „Frieden ist nicht alles, aber ohne Frieden ist alles nichts".[7] [iv] Neben den Formeln „Frieden schaffen" und dem „Frieden dienen" tritt *Frieden* vielfach als Kompositum in den Begriffen *Friedenspolitik, Friedenssicherung* und *Friedensverantwortung* oder *Verantwortung für den Frieden* auf. Während der Faktor *Frieden* dabei eine konstante Größe bleibt, wandelt sich die jeweilige Konstituente. Wie *Frieden* gesichert werden muss und welche Maßnahmen die Verantwortung für den *Frieden* erfordert, ist variabel.

Zu Zeiten der Block-Konfrontation wird beiden deutschen Teilstaaten eine „besondere **Verantwortung für den Frieden**"[8] zugeschrieben, die aus der Geschichte resultiere (→ Verantwortung). „Unsere Deutschlandpolitik", so Horst Ehmke 1986, „muss darauf ausgerichtet bleiben, daß vom deutschen Boden Werke des Friedens und nicht Kriege ausgehen".[9] [v] Auch auf anderen Betätigungsfeldern deutscher Außenpolitik wurde der Einsatz militärischer Mittel klar abgelehnt. Diese Einstellung entsprach dem Selbstverständnis, dass die Bundesrepublik als Nachfolger eines Staates, der zwei Weltkriege verursacht hatte, nun als verlässlicher und berechenbarer Bündnispartner auftreten müsse (→ Deutschland). Die „Verlässlichkeit, Berechenbarkeit und Kontinuität unserer Außen-, Sicherheits- und Friedenspolitik" lobte Martin Bangemann als besondere Kennzeichen der Außenpolitik der Regierung Kohl und speziell des damaligen Außenministers Hans-Dietrich Genscher. Diese „Außenpolitik des Friedens, der Verständigung und der Zusammenarbeit" habe sich bewährt und in Zeiten internationaler Spannungen dazu beigetragen, den Entspannungsprozess aufrechtzuerhalten."[10] [vi] *Friedliche* Beziehungen zwischen Ost und West wurden zudem als wichtige Voraussetzung für die Überwindung der Teilung Deutschlands betrachtet. *Frieden* zu sichern ist im Sprachgebrauch der Bonner Republik folglich unmittelbar daran gekoppelt, die Einheit des Landes wieder herzustellen. Man möchte „hinwirken auf einen Zustand des Friedens, in dem das deutsche Volk in freier

---

5   Suhr, Heinz (GRÜNE): Plenarprotokolle, 10/227, 9.9.1986, S. 17635.
6   Ehmke, Horst (SPD): Plenarprotokolle, 10/228, 10.9.1986. S. 17718;
    Kohl, Helmut (CDU): Plenarprotokolle 11/221, 23.8.1990, S. 17441.
7   Wahlprogramm SPD 1986, S. 39.
8   Wahlprogramm SPD 1986, S. 41.
9   Ehmke, Horst (SPD): Plenarprotokolle, 10/228, 10.9.1986, S. 17719.
10 Bangemann, Martin (FDP): Plenarprotokolle, 10/228, 10.9.1986, S. 17686.

Selbstbestimmung seine Einheit wiedererlangt".[11] [vii] Die Spaltung Deutschlands wurde darüber hinaus auch im größeren Kontext eines gespaltenen Europas gesehen. Die Stabilisierung des *Friedens* war für die Bundesregierung immer auch ein Anspruch, der sich auf den europäischen Kontinent bezog (→ Europa). Dementsprechend begreift die Bundesregierung 1986 ihre „Deutschlandpolitik als gesamteuropäische Friedenspolitik." Die Wiedererlangung von Freiheit und Einheit in Deutschland und Europa, diese „[beiden] Fragen können nur gemeinsam gelöst werden".[12] [viii] In Bezug auf die Wahrung des *Friedens* formuliert man demnach in der Bonner Republik die eigenen Präferenzen sprachlich so, dass sie mit den gesamteuropäischen Interessen übereinstimmen (→ Europa, → Interesse). Denn ein „deutscher, ein nationaler Alleingang, hilft uns nichts. Aber unsere nationalen Interessen in das größere Europa einzubetten, das ist deutscher Beitrag zu einem friedlichen Europa, das ist aber auch Wahrnehmung eigener nationaler Interessen. Deshalb kann deutsche Außenpolitik, deshalb muss sie immer europäische Friedenspolitik sein".[13] [ix]

Mit Ende des Ost-West-Konflikts ändern sich die außenpolitischen Vorzeichen für Deutschland und es lässt sich eine deutlichere Veränderung ausmachen, was unter ‚Verantwortung für den *Frieden*‘ verstanden wird. Zunächst wird im außenpolitischen Diskurs zu Beginn der 1990er Jahre nach wie vor eine aus der eigenen Geschichte resultierende, besondere Verantwortung für den *Frieden* hervorgehoben (→ Verantwortung). Insbesondere Außenminister Genscher, der die Sorgen europäischer Nachbarstaaten vor einem machtpolitisch wieder erstarkenden Deutschland zerstreuen wollte, bekannte sich im Namen aller Deutschen „zur Friedensverantwortung des vereinten Deutschlands". In „feierlicher Form", so Genscher weiter, „bekräftigen wir, dass von deutschem Boden nur Frieden ausgehen wird".[14] [x] Der Begriff der *Friedensverantwortung* wird jedoch – parallel zum Verantwortungsbegriff selbst (→ Verantwortung) – immer weniger mit der deutschen Vergangenheit in Verbindung gebracht. Vor dem Hintergrund der vermeintlich ‚gewachsenen' und gar ‚globalen' Verantwortung[15] [xi] des vereinten Deutschlands richtet sich nun der Blick nach vorn, auf die internationalen Herausforderungen und die Frage, auf welche Art und Weise Deutschland zur Wahrung des internationalen *Friedens* beitragen könne. Dabei verändert sich deutlich,

11   Barzel, Rainer (CDU): Plenarprotokolle, 10/228, 10.9.1986, S. 17724.
12   Windelen, Heinrich (CDU): Plenarprotokolle, 10/249, 26.11.1986, S. 19414.
13   Genscher, Hans-Dietrich (FDP): Plenarprotokolle, 10/249, 26.11.1986, S. 19374.
14   Genscher, Hans-Dietrich (FDP): Plenarprotokolle, 12/14, 13.3.1991, S. 792.
15   Lambsdorff, Otto Graf (FDP): Plenarprotokolle, 12/14, 13.3.1991, S. 756.
      Lamers, Karl (CDU): Plenarprotokolle, 11/221, 23.8.1990, S. 17475.

welche politischen Entscheidungen als erforderlich angesehen werden, um dieser *Friedensverantwortung* gerecht zu werden, denn nun wird der Einsatz militärischer Mittel nicht mehr ausgeschlossen. Bereits 1990 diskutierte der Bundestag über eine Ergänzung des Grundgesetzes, die die Entsendung deutscher Soldaten in Krisengebiete außerhalb des Bündnisbereichs zulassen sollte. Die Regierungskoalition brachte dabei ihre „Bereitschaft zum Ausdruck, nach der Überwindung der Teilung Deutschlands und nach der Überwindung des Ost-West-Gegensatzes ihre Verantwortung für die Sicherung des Friedens in der Welt im Rahmen der Vereinten Nationen und auf der Grundlage ihrer Charta zu übernehmen".[16] [xii] Gemeint waren damit zunächst zivile Einsätze der Bundeswehr im Rahmen von ‚Peace-keeping-Missionen'. Durch die Nichtbeteiligung am Golfkrieg 1991 hatte sich Deutschland unmittelbar nach der Vereinigung den Vorwurf eingehandelt, „Scheckbuchdiplomatie" zu betreiben. Die Bundesregierung glaubte, sich den Forderungen der Verbündeten nach einer stärkeren Beteiligung der Bundeswehr bei internationalen Einsätzen nicht länger entziehen zu können. Vor diesem Hintergrund schien Deutschland seiner „Verantwortung für den Frieden" nicht mehr lediglich durch Verständigungsversuche und internationale Vermittlerrollen gerecht werden zu können. Angesichts der veränderten weltpolitischen Lage schien nun auch militärisches Engagement in Kriseneinsätzen erforderlich zu sein. Der damalige Außenminister Kinkel zeigte sich in dieser Hinsicht wenige Jahre später hochzufrieden: „Vor einem Jahr habe ich an dieser Stelle erklärt, dass mein Land bereit sei, künftig mehr Verantwortung bei UN-Friedensmissionen zu übernehmen. Heute kann ich feststellen, dass Deutschland sich voll an Friedensoperationen der UN beteiligen kann. Das deutsche Verfassungsgericht hat dafür vor wenigen Monaten den Weg frei gemacht".[17] [xiii] Dies bezog sich darauf, dass das Karlsruher Urteil die Erweiterung des Aktionsradius' der Bundeswehr verfassungsrechtlich sanktioniert hatte. Es folgten Einsätze im Kosovo und in Afghanistan, die immer auch in Verbindung gebracht wurden mit Deutschlands Pflicht, „mehr Verantwortung für die internationale Friedenssicherung"[18] zu übernehmen. Verteidigungsminister Struck musste im Jahr 2002 kaum noch mit Widerspruch rechnen, als er feststellte, dass mit dieser Verantwortung notwendigerweise die „Bereitschaft zu militärischen Beiträgen und zur Beteiligung an militärischen Operationen" einhergehe.[19] [xiv]

---

[16]   Genscher, Hans-Dietrich (FDP): Plenarprotokolle, 11/221, 23.8.1990, S. 17469.
[17]   Kinkel, Klaus (FDP): Vereinte Nationen 6/1994, 27.9.1994, S. 214
       Breuer, Paul (CDU): 14/022, 25.2.1999, S. 1708.
[18]   Struck, Peter (SPD): 14/250, 25.7.2002, S. 25395.
[19]   Ebd.

Parallel zu den Bedeutungsverschiebungen des Begriffs der *Friedensverantwortung* ändert sich mit der Wiedererlangung der vollen Souveränität allmählich auch das Verständnis von **Friedenssicherung**. *Frieden* in Deutschland und Europa bleibt nach wie vor eng mit der europäischen Einigung verbunden. Vor dem Hintergrund der überaus erfolgreichen Bilanz der vergangen fünfzig Jahre ist völlig unstrittig, dass „dieses großartige Werk des Friedens, der Einheit und der europäischen Einigung weiter fortgesetzt" werden müsse.[20] [xv] Ende der neunziger Jahre ist dieses Plädoyer dann konkretisiert auf die Erweiterung der Europäischen Union nach Osteuropa. Für Deutschland sei es „schicksalhaft", so Helmut Kohl im Jahr 1998, „dass die Länder Mittelost- und Südosteuropas den Weg in die Europäische Union finden; denn nur so werden wir auch im nächsten Jahrhundert Frieden und Freiheit haben".[21] [xvi] Während dieses Verständnis von *Friedenssicherung* auf den europäischen Kontinent begrenzt bleibt, treten in einer globalen Perspektive weitere Elemente hinzu. Als ein zentrales Instrument wird dann beispielsweise eine nachhaltige Entwicklungspolitik betrachtet: „Frieden und Sicherheit für die Deutschen können auf Dauer nur gesichert werden, wenn bei unseren Partnern und Nachbarn akute Not überwunden, die wirtschaftliche und soziale Lage nachhaltig verbessert und demokratische Gesellschaftssysteme aufgebaut werden".[22] [xvii] Eine so verstandene Entwicklungspolitik käme nicht nur Deutschland zugute, sondern sei gleichzeitig „globale Friedens- und Sicherheitspolitik".[23] [xviii] Für die internationale Konstellation nach dem Ende des Ost-West-Konflikts bedeutet *Friedenssicherung* also nicht mehr, die Abrüstungsbemühungen der Supermächte zu unterstützen und generell die Verständigung über die Blockgrenzen hinweg zu fördern. Vielmehr werden nun das Fortschreiten der europäischen Integration und eine langfristig angelegte Entwicklungshilfe als Kernbestandteile angesehen.

Die auffälligste Änderung besteht allerdings darin, dass sich im außenpolitischen Diskurs ein Verständnis von *Friedenssicherung* etabliert, das nicht mehr nur auf zivile Mittel beschränkt bleibt, sondern militärische Mittel ausdrücklich einschließt (→ Zivilität). Es sind zunächst Politiker aus den Reihen der CDU oder der FDP, die Mitte der 1990er Jahre fordern, dass Deutschland „auch militärisch

[20] Schäuble, Wolfgang (CDU): 13/031, 30.3.1995, S. 2344.
       Scharping, Rudolf (SPD): 13/009, 15121994, S.405.
[21] Kohl, Helmut (CDU): 13/247, 3.9.1998, S. 23057.
       Fischer, Joseph (GRÜNE): Plenarprotokolle, 14/38, 5.5.1999, S. 3140.
[22] Spranger, Carl-Dieter (CSU): 13/009, 15.12.1994, S. 428.
[23] Spranger, Carl-Dieter (CSU): 13/031, 30.3.1995, S. 2429.
       Kinkel, Klaus (FDP): Vereinte Nationen 5/1998, 22.9.1998, S. 169.

scinen angemessenen Beitrag zur Friedenssicherung leisten kann".[24] [xix] Dort wird die Auffassung vertreten, dass „nichtmilitärischen Mitteln der Friedenssicherung, wo immer möglich", weiterhin der Vorrang gegeben werden müsse, diese allerdings nicht immer ausreichten, um *Frieden* herzustellen. Daher folgt auf die geäußerte Präferenz ziviler Maßnahmen der Zusatz, potentielle Aggressoren müssten „auch wissen, dass die UN zum militärischen Eingreifen fähig und willens sind, wenn die Durchsetzung der Ziele der Charta anders nicht zu erreichen ist".[25] [xx] Bei SPD und Grünen setzt sich diese Überzeugung erst nach der Regierungsübernahme 1998 und der Beteiligung deutscher Truppen im Kosovo-Krieg durch. Oskar Lafontaine lobt nun beispielsweise die Leistung der Bundeswehr im ehemaligen Jugoslawien als „Friedensdienst, der im Interesse ganz Europas liegt".[26] [xxi] Auch Joschka Fischer, der zuvor stets den nicht-militärischen und präventiven Charakter von *Friedenspolitik* betonte, tritt nun als Außenminister dafür ein, *Frieden* im Kosovo notfalls auch mit militärischer Unterstützung herbeizuführen. Interessanterweise meidet er den Begriff des Militärischen und spricht stattdessen davon, „jetzt in diesem Konflikt friedensstiftend einzugreifen". [27] [xxii] Im Zuge der Auseinandersetzung um den Krieg im Kosovo gewinnt die Bundeswehr auch auf einer grundsätzlichen Ebene in den Reihen der Grünen an Akzeptanz als *friedenspolitisches* Instrument. Aus der Frage, „wozu die Bundeswehr überhaupt noch gebraucht wird", folgen nun nicht mehr Überlegungen zu drastischen Truppenreduktionen oder gar Vorschläge zu ihrer Auflösung, sondern sie mündet nunmehr in die Forderung, „ein friedenspolitisches Konzept zu entwickeln, eine Konzeption, in der die Bundeswehr Bestandteil einer präventiven Außen- und Sicherheitspolitik sein wird".[28] [xxiii]

Lediglich die PDS hält nach wie vor an einem nicht-militärischen Verständnis von *Friedenspolitik* fest und kritisiert die deutsche Beteiligung am Kosovokrieg: „Frieden militärisch erzwingen zu wollen darf nicht zum zukünftigen Primat der Außen- und Sicherheitspolitik werden, denn in den allermeisten Fällen – das zeigt der Blick auf viele Konfliktherde in dieser Welt – wird dies nicht funktionieren". [29] [xxiv] Während die Erweiterung des Verständnisses von *Friedenssicherung* um eine militärische Dimension bei der PDS also noch auf einen gewissen

---

24   Hornhues, Karl-Heinz (CDU): Plenarprotokolle, 12/14, 13.3.1991, S. 800.
25   Kinkel, Klaus (FDP): Vereinte Nationen, 6 /1994, 27.9.1994, S. 214.
26   Lafontaine, Oskar (SPD): 14/020, 23.2.1999, S. 1408.
27   Fischer, Joseph (GRÜNE): 14/022, 25.2.1999, S. 1704.
28   Beer, Angelika, (GRÜNE): 14/038, 5.5.1999, S. 3155.
29   Lippmann-Kasten, Heidi (PDS): 14/021, 24.2.1999, S. 1554.
     Gebhardt, Fred (PDS): 14/038, 5.5.1999, S. 3135.

Restwiderstand stößt, wird es im übrigen Parteienspektrum inzwischen als Konsens betrachtet, dass ein deutscher Beitrag zur Herstellung von *Frieden* auch in anderen Kontexten als dem des Kosovo-Kriegs auf einen „ausgewogenen Mix an zivilen, polizeilichen, politischen und militärischen Fähigkeiten" angewiesen sei.[30] xxv Dementsprechend begrüßt Verteidigungsminister Struck in seiner Antrittsrede ausdrücklich „dass der deutschen Friedenspolitik eine Bundeswehr zur Verfügung steht, die im In- und Ausland ein hohes Ansehen genießt".[31] xxvi Eine derart enge Verbindung von *Friedenspolitik* und Bundeswehr herzustellen, hätte einem wohl noch zu Beginn der 1990er Jahre von Seiten der SPD und der Grünen den Vorwurf des Militarismus eingetragen. Dass dies inzwischen als unstrittige Tatsachenbeschreibung gelten kann, zeigt wie stark sich die Bedeutung von *Friedenspolitik* verändert hat.

Zusammenfassend bleibt festzuhalten, dass *Frieden* – als höchste Maxime deutscher Außenpolitik – eine konstante Größe ist und der Begriff selbst in seiner Definition nicht variiert. Welcher Handlungsspielraum in Bezug auf *Friedensverantwortung* ins Auge gefasst wird und welche Maßnahmen zur *Friedenssicherung* erwogen werden, ändert sich allerdings nach 1990 merklich. Während vor der Vereinigung *Frieden* immer mit der eigenen prekären Lage zwischen den Mächten und der Teilung Deutschlands und Europas einherging, wächst im vereinten Deutschland die Ambition, innerhalb der Bündnisse global für *Frieden* einzutreten. Unter der Prämisse, seiner ‚gewachsenen Verantwortung' Rechnung zu tragen, erweitert sich aber nicht nur der Aktionsradius; auch das Spektrum von Maßnahmen, die in einem neuen Verständnis von *Friedenssicherung* subsumiert werden, ist um eine militärische Dimension ergänzt worden.

---

[30] Nachtwei, Winfried (GRÜNE): 15/004, 29.10.2002, S. 116.
[31] Struck, Peter (SPD): 14/250, 25.7.2002, S. 25394.

Endnoten

[i] **Stercken, Hans (CDU): Plenarprotokolle, 10/249, 26.11.1986, S. 19370:**

„Kehren wir zum Haushalt des Auswärtigen Amtes zurück, denn wir wollen mit der Gewährung dieser Mittel eine Politik ermöglichen, die *Frieden* und Sicherheit für unser Land und Europa gewährleistet. Denn Außenpolitik ist – das immer wieder zu betonen können wir nicht müde werden – *Friedenspolitik,* und in diesem Sinne sind auch die Bediensteten des Auswärtigen Amtes gleichermaßen wie die Dienstleistenden in der Bundeswehr Dienstleistende am *Frieden* dieses Landes, Dienstleistende am *Frieden* Europas."

[ii] **Suhr, Heinz (GRÜNE): Plenarprotokolle, 10/227, 9.9.1986, S. 17635:**

„Kommen wir zum Haushalt. Wir führen heute zwar eine Generaldebatte, können aber trotzdem auf Einzelheiten eingehen. Der mit Abstand größte Haushaltsbrocken ist auch 1987 wieder der Militär- und Rüstungshaushalt mit über 65 Milliarden DM, wenn wir alles zusammenzählen. Da frage ich Sie wieder: Immer so weiter mit Deutschland?
Wenn wir weiterrechnen, so sind in der Bundeswehrplanung bis 1995 für Forschung, Entwicklung, Bechaffung neuer Waffen und militärische Anlagen 142,4 Milliarden DM vorgesehen. Immer weiter so mit Deutschland? *Frieden* schaffen mit weniger Waffen?"

[iii] **Ehmke, Horst (SPD): Plenarprotokolle, 10/228, 10.9.1986. S. 17718:**

„Unsere Unterstützung des KSZE-Prozesses ist Ausdruck der Einsicht, dass *Frieden* und Sicherheit primär politische, nicht militärische Kategorien sind. Unsere Deutschlandpolitik, unsere Europapolitik, unsere Nord-Süd-Politik müssen insgesamt der Sicherheit und dem *Frieden* dienen."

Kohl, Helmut (CDU): Plenarprotokolle, 11/221, 23.8.1990, S. 17441:

„In meiner Regierungserklärung vom 04. Mai 1983 habe ich zu Beginn der damaligen Legislaturperiode hier erklärt: ‚Die deutsche Nation besteht fort. Wir sind für das Selbstbestimmungsrecht aller Völker und für das Ende der Teilung Europas. Wir werden alles tun, um in *Frieden* und Freiheit die deutsche Einheit zu erstreben und zu vollenden.' Das vereinte Deutschland wird als gleichberechtigtes Glied in einem vereinten Europa dem *Frieden* in der Welt dienen."

[iv] **Wahlprogramm SPD 1986, S. 39:**

„Wir werden den _Frieden_ nur retten können, wenn wir _Frieden_ stiften. _Friede_ ist nicht alles, aber ohne _Frieden_ ist alles nichts."

[v] **Ehmke, Horst (SPD): Plenarprotokolle, 10/228, 10.9.1986, S. 17719:**

„Unsere Europapolitik muß zur Überwindung des Nord-Süd- wie des Ost-West-Konflikts beitragen. Dabei muß sie vor allem dem _Frieden_ und der Wiederherstellung der historisch gewachsenen Einheit ganz Europas dienen. Welch zentrales Verhältnis dabei unserem Verhältnis zu Polen zukommt, hat Helmut Schmidt hervorgehoben. Ich kann nur hoffen, daß uns die Reise der Delegation von Kollegen aus der CDU/CSU-Fraktion nach Polen in dieser Frage nun endlich wieder an einem Strang ziehen lässt. Unsere Deutschlandpolitik – auch darin sollten wir einig sein - muß darauf ausgerichtet bleiben, daß vom deutschen Boden Werke des Friedens und nicht Kriege ausgehen."

[vi] **Bangemann, Martin (FDP): Plenarprotokolle, 10/228, 10.9.1986, S. 17686:**

„Deswegen ist es nicht anmaßend, wenn die Bundesregierung sagt, was Sie damals ausführten: Verläßlichkeit, Berechenbarkeit und Kontinuität unserer Außen-, Sicherheits- und _Friedenspolitik_ sind das Kennzeichen der Politik dieser Regierung und in diesem speziellen Bereich das Marken- und Gütezeichen des Außenministers, meines Freundes Hans-Dietrich Genscher.

(Beifall bei der FDP)

Das, meine Damen und Herren, ist eine Außenpolitik des _Friedens_, der Verständigung und der Zusammenarbeit. Diese Außenpolitik hat sich bewährt, gerade auch in den Zeiten internationaler Spannungen, und sie hat dazu beigetragen, den Entspannungsprozeß auch in diesen Zeiten aufrechtzuerhalten."

[vii] **Barzel, Rainer (CDU): Plenarprotokolle, 10/228, 10.9.1986, S. 17724:**

„Die Achtung des Grundgesetzes, auch der föderativen Ordnung, bleibt eine unerläßliche Bedingung für die Zukunft der Freiheit. Man sollte es – wie bisher – ohne Not nicht ändern. Das Hinwirken auf einen Zustand des _Friedens_, in dem das deutsche Volk in freier Selbstbestimmung seine Einheit wiedererlangt, ist ein anderer unerläßlicher Baustein, wie ein lebensfrohes Berlin*"

viii **Windelen, Heinrich (CDU): Plenarprotokolle, 10/249, 26.11.1986, S. 19414:**

„Das starre Blockdenken weicht der Einsicht, gemeinsam in einer Welt zu leben, Ideologien verlieren an Bedeutung. Die Völker Europas besinnen sich zunehmend auf ihr verbindendes Erbe. Europa strebt zueinander. Das gilt besonders für seine Mitte. Der Weg zur Einheit führt über die Freiheit. Denn die Freiheit ist der Kern der deutschen wie der europäischen Frage.
(Beifall bei der CDU/CSU und der FDP —
Mann [GRÜNE]: Sagen Sie mal etwas zur Auflösung der NATO und des Warschauer Pakts!)
Beide Fragen können nur gemeinsam gelöst werden. Die Politik der Bundesregierung richtet sich danach. Sie begreift ihre Deutschlandpolitik als gesamteuropäische *Friedenspolitik.*
(Mann [GRÜNE]: Schön wär's!)
Auch die innerdeutschen Beziehungen sind Bestandteil dieser *Friedenspolitik.* Es ist eine Politik für mehr Menschlichkeit im geteilten Deutschland. Denn was den Menschen nützt, nützt auch dem *Frieden.*"

ix **Genscher, Hans-Dietrich (FDP): Plenarprotokolle, 10/249, 26.11.1986, S. 19374:**

„Die nationalen Interessen, die wir Deutschen haben, können wir nur verwirklichen, die können wir wirklich nur durchsetzen, wenn wir in Europa zu einem besseren Verhältnis zwischen West und Ost kommen. Ein deutscher, ein nationaler Alleingang hilft uns nichts. Aber unsere nationalen Interessen in das größere Europa einzubetten, das ist deutscher Beitrag zu einem *friedlichen Europa*, das ist aber auch Wahrnehmung eigener, nationaler Interessen. Deshalb kann deutsche Außenpolitik, deshalb muß sie immer europäische *Friedenspolitik* sein. Dabei wird es bleiben; dafür möchte ich Ihnen garantieren."

x **Genscher, Hans-Dietrich (FDP): Plenarprotokolle, 12/14, 13.3.1991, S. 792:**

„In dem Vertrag über die abschließende Regelung in Bezug auf Deutschland bekennen wir Deutschen uns zur *Friedensverantwortung* des vereinten Deutschlands. In feierlicher Form bekräftigen wir, daß von deutschem Boden nur *Frieden* ausgehen wird. Wir stellen fest, daß Handlungen, die geeignet sind und in der Absicht vorgenommen werden, das *friedliche* Zusammenleben der Völker zu stören, insbesondere die Führung eines Angriffskriegs vorzubereiten, verfassungswidrig und strafbar sind. Wir bekunden vor aller Welt daß wir keine unserer Waffen jemals einsetzen werden, es sei denn in Übereinstimmung mit unserer Verfassung und mit der Charta der Vereinten Nationen."

xi Lambsdorff, Otto Graf (FDP): Plenarprotokolle, 12/14, 13.3.1991, S. 756:

„Für eine Weile hatte der Golfkrieg alles andere in den Hintergrund gedrängt. Dieser Krieg ist von den Alliierten gewonnen worden. <u>Wird auch der _Frieden_ gewonnen werden?</u> Deutschland wird dafür gebraucht werden, nicht nur für den wirtschaftlichen Wiederaufbau. Welche Rolle sollen wir dabei spielen? Wie definieren wir unsere aus der Einheit gewachsene größere internationale Verantwortung? Was erwartet die Welt von uns, und was gesteht sie uns zu?"

Lamers, Karl (CDU): Plenarprotokolle, 11/221, 23.8.1990, S. 17475:

„Es geht im Grunde um unser Selbstverständnis und um die Rolle unseres Landes in der Welt, um seine globale Verantwortung – um das einmal etwas anspruchsvoller auszudrücken. <u>Wovor ich schon heute warnen möchte, ist, zu glauben, daß man sich dabei nur an die unproblematischeren Fälle heranwagen könne, daß wir eine solche Beteiligung der Bundesrepublik ausschließlich im Rahmen von _Friedensaktionen_ der Vereinten Nationen ins Auge fassen könnten.</u>"

xii Genscher, Hans-Dietrich (FDP): Plenarprotokolle, 11/221, 23.8.1990, S. 17469:

„In der Westeuropäischen Union haben Herr Kollege Stoltenberg und ich unsere Haltung zur Frage der Entsendung von deutschen Streitkräften dargelegt. Wir haben erläutert, dass das Grundgesetz die Entsendung von Truppen in Regionen außerhalb des Bündnisgebietes nicht erlaubt. Wir haben unsere Partner darüber unterrichtet, dass die Bundesregierung am Montag begonnen hat, mit der sozialdemokratischen Opposition eine Ergänzung des Grundgesetzes zu erörtern. Das Ziel ist es, der Bundeswehr in Zukunft die Teilnahme an Aktionen zu ermöglichen, die im Rahmen der Charta der Vereinten Nationen vom Sicherheitsrat beschlossen werden.
(Beifall bei der FDP)
<u>Die Bundesrepublik Deutschland bringt damit ihre Bereitschaft zum Ausdruck, nach der Überwindung der Teilung Deutschlands und nach der Überwindung des West-Ost-Gegensatzes ihre Verantwortung für die Sicherung des _Friedens_ in der Welt im Rahmen der Vereinten Nationen und auf der Grundlage ihrer Charta zu übernehmen.</u>"

xiii Kinkel, Klaus (FDP): Vereinte Nationen 6/1994, 27.9.1994, S. 214:

„In vielen Staaten ist die militärische Ausbildung allein auf traditionelle Armeeaufgaben ausgerichtet. <u>Die spezifischen Aufgaben der _Friedenserhaltung_ erfordern aber eine völlig andere Ausbildung.</u> Die nationale Vorbereitung der Blauhelme auf ihren Einsatz sollte von den Vereinten Nationen stärker koordiniert werden. Dazu bedarf es gemeinsamer Ausbildungsrichtlinien. Die Vereinten Nationen sollten auch eine Ausbildungskapazität aufbauen. Gemeinsame Ausbildung und gemeinsame Übungen sind zugleich wichtige Bausteine der Vertrauensbildung. Als deutscher Außenminister füge ich hinzu: <u>Vor einem Jahr habe ich an dieser Stelle erklärt, dass mein Land bereit sei, künftig mehr Verantwortung bei UN-*Friedensmissionen* zu übernehmen. Heute kann ich feststellen, dass Deutschland sich voll an *Friedensoperationen* der UN beteiligen kann.</u> Das deutsche Verfassungsgericht hat dafür vor wenigen Monaten den Weg frei gemacht."

Breuer, Paul (CDU): Plenarprotokolle, 14/022, 25.2.1999, S. 1708:

„Es sind sehr ernste Gedanken, die uns hier bewegen müssen. Es ist betont worden, daß sowohl die Qualität wie die Dimension dessen, was uns im Kosovo und um den Kosovo herum begegnen kann, von besonders schwerwiegender Bedeutung sind. <u>Wir tragen diese Verantwortung für unser Land, für den *Frieden* auf unserem Kontinent.</u> Wir stehen in ganz besonderer Verantwortung für jeden einzelnen Soldaten, den wir in diesem Gebiet zum Einsatz bringen müssen. Wir sollten an dieser Stelle denjenigen, die dazu bereit sind, diesen Dienst zu leisten – und die ihn heute leisten: bei der Extraction Force in Mazedonien, in Bosnien-Herzegowina, aber auch, um das alles zu unterstützen, zu Hause –, unseren herzlichen Dank sagen."

[xiv] **Struck, Peter (SPD): Plenarprotokolle, 14/250, 25.7.2002, S. 25395:**

„Meine Damen und Herren, es sind gemeinsame Risiken, die gemeinsame Antworten erfordern. Sicherheit und Stabilität sind zu einer gemeinsamen Aufgabe geworden. <u>Aufgrund des politischen, wirtschaftlichen und sicherheitspolitischen Potenzials Deutschlands wird von uns – mehr als früher – gefordert, mehr Verantwortung für die internationale *Friedenssicherung* in Europa und darüber hinaus zu übernehmen.</u> Die Bundesregierung stellt sich dieser Verantwortung. Wir stehen nicht mehr unter Hinweis auf unsere Geschichte abseits, wenn unsere Sicherheitsinteressen betroffen sind und wenn andere auf unseren Beitrag setzen. Dies schließt die Bereitschaft zu militärischen Beiträgen und zur Beteiligung an militärischen Operationen ein. Unsere Geschichte begründet für das wiedervereinigte Deutschland geradezu eine Verpflichtung – zur Solidarität, zur Wahrnehmung von Verantwortung und zur Unterstützung derer, die auf uns bauen."

xv Schäuble, Wolfgang (CDU): Plenarprotokolle, 13/031, 30.3.1995, S. 2344:

„Entschuldigung, Sie, Herr Kollege Scharping, haben es für richtig gehalten, einen Kollegen meiner Fraktion, dem Ehrenvorsitzenden der CDU/CSU-Bundestagsfraktion, Alfred Dregger -- Sie haben ihn nicht namentlich genannt, aber er ist gemeint -- vorzuwerfen, daß er gesagt hat, für ihn und bei seinem Lebensweg sei die Erinnerung an den 8. Mai 1945 vor allem auch mit Trauer verbunden. Wer sind wir denn, daß wir diejenigen, die ihre Väter, Söhne, Brüder verloren haben, dafür kritisieren, daß sie darum trauern! Deshalb finde ich, daß diese Art von Streit, die Sie hier zu entfachen versucht haben, schäbig, kleinlich und verantwortungslos ist. Deswegen finde ich, daß wir uns einig sein sollten, daß wir in bezug auf diese 50 Jahre seit dem Zweiten Weltkrieg mit seinen entsetzlichen Verlusten, mit den entsetzlichen Verbrechen der nationalsozialistischen Zeit, mit der Vertreibung und all dem sagen sollten: <u>Jetzt haben wir 50 Jahre <i>Frieden</i> und europäische Einigung, sogar die deutsche Einheit, und daher sollten wir uns jetzt gemeinsam darum bemühen, daß dieses großartige Werk des <i>Friedens</i>, der Einheit und der europäischen Einigung weiter fortgesetzt wird.</u> Dafür wird die Union arbeiten."

Scharping, Rudolf (SPD): Plenarprotokolle, 13/009, 15.12.1994, S. 405
<u>„Ich stimme auch zu, daß der Wille zur Erweiterung der Europäischen Union wie übrigens auch zur Erweiterung der NATO, wenn man das in einem politisch klugen Sinne versteht sowie mit berechtigten und legitimen Sicherheitsinteressen anderer Staaten in Übereinstimmung bringt, ohne ihnen ein Veto zuzugestehen wie beispielsweise Rußland, einen für Europa fruchtbaren und für die dauerhafte Sicherung des Friedens in Europa auch unverzichtbaren Prozeß einleiten kann.</u> Was allerdings die Erweiterung nach Mittelosteuropa und beispielsweise auch um Zypern oder Malta angeht, warne ich davor, diese Fragen ausschließlich unter den Schwierigkeiten zu betrachten, die sich aus den Regeln der europäischen Kohäsion, ihrer Fonds und aus dem Stand der Agrarpolitik in der Europäischen Union ergeben. Das würde ungewöhnlich hohe finanzielle und am Ende übrigens auch politische Barrieren aufbauen. Vor diesem Hintergrund wird man sich um eine Reform bestimmter in der Europäischen Union geltender Regelungen bemühen müssen, um die Gemeinschaft überhaupt erweiterungsfähig zu machen."

xvi Kohl, Helmut (CDU): Plenarprotokolle, 13/247, 3.9.1998, S. 23057:

„Jetzt stehen wir vor einer wichtigen Weichenstellung. Ich fürchte, manche von uns haben dies - ich sage dies ohne Vorwurf, weil die Innenpolitik aus vielen Gründen notwendigerweise dominiert - aus den Augen verloren, Wir treten jetzt innerhalb der Europäischen Union in eine neue Phase ein. Der Euro ist die eine Sache; aber es geht auch um die innere Struktur der Europäischen Union, Es geht um die Abgrenzung der Kompetenzen, um größere Bürgernähe; es geht um die Erweiterung. Machen Sie sich doch keine Illusionen, Herr Fischer! Ich gebe Ihnen recht: Wenn die Funktionsträger der EU jetzt geheim abstimmen würden - so, daß niemand nachweisen könnte, wie von dem einzelnen abgestimmt worden ist -, wäre ich nicht sicher, ob es eine Mehrheit für die Erweiterung gäbe. Das aber kann nicht unsere Politik sein. <u>Für die Deutschen ist es schicksalhaft, daß die Länder Mittelost- und Südosteuropas den Weg in die Europäische Union finden; denn nur so werden wir auch im nächsten Jahrhundert Frieden und Freiheit haben.</u>"

[xvii] **Spranger, Carl-Dieter (CSU): Plenarprotokolle, 13/009, 15.12.1994, S. 428:**

„Die Herausforderungen an die deutsche Entwicklungspolitik haben eine neue Dimension erreicht. Die weltpolitischen Umbrüche der vergangenen Jahre haben auch die Rolle Deutschlands in der Welt grundlegend verändert. Wir tragen jetzt eine größere Verantwortung in der internationalen Gemeinschaft. Die Erwartungen steigen. Immer mehr erhoffen sich von uns Unterstützung bei ihrer wirtschaftlichen und gesellschaftlichen Entwicklung. Immer häufiger sind wir mit Katastrophen konfrontiert, die Menschen in große Not bringen. Wenn sie uns um Hilfe bitten, dann können wir diese Hilfe nicht verweigern. Eines muß uns allen klar sein: Krisen und Katastrophen in anderen Ländern und Regionen dieser Welt betreffen auch uns unmittelbar. <u>Frieden und Sicherheit für die Deutschen können auf Dauer nur gesichert werden, wenn bei unseren Partnern und Nachbarn akute Not überwunden, die wirtschaftliche und soziale Lage nachhaltig verbessert und demokratische Gesellschaftssysteme aufgebaut werden.</u> Deshalb stellen wir uns den fundamentalen Problemen der Entwicklungsländer. Dazu sind wir auch aus unseren Grundüberzeugungen der Humanität, aus unseren christlichen Wertvorstellungen und unserer sozialen Verantwortung verpflichtet. Unsere Politik der Zukunftssicherung basiert auf einem soliden Konzept, das wir in der letzten Legislaturperiode erarbeitet haben und seitdem auch praktizieren."

[xviii] **Spranger, Carl-Dieter (CSU): Plenarprotokolle, 13/031, 30.3.1995, S. 2429:**

„Es gilt jetzt besonders für Sie, Herr Kollege Kuhlwein, wenn ich sage, daß wir das Bewußtsein für die neuen internationalen Herausforderungen nach den weltpolitischen Umbrüchen zu schärfen haben. Auch Sie sollten sich, glaube ich, stärker mit diesem Thema auseinandersetzen. Letztlich verschafft uns nur eine entsprechende Gewichtung der Entwicklungspolitik im Haushalt die notwendige Glaubwürdigkeit. Die Sicherung der Zukunft seiner Bürger ist die Aufgabe unseres Staates. Die Entwicklungspolitik erfüllt diese Funktion, indem sie draußen vor Ort Sicherheitsrisiken aufgreift und die Probleme dort zu lösen versucht, wo sie entstehen. <u>Entwicklungspolitik</u>

ist Deutschlands nach außen gerichtete Zukunftspolitik, sie ist globale *Friedens*- und Sicherheitspolitik. Hier sind verstärkte Anstrengungen notwendig. Helfen wir alle zusammen, um gemeinsam Kräfte hierfür zu mobilisieren."

Kinkel, Klaus (FDP): Vereinte Nationen 5/1998, 22.9.1998, S. 169:

„Alle Menschen haben ein Anrecht auf ein Leben in Würde, ohne Hunger und ohne Not. Alle Länder verdienen eine faire Chance im weltweiten Wettbewerb - gerade die ärmsten Länder. Und deshalb ist es die Verantwortung der reichen Länder, den ärmeren Ländern zu helfen, ihre Entwicklungschancen wahrzunehmen. Unser Ziel ist eine soziale Welt-Marktwirtschaft. Darum hat Deutschland 1997 10,25 Mrd. DM für bi- und multilaterale Entwicklungszusammenarbeit ausgegeben - eine Investition in *Frieden* und Stabilität."

xix **Hornhues, Karl-Heinz (CDU): Plenarprotokolle, 12/14, 13.3.1991, S. 800:**

„Meine Fraktion teilt, wie Sie vielleicht wissen, die Absicht des Bundeskanzlers, zu einer baldigen Klarstellung im Grundgesetz zu kommen, daß Deutschland im Rahmen kollektiver Sicherheitssysteme auch militärisch seinen angemessenen Beitrag zur *Friedenssicherung* leisten kann, wenn nötig."

xx **Kinkel, Klaus (FDP): Vereinte Nationen, 6 /1994, 27.9.1994, S. 214:**

„Wir Europäer werden uns stets dafür einsetzen, nichtmilitärischen Mitteln der *Friedenssicherung*, wo immer möglich, den Vorrang zu geben. Aber Agressoren müssen auch wissen, daß die UN zum militärischen Eingreifen fähig und willens sind, wenn die Durchsetzung der Ziele der Charta anders nicht zu erreichen ist."xx

xxi **Lafontaine, Oskar (SPD): Plenarprotokolle, 14/020, 23.2.1999, S. 1408:**

„Ich möchte auch diese Haushaltsdebatte zum Anlaß nehmen, angesichts der jüngsten Diskussionen an dieser Stelle den deutschen Soldaten für ihren Dienst zu danken. Dies gilt insbesondere für die Bundeswehrangehörigen, die zur Zeit im ehemaligen Jugoslawien ihren Dienst tun. Was sie dort tun, ist ein *Friedensdienst, der im Interesse ganz Europas liegt.* Wir, die wir politische Verantwortung tragen, dürfen niemals vergessen und müssen uns immer bewußt sein, daß wir schwierige Entscheidungen treffen, für die andere einzustehen haben, notfalls mit ihrem Leben. Das ist die Tragweite der Herausforderung, und deshalb sind wir unseren Soldaten zu großem Dank verpflichtet."

xxii Fischer, Joseph (GRÜNE): Plenarprotokolle, 14/022, 25.2.1999, S. 1704:

„Es war gelungen, eine humanitäre Katastrophe abzuwenden, die Menschen aus den Bergen und aus den Wäldern vor Einbruch des Winters in Behausungen – darum handelt es sich im wesentlichen; viele ihrer Wohnungen und Häuser waren zerstört – zurückzubringen. Auf diese Weise konnte eine humanitäre Katastrophe abgewendet werden. Die Implementierung des politischen *Friedens*, also die Durchsetzung eines regionalen und demokratischen Autonomiestatuts, ist allerdings nicht gelungen. Demnach ist es nicht gelungen, den *Frieden* durchzusetzen. Ein Aufflackern der Kämpfe bis hin zum Massaker von Racak mußte dann die internationale Staatengemeinschaft dazu zwingen, den Weg zum *Frieden* am Boden zuerst gegen und hoffentlich dann auch mit den Beteiligten zu erreichen. In Rambouillet wurde der Versuch gemacht, die Akzeptanz beider Seiten zu einem Weg des *Friedens* zu erreichen. Für die internationale Staatengemeinschaft und vor allen Dingen für die Europäer ist es wichtig, zu begreifen: Wir werden diesem Konflikt, wenn wir wegschauen, nicht entkommen können, sondern wie in Bosnien wird dann das Drama – das Morden, die Zerstörungen und die Flüchtlinge – letztendlich zum Hinschauen und dann zum Handeln zwingen. Die Erfahrungen in Bosnien veranlassen, ja nötigen die internationale Staatengemeinschaft dazu, jetzt in diesen Konflikt *friedensstiftend* einzugreifen. Genau darüber fassen wir heute den Beschluß."

xxiii Beer, Angelika (GRÜNE): Plenarprotokolle, 14/038, 5.5.1999, S.3155:

„Angesichts der Tatsache, daß Interessenpolitik, gar nationale Interessenpolitik, im traditionellen Sinn definierte Interessenpolitik in einem integrierten Europa gar nicht mehr zeitgemäß ist, stellen sich viele die Frage, wozu die Bundeswehr überhaupt noch gebraucht wird. Vor diesem Hintergrund sehe ich die Aufgabe dieser Kommission und des Parlaments darin, ein außen- und ein *friedenspolitisches* Konzept zu entwickeln, eine Konzeption, in der die Bundeswehr Bestandteil einer präventiven Außen- und Sicherheitspolitik sein wird."

xxiv Lippmann-Kasten, Heidi (PDS): Plenarprotokolle, 14/021, 24.2.1999, S. 1554:

„Die Schwierigkeiten von Rambouillet zeigen einmal mehr, daß Konflikte, die sich schon weit aufgeschaukelt und gewalttätig entladen haben, nur noch schwer zu bändigen sind. Ob die Verhandlungen erfolgreich gewesen sind, wird sich frühestens am 15. März zeigen. Doch letztendlich sind sie nur unter Androhung massiver militärischer Gewalt und Härte zustande gekommen. *Frieden* militärisch erzwingen zu wollen darf nicht zum zukünftigen Primat der Außen- und Sicherheitspolitik werden, denn in den allermeisten Fällen – das zeigt der Blick auf viele Konfliktherde in dieser Welt –

wird dies nicht funktionieren. Statt das militärische Instrumentarium auszubauen –
dieser Haushaltsentwurf ist ein Bestandteil dessen –, brauchen wir eine Politik der
Entmilitarisierung und Zivilisierung der internationalen Beziehungen. Dabei geht es
zentral auch darum, daß an die Stelle des Rechts der Mächtigen die Herrschaft des
Rechts gesetzt wird. Dazu ist erforderlich, die Vereinten Nationen und ihre Regionalorganisationen wie die OSZE, zu stärken; denn sie sind für den *Weltfrieden* und für die
internationale Sicherheit zuständig und nicht in erster Linie die NATO oder die Bundeswehr. Nur auf diesem Wege können nationale, regionale oder sonstige Machtinteressen eingeschränkt werden; nur so wird ein gerechter *Friedensschluß* in vielen Fällen
erst möglich. Es ist auch erforderlich, Konflikte möglichst frühzeitig zu erkennen,
bevor sie eskaliert sind, und ihre Ursachen dann anzugehen, wenn dies noch möglich
ist. Der Kosovo ist das beste Beispiel hierfür."

Gebhardt, Fred (PDS): Plenarprotokolle, 14/038, 5.5.1999, S. 3135:

„Vollends zur Farce wird die neue *Friedenspolitik* durch die deutsche Beteiligung am
Krieg der NATO gegen Jugoslawien. Meine Damen und Herren, ich gehöre einer
Generation an, die den letzten großen Krieg noch selbst erlebt hat. Das ist sicher ein
Grund dafür, daß ich heute nicht zu denen gehöre, die im Vertrauen auf eine überlegene Militärtechnik einem Krieg zustimmen – schon gar nicht, wenn er rechtswidrig
ist. In jedem Krieg sind Menschen die Leidtragenden. Dies ist bei diesem Krieg, der
angeblich aus humanitären Gründen geführt wird, nicht anders. Keine einzige der
bisher abgeworfenen Bomben hat dazu geführt, das Leid der kosovo-albanischen
Bevölkerung zu vermindern. Im Gegenteil: Die Vertreibungen und Greueltaten, die
von der jugoslawischen Armee, von den Paramilitärs und Polizeieinheiten ausgehen,
sind weiter eskaliert. Es sind die Kosovaren, gegen die sich der Haß entlädt, an denen
Vergeltung für die NATO-Bombardierungen geübt wird."

xxv **Nachtwei, Winfried (GRÜNE): Plenarprotokolle, 15/004, 29.10.2002, S. 116:**

„Die Bundeswehr soll wirksam und verantwortlich zur internationalen Sicherheit
beitragen können. Dafür ist zumindest Folgendes unabdingbar: *Friedenseinsätze* und
Kriegsverhütung brauchen einen ausgewogenen Mix an zivilen, polizeilichen, politischen und militärischen Fähigkeiten. Die rot-grüne Bundesregierung baut nun – so
steht es im Koalitionsvertrag – das in diesem Jahr gegründete Zentrum für Internationale *Friedenseinsätze* zu einer vollwertigen Entsendeorganisation aus. Das heißt, wir
bemühen uns, die zivilen Säulen von *Friedensmissionen* der Vereinten Nationen, der
OSZE usw. entsprechend zu stärken. Wir haben uns zum anderen vorgenommen,
einen ressortübergreifenden Aktionsplan im Hinblick auf Krisenprävention auszuar-
beiten, was bedeutet, dass wir die verschiedenen notwendigen Fähigkeiten in diesem

Bereich systematisch aufbauen und entwickeln wollen. Was hat das mit der Bundeswehr zu tun? Nur wenn wir diese Fähigkeiten vernünftig entwickelt haben, kommen wir aus Kriseneinsätzen wieder heraus. Das ist schlichtweg die Konsequenz."

[xxv] **Struck, Peter (SPD): Plenarprotokolle, 14/250, 25.7.2002, S. 25394:**

„Ich übernehme eine schwierige Aufgabe. Das Amt des Bundesministers der Verteidigung bringt hohe Verantwortung, aber auch vielfältige Gestaltungsmöglichkeiten mit sich. Ich übernehme uneingeschränkt und gerne die Verantwortung für die Menschen in der Bundeswehr und werde meine Aufgaben als Inhaber der Befehls- und Kommandogewalt sehr verantwortlich wahrnehmen. Ebenso bekenne ich mich ausdrücklich zu dem breiten Konsens in Fragen der Außen-, Sicherheits- und Verteidigungspolitik, der in diesem Hause herrscht. Ich stelle mich bewusst in die Kontinuität meiner Vorgänger Helmut Schmidt, Georg Leber, Volker Rühe, aber auch ganz besonders Rudolf Scharping. Es ist das Verdienst dieser meiner Vorgänger, dass der deutschen *Friedenspolitik* eine Bundeswehr zur Verfügung steht, die im In- und Ausland ein hohes Ansehen genießt. Es hat nicht viele Momente in unserer Geschichte gegeben, in denen man deutsche Soldaten in anderen Ländern um die Übernahme von Aufgaben gebeten hat, in denen tiefes Vertrauen in die deutsche Politik herrscht. Seien wir ein wenig stolz darauf, meine Damen und Herren, dass es jetzt so ist."

Gleichberechtigung[1]

Gleichberechtigung – im rahmen rechtlicher und politischer ordnungen, ein *gleiches masz* von rechten oder ansprüchen und die daraus abzuleitende gleichstellung.[2]

Im **alltäglichen Sprachgebrauch** wird die Bedeutung von *Gleichberechtigung* meist mit einer Art von ‚Gleichrangigkeit' oder ‚Ebenbürtigkeit' verbunden. *Gleichberechtigung* im Sinne von ‚Gleichrangigkeit' bezieht sich auf einen Maßstab innerhalb einer sozialen Beziehung, der den Beteiligten einen bestimmten Rang zuteilt. Die Forderung nach *Gleichberechtigung* impliziert also immer, dass die Beziehung ungleich sei.

In der historischen Entwicklung des Begriffs im **außenpolitischen Sprachgebrauch** lassen sich jedoch sehr unterschiedliche Sinnhorizonte ausmachen. Bezeichnete er in wilhelminischen Zeiten vor allem das Streben nach einem ‚Platz an der Sonne' im Sinne einer gleichwertigen – an militärischer Stärke und territorialer Ausdehnung gemessenen – Position innerhalb des europäischen ‚Mächtekonzerts', wich der grundlegende Gedanke des europäischen ‚Gleichgewichts' zunehmend der Idee der rechtlichen Gleichheit aller souveränen Staaten, welche sich in der Folge zur Grundprämisse des Völkerrechts entwickeln sollte.[3] In diesem Sinne lautet das im ersten Artikel der Charta der Vereinten Nationen formulierte Ziel „freundschaftliche, auf der Achtung vor dem Grundsatz der *Gleichberechtigung* und Selbstbestimmung der Völker beruhende Beziehungen zwischen den Nationen zu entwickeln".[4] Auch in der Präambel des Grundgesetzes ist der Wille Deutschlands festgelegt, „als gleichberechtigtes Glied in einem vereinten Europa dem Frieden der Welt" zu dienen.[5]

Im **deutschen außenpolitischen Diskurs** ist der Begriff konstant präsent. *Gleichberechtigung* wird parteiübergreifend als erstrebenswerte Maxime betrach-

---

1   Diesen Beitrag hat Ursula Stark Urrestarazu verfasst.
2   Deutsches Wörterbuch von Jacob und Wilhelm Grimm [1885]: http://germazope.uni-trier.de/Projects/WBB/woerterbuecher/dwb/wbgui?lemid=GG17988.
3   Vgl. Fenske 1975.
4   Siehe Charta der Vereinten Nationen: http://www.un.org/aboutun/charter/ (Originalfassung); http://www.unric.org/Charter/1.html (Deutsche Fassung).
5   Präambel des Grundgesetzes der Bundesrepublik Deutschland.

tet. Dabei lassen sich in den politischen Lagern jedoch verschiedene Bezugsrahmen und Bedeutungsdimensionen unterscheiden, die sich – vor allem in den achtziger Jahren – zunächst im Kontext der transatlantischen Beziehungen bewegen. Der Bezugsrahmen kann in diesem Sinne *Gleichberechtigung* innerhalb des Bündnisses mit den USA bezeichnen, oder aber auf die *Gleichberechtigung* Deutschlands oder Europas gegenüber den Vereinigten Staaten abzielen. So wird über die verschiedenen politischen Lager hinweg der Status einer ‚gleichberechtigten transatlantischen Partnerschaft' stets gefordert. Die konkrete Definition kann aber sehr unterschiedlich ausfallen.

Dass **Europa ein „gleichberechtigter Partner" Amerikas** sein müsse, fordert die CDU bereits 1986 in ihrem Wahlprogramm. Dies bedeutet hier aber in erster Linie, dass Europa in gleichem Maße wie seine Partner im Bündnis seinen „Beitrag zur Sicherheit" leisten solle – „dem großen wirtschaftlichen Gewicht" müsse in Zukunft eine „größere Verantwortung der Länder der europäischen Gemeinschaft auch in der Sicherheitspolitik entsprechen".[6][i] Eine „gleichberechtigte Partnerschaft" mit den USA könne demnach nur über die Wahrnehmung „größerer Verantwortung" innerhalb des Bündnisses verwirklicht werden. Die SPD sieht die Voraussetzungen von Sicherheit ebenfalls im Bündnis mit den USA, dieses müsse jedoch ein Bündnis zwischen „Gleichen und Freien" sein.[7][ii]

Kurz nach der deutschen Einheit und der Erlangung voller Souveränität gewinnt die **Frage nach der künftigen weltpolitischen Rolle Deutschlands** erneut an Bedeutung (→ Deutschland). Auch die Debatte um den Golfkrieg 1991 wirft die Frage auf, ob sich Deutschland weiterhin mit der Berufung auf die ‚Kultur der Zurückhaltung' internationalen Friedenseinsätzen entziehen könne. In diesem Kontext sei es nun mehr denn je nötig, so Helmut Kohl, „dem Anspruch des Grundgesetzes zu genügen, in dem es heißt: Wir wollen als gleichberechtigtes Glied dem Frieden in der Welt dienen". Die von den Bündnispartnern formulierten Erwartungen an das vereinte Deutschland sollten erfüllt werden, da „Friedenswahrung eine Aufgabe ist, die heute die Kräfte jedes einzelnen Staates übersteigt".[8][iii] Der Begriff impliziert nach dieser Deutung also die Verpflichtung, einen ‚gleich großen' Beitrag zur Friedenssicherung zu leisten – eine Verpflichtung, die sich aus der veränderten weltpolitischen Konstellation ergebe (→ Frieden). Dies sei jedoch das „Gegenteil von Machtstreben" – in erster Linie bedeute dies „größere Verantwortung"[9][iv] (→ Verantwortung).

6   Wahlprogramm CDU 1986, S. 9.
7   Gansel, Norbert (SPD): Plenarprotokolle, 10/228, 10.9.1988, S. 17744.
8   Kohl, Helmut (CDU): Plenarprotokolle, 12/14, 13.3.1991, S. 773.
9   Genscher, Hans-Dietrich (FDP): Plenarprotokolle, 12/27, 5.6.1991, S. 2013.

Eine Bedeutung des Begriffs, die mehr auf *Gleichberechtigung* im Sinne einer transatlantischen Partnerschaft **„auf gleicher Augenhöhe"**[10] v abzielt, taucht in der Debatte um den bevorstehenden Irakkrieg im Jahr 2002 auf. Laut Bundeskanzler Schröder dürfe Bündnissolidarität nicht als Automatismus zu militärischer Intervention verstanden werden. Über die „existenziellen Fragen der deutschen Nation" werde „in Berlin entschieden und nirgendwo anders".[11] vi Eine ‚*gleichberechtigte* transatlantische Partnerschaft' beinhaltet nach dieser Deutung also vor allem das Recht, eigenständige Entscheidungen zu treffen. Ging es kurz nach der deutschen Einheit noch darum zu versichern, dass Deutschland künftig einen *gleichberechtigten* Beitrag im Bündnis leisten werde, bezieht sich *Gleichberechtigung* hier auf das Maß an Selbstbestimmung und Einfluss, das einem „selbstverständlichen gleichberechtigten Partner in der internationalen Politik"[12] zukommen sollte (→ Selbstbewusstsein).

Einige Politiker nutzen den Begriff nun, um **Ansprüche zu begründen**. Die Beiträge, die Deutschland zur internationalen Sicherheit leistet, dienen als Argumente, um mehr Mitbestimmung einzufordern (→ Deutschland, → Verantwortung). Der von Außenminister Kinkel bereits Mitte der 1990er Jahre geäußerte Anspruch auf einen ständigen deutschen Sitz im UN-Sicherheitsrat illustriert prägnant dieses neue Verständnis von *Gleichberechtigung*: „Die Bundesregierung sagt ja zu mehr Mitverantwortung, aber sie wünscht sich dann auch mehr Mitsprache, und zwar dort, wo die wichtigsten Entscheidungen fallen, in der UNO und auch im Sicherheitsrat".[13] vii Auch von der späteren SPD-geführten Bundesregierung wird ein ständiger Sitz im Sicherheitsrat als die natürliche Konsequenz der ‚größeren Verantwortung' und des größeren sicherheitspolitischen Engagements der Bundesrepublik angesehen. Schon m Wahlprogramm von 1998 hatte sich die SPD darauf festgelegt, man müsse die „Einladung, Deutschland als ständiges Mitglied in den Weltsicherheitsrat zu berufen, annehmen".[14] An dieser Argumentation wird deutlich, dass sich die Bedeutung des Begriffes *Gleichberechtigung* nun – über den Rahmen der transatlantischen Beziehungen hinaus – auf den globalen Kontext ausgedehnt hat.

Insgesamt lässt sich für den außenpolitischen Diskurs festhalten, dass die Bedeutung von *Gleichberechtigung* im Sinne einer Verpflichtung zu ‚gleicher Verantwortung' zunehmend einer Deutung weicht, die für die erbrachten Beiträge

---

10   Schröder, Gerhard (SPD): Interview mit dem SPIEGEL, 19.4.2003.
11   Schröder, Gerhard (SPD): Plenarprotokolle, 14/253, 13.9.2002, S. 25583.
12   Wahlprogramm SPD 2002, S. 10.
13   Kinkel, Klaus (FDP): Plenarprotokolle, 13/9, 15.12.1994, S. 402.
14   Wahlprogramm SPD 1998, S. 77.

gleichberechtigte Mitbestimmung einfordert. Nach der Vereinigung erfüllt der Begriff noch den Zweck, mögliche Befürchtungen über ein ‚übermächtiges' vereintes Deutschland zu zerstreuen und das deutsche Bekenntnis zu internationaler Solidarität zu unterstreichen. Dieses Angebot wird dann später aber zunehmend von Ansprüchen und Forderungen abgelöst: Deutschland – nach der Vereinigung und Wiedererlangung voller Souveränität ein „normales europäisches Land"[15] (→ Normalität) – könne nun für seine Leistungen auch die entsprechenden Gegenleistungen erwarten.

Endnoten

[i] **Wahlprogramm CDU 1986, S. 9:**

„Das Bündnis muß auf zwei Säulen ruhen: Amerika und Europa. Dies ist heute noch nicht der Fall, weil Europa wegen seiner fehlenden politischen Einigung militärisch und politisch noch zu schwach ist. Dem großen wirtschaftlichen Gewicht muß in Zukunft eine größere Verantwortung der Länder der Europäischen Gemeinschaft auch in der Sicherheitspolitik entsprechen. Europa muß ein *gleichberechtigter Partner* Amerikas sein. [...] Das Konzept der SPD von der „Europäisierung der Sicherheitspolitik" ist verhängnisvoll und gefährlich, weil es zu einer Abkopplung von den USA führt. Jeder Versuch in diese Richtung wird in die politische Abhängigkeit von der Sowjetunion führen. Die hingegen von uns gewollte Stärkung des europäischen Beitrags zur Sicherheit festigt die Partnerschaft zwischen Europäern und Amerikanern innerhalb des Bündnisses."

[ii] **Gansel, Norbert (SPD): Plenarprotokolle, 10/228, 10.9.1988, S. 17744:**

„Es ist kein Zufall, daß in unserem Nürnberger Beschluß der Absatz ‚Bündnispartnerschaft im Westen' vor dem Absatz ‚Sicherheitspartnerschaft im Ost-West-Konflikt' steht. Sicherheitspartnerschaft ist ein mutiges Konzept, weil es auf der Suche nach Partnern ist. Es wird scheitern, wenn sich keine Partner finden lassen. Aber es gibt keine Sicherheit auf, es setzt sie geradezu voraus. Deshalb setzt es auch die Bündnispartnerschaft im Westen voraus. Und ich nehme auf, was Helmut Schmidt dazu heute gesagt hat: als *Gleiche* und Freie und nicht als Klienten."

---

15   Wahlprogramm SPD 2002, S. 13.

ⁱⁱⁱ **Kohl, Helmut (CDU): Plenarprotokolle, 12/14, 13.3.1991, S. 773:**

„In dieser Generaldebatte muß auch die Frage nach der Verantwortung des wiedervereinten Deutschlands in der Welt und in Europa gestellt werden. Unsere Partner in der Welt fordern zu Recht, dass das vereinte Deutschland künftig seinen Beitrag zu Sicherheit und Stabilität nicht nur in Europa, sondern auch außerhalb Europas leistet. Es geht darum, dem Anspruch des Grundgesetzes zu genügen, in dem es heißt: Wir wollen als *gleichberechtigtes Glied* dem Frieden in der Welt dienen. Dabei wissen wir, daß Friedenswahrung eine Aufgabe ist, die heute die Kräfte jedes einzelnen Staates übersteigt. Wir können diese Aufgabe nur gemeinsam bewältigen."

^{iv} **Genscher, Hans-Dietrich (FDP): Plenarprotokolle, 12/27, 5.6.1991, S. 2013:**

„Meine Damen und Herren, als *gleichberechtigtes Glied* in einem vereinten Europa dem Frieden der Welt dienen ist das Gegenteil von Machtstreben. Verantwortung aber bedeutet das schon, und zwar größere Verantwortung, weil das vereinte Deutschland von der Last seiner Teilung frei geworden ist und weil die Politik der Bundesrepublik Deutschland in ihren alten Grenzen wesentlich dazu beigetragen hat, daß Europa und die Welt von den Belastungen des West-Ost-Konflikts frei geworden sind."

^v **Schröder, Gerhard (SPD): Interview mit dem SPIEGEL, 19.4.2003:**

[Auf die Frage, was in Europa passieren müsse, um im Kontext des Irakkrieges die Forderungen an die USA notfalls auch machtpolitisch durchzusetzen]
„Es geht nicht um machtpolitische Durchsetzung, sondern eine Partnerschaft auf gleicher Augenhöhe, beruhend auf gemeinsamen Werten. Allem voran muss der sich vollziehenden Einigung im Ökonomischen - Stichwort Binnenmarkt, Stichwort gemeinsame Währung - eine gemeinsame Außen- und Sicherheitspolitik hinzugefügt werden. Und zwar unter Einschluss Großbritanniens und der anderen Partner."

^{vi} **Schröder, Gerhard (SPD): Plenarprotokolle, 14/253, 13.9.2002, S. 25583:**

Für das, was nach einer denkbaren, möglichen, ins Auge gefassten militärischen Intervention passiert, hat bislang niemand ein in sich schlüssiges und nachvollziehbares Konzept auf den Tisch gelegt.
(Beifall bei der SPD und dem BÜNDNIS 90/ DIE GRÜNEN –
Michael Glos [CDU/CSU]: Wo ist denn Ihr Konzept?)
Deshalb sage ich: Meine Argumente gegen eine militärische Intervention bleiben bestehen.
(Beifall der Abg. Uta Titze-Stecher [SPD])

Es bleibt ebenfalls klar: Unter meiner Führung wird sich Deutschland an einer militä-rischen Intervention nicht beteiligen.

(Beifall bei der SPD und dem BÜNDNIS 90/ DIE GRÜNEN)

Wenn wir uns in dieser Frage, meinethalben aus unterschiedlichen Erwägungen, einig sind, dann ist es gut; aber eines kann man nicht durchgehen lassen: hier den Eindruck zu erwecken, als sei man in dieser Konsequenz der gleichen Meinung wie die Regie-rung, und im Übrigen draußen etwas völlig anderes zu erzählen. Damit werden Sie nicht durchkommen.

(Beifall bei der SPD und dem BÜNDNIS 90/ DIE GRÜNEN –
Vera Lengsfeld [CDU/CSU]: Und was machen Sie nach der Wahl?)

Das, was wir formuliert haben und was wir unseren Partnern in dieser Frage und in anderen Fragen sagen, bedeutet: Bündnissolidarität auf der einen Seite, aber auch Eigenverantwortung auf der anderen. Über die existenziellen Fragen der deutschen Nation wird in Berlin entschieden und nirgendwo anders.

(Beifall bei der SPD und dem BÜNDNIS 90/ DIE GRÜNEN –
Friedrich Merz [CDU/CSU]: Jetzt ist er endgültig bei Wilhelm II. angekommen!)

vii **Kinkel, Klaus (FDP): Plenarprotokolle, 13/9, 15.12.1994, S. 402:**

„Die Bundesregierung sagt ja zu mehr Mitverantwortung, aber sie wünscht sich dann auch mehr Mitsprache, und zwar dort, wo die wichtigsten Entscheidungen fallen, in der UNO und auch im Sicherheitsrat."

Integration[1]

Integration – Verbindung einer Vielfalt von einzelnen Personen oder Gruppen zu einer gesellschaftlichen Einheit – der ein selbstständiges Nebeneinander (wirtschaftlicher oder politischer Art) zu einem übergeordneten Ganzen zusammenschließende Prozess.[2]

Im **alltäglichen Sprachgebrauch** versteht man unter *Integration* die Herstellung einer Einheit, bzw. die Eingliederung einer Person oder Gruppe in ein größeres Ganzes. Die *Integration* einer neuen Mitarbeiterin in ein Kollegium oder die eines Zuwanderers in eine bestehende Gesellschaft bedeutet, dass sie sich in einer neuen Umgebung zurechtfinden und dort als Teil des Kollektivs aufgenommen und akzeptiert werden. Wenn es um die *Integration* von Staaten in der internationalen Politik geht, wird dagegen nicht unbedingt vorausgesetzt, dass bereits ein Zusammenschluss existiert. Vielmehr kann dort *Integration* auch als Prozess verstanden werden, in dem einzelne Staaten sich zu einer neuen Einheit formieren. *Integration* meint im außenpolitischen Sprachgebrauch zudem mehr als nur ,Kooperation' oder ,Zusammenarbeit' zwischen einzelnen Staaten. Von *Integration* wird nur dann gesprochen, wenn mehrere Staaten sich auf der Grundlage multilateraler Vereinbarungen zu einem Verbund zusammenschließen und sich nach gemeinsamen Prinzipien und Regeln neu organisieren.

In Deutschland steht der Begriff vor allem im Zusammenhang mit der Eingliederung der Bundesrepublik in die Europäische Union und die NATO. Beide Entwicklungen werden unter dem Begriff der **Westintegration** zusammengefasst und durchweg positiv bewertet. Konrad Adenauers „eindeutige Politik der Westintegration", so die allgemeine Auffassung, habe der „jungen Bundesrepublik zu Freiheit und Sicherheit in einer Werte- und Verteidigungsgemeinschaft des Westens" verholfen und den „friedlichen Ausbau einer erfolgreichen Wirtschafts- und Sozialordnung" ermöglicht.[3] [i] Die Richtungsentscheidungen des ersten deutschen Kanzlers gelten bis 1990 uneingeschränkt als Maximen deutscher Außen-

---

[1]   Diesen Beitrag hat Christian Weber maßgeblich verfasst. Beigetragen haben außerdem Rebecca Agrícola, Sandra Michels González und Daniel Woitoll.
[2]   Das große Duden-Lexikon, Mannheim 1966.
[3]   Stücklen, Richard (CSU): Plenarprotokolle, 11/226, 20.9.1990, S. 17883.

politik. Immer wieder wird bekräftigt, wie sehr die Bundesrepublik auf den militärischen Schutz durch die NATO angewiesen sei und wie eng ihre wirtschaftliche Prosperität mit der europäischen *Integration* zusammenhänge. Auch die SPD teilt seit ihrem Godesberger Programm von 1959 die Auffassung, „dass die Westintegration Adenauers die richtige Grundsatzentscheidung nach dem Kriege war".[4] [ii] Über alle Parteigrenzen hinweg herrscht ein gefestigter Konsens, dass dieser erfolgreiche Kurs fortgesetzt werden müsse. Dennoch unterschreiben wohl nicht alle Sozialdemokraten die Formulierung Helmut Kohls, dass „die Einbindung der Bundesrepublik und ihrer außenpolitischen Interessen in die Bündnisse und Gemeinschaften der westlichen Welt" inzwischen ein „politisch notwendiges Ziel an sich"[5] [iii] darstelle. In der SPD wird hier nämlich durchaus zwischen europäischer und transatlantischer *Integration* unterschieden. Während erstere mit Emphase begrüßt wird, scheint die Eingliederung in die NATO kein „Ziel an sich" zu sein, sondern eher ein notwendiges Mittel, um die Sicherheit der Bundesrepublik zu gewährleisten. SPD-Politiker begrüßen Mitte der 1980er Jahre zwar grundsätzlich, dass die Bundesrepublik „politisch und militärisch eingebunden" sei „in die Europäische Gemeinschaft und in die NATO". Dem folgte allerdings eine Qualifizierung: „Solange die Sowjetunion eine hochgerüstete Supermacht in Europa ist, bedürfen die Westeuropäer der Verbindung mit den militärischen Gegengewichten der USA".[6] [iv] Zumindest von einigen sozialdemokratischen Politikern wurde die militärische Bindung an die NATO also nicht ohne Vorbehalte betrachtet und eher als notwendige Maßnahme akzeptiert, die die Umstände des Kalten Kriegs erforderten.

Der Begriff der *Einbindung* wird zum Teil synonym mit dem der *Integration* gebraucht. In ihm schwingt jedoch auch immer ein Element von Unfreiwilligkeit und Beschränkung mit. Im Jahr der deutschen Einheit wird die *Einbindung* in internationale Strukturen als bestes Mittel gegen eine drohende ‚Entfesselung' deutscher Macht gesehen (→ Macht, → Deutschland). Sie wurde unter anderem gefordert, um die Bedenken europäischer Staaten zu zerstreuen. Eine „verantwortungsbewusste deutsche Politik", so Rudolf Dreßler von der SPD, müsse den „Sorgen und Ängsten unserer Nachbarn" mit einer „Selbstbeschränkungspolitik" Rechnung tragen, in deren Kern die „Einbindung deutscher Macht in und ihre Kontrolle durch internationale nichtmilitärische Institutionen" stehen solle.[7] [v] In einem ähnlichen Gedankengang wurde Russlands früher Vorschlag, die Bundes-

---

4   Lafontaine, Oskar (SPD): Plenarprotokolle, 11/226, 20.9.1990, S. 17809.
5   Kohl, Helmut (CDU): Plenarprotokolle, 10/249, 26.11. 1986, S. 19311.
6   Gansel, Norbert (SPD): Plenarprotokolle, 10/228, 10.9.1986, S. 17743.
7   Dreßler, Rudolf (SPD): Plenarprotokolle, 11/226, 20.9. 1990, S. 17842.

republik als ständiges Mitglied in den UN-Sicherheitsrat aufzunehmen, von Angelika Beer als „Hoffnung auf Einbindung deutscher Stärke in internationale Institutionen" gedeutet. Dem deutschen Außenminister aber stünde „es nicht zu, diesen Vorschlag positiv aufzugreifen", weil das die „entgegengesetzten Absichten" entlarve.[8] [vi] *Einbindung* wird also in dieser besonderen Situation vor allem mit der (Selbst)Beschränkung deutscher Macht in Verbindung gebracht.

Der Begriff wird darüber hinaus zur Charakterisierung der deutschen Eingliederung in die NATO verwendet. Seit mit dem Zusammenbruch der Sowjetunion die Hauptbedrohung für Deutschland verschwunden ist, scheint die Fortsetzung des deutschen Engagements im Verteidigungsbündnis begründungsbedürftig zu werden. So wird zum einen argumentiert, dass „unsere Nachbarn Deutschland eingebunden wissen wollen in ein System der Berechenbarkeit".[9] [vii] Zum anderen wird betont, dass man auch in Zukunft „nicht in einer sicheren Welt leben" werde. Deshalb sei es „auch richtig, dass sich der Prozess der deutschen Einheit zugleich in der festen Einbindung in das Atlantische Bündnis" vollziehe.[10] [viii] Auch in den folgenden Jahren werden die Mitgliedschaft in der NATO und freundschaftliche Beziehungen zu den USA als eine außenpolitische Tradition gerechtfertigt, die vor allem der Sicherheit Deutschlands diene. Die „Einbindung in die transatlantische Partnerschaft" gehöre zur „Kontinuität" deutscher Außenpolitik und sei erstrebenswert, „weil wir wissen, dass das Bündnis ein wichtiger Garant für den Frieden ist".[11] [ix]

Der Begriff der *Integration* selbst scheint in erster Linie für die **europäische Einigung** reserviert zu sein. Sie wird als fortlaufender Prozess gesehen, der von Deutschland gewollt ist und dessen Förderung zu den obersten Maximen deutscher Außenpolitik zählt. Deutschland wird dabei eine entscheidende Rolle zugeschrieben. Die Bundesrepublik sei „die treibende Kraft bei der europäischen Integration" und bringe durch gemeinsame Initiativen mit Frankreich die europäische Einigung voran.[12] [x] In diesem Sinne wird beispielsweise die „wirtschaftliche Solidität des vereinten Deutschlands" als „ein Motor für die Entwicklung der Europäischen Gemeinschaft und die Weiterentwicklung der Europäischen Integration"[13] [xi] gesehen (→ Europa). Diese Selbsteinschätzung ist dann auch mit Forderungen verbunden, die notwendigen innenpolitischen Vorraussetzungen für

---

[8]   Beer, Angelika (GRÜNE): Plenarprotokolle, 11/226, 20.9.1990, S. 17844.
[9]   Rose, Klaus (CSU): Plenarprotokolle, 12/14, 13.3.1991, S. 789.
[10] Schäuble, Wolfgang (CDU): Plenarprotokolle, 11/226, 20.9.1990, S. 17820.
[11] Zapf, Uta (SPD): Plenarprotokolle, 14/38, 5.5.1999, S. 3142.
[12] Kohl, Helmut (CDU): Plenarprotokolle, 12/28, 6.6. 1991, S. 2092.
[13] Möllemann, Jürgen (FDP): Plenarprotokolle, 12/14, 13.3. 1991, S. 873.

weitere *Integrationsschritte* zu schaffen. So müssten beispielsweise die „Streitkräfte Deutschlands im sich weiter integrierenden Europa" modernisiert und so ausgestattet werden, dass „wir auch bei unseren Partnern im Rahmen politischer Entscheidungsprozesse das Gewicht einbringen können, das wir nun einmal haben".[14] [xii] Die europäische *Integration* wird nicht als Beschneidung der eigenen Souveränität betrachtet, sondern als Plattform, auf der das eigene Gewicht zum Tragen kommt (→ Macht).

Auch in den Jahren nach der deutschen Einheit wird an der Fortführung des europäischen Einigungsprozesses festgehalten. „Europa auf Integrationskurs zu halten" bleibe „absolut vorrangig"[15] [xiii] Mitte der 1990er Jahre geht es allerdings immer weniger um die eigene Eingliederung in die Union, sondern immer stärker um die zukünftige Gestaltung Europas und den Beitrag, den Deutschland dabei leisten kann und soll (→ Deutschland). Der *Integrationsstand* seit Maastricht wird zunehmend kritisch beurteilt. Die dort vereinbarte Währungsunion mache „keinen Sinn, wenn es keine Politische Union" gebe; sie dürfe nicht als „Ersatz für andere Integrationsschritte" dienen, sonst gefährde man „auch das, was in der EU bereits erreicht ist".[16] [xiv] Zudem sei es nicht gelungen, „die Menschen auf dem Weg nach Europa wirklich mitzunehmen, Europa wirklich in den Herzen und Köpfen der Menschen zu verankern." Daher müsse man versuchen, „es anders zu machen und die Bürger auf dem weiteren Integrationsweg nach Europa wirklich mitzunehmen".[17] [xv] In dieser als schwierig empfundenen Etappe des *Integrationsprozesses* wird also zum einen die „im deutschen Interesse liegende Vertiefung" besonders hervorgehoben. Bei einer reinen Wirtschaftsgemeinschaft könne es wegen der „Irreversibilität, der Unumkehrbarkeit der europäischen Integration" nicht bleiben.[18] [xvi] Zum anderen dreht sich die Debatte am Ende der 1990er Jahre hauptsächlich um die Erweiterung der Union, also um die Frage, wie man andere Staaten *integrieren* kann. Bestimmend sind nun Diskussionen über den Beitritt der osteuropäischen Staaten sowie über die Bedingungen einer Mitgliedschaft der Türkei.

Vor dem Hintergrund des Kosovokriegs gerät aber auch die europäische Perspektive der Balkan-Länder ins Blickfeld. Bei der Bearbeitung der dortigen gewaltsamen Konflikte gehe es vor allem darum, „ob in dieser Region das Europa der Integration die Zukunft bestimmen" werde oder ob man „zum Europa der

14   Thiele, Carl-Ludwig (FDP): Plenarprotokolle, 12/28, 5.6. 1991, S. 2025.
15   Kinkel, Klaus (FDP): Plenarprotokolle, 13/9, 15.12.1994, S. 400.
16   Wieczorek, Norbert (SPD): Plenarprotokolle, 13/9, 15.12. 1994, S. 432.
17   Kinkel, Klaus (FDP): Plenarprotokolle, 13/31, 30.3.1995, S. 2381.
18   Fischer, Joseph (GRÜNE): Plenarprotokolle, 13/9, 15.12.1994, S. 413.

Vergangenheit" zurückkehre. Instrumente wie der Stabilitätspakt für den südlichen Balkan hätten vor allem das Ziel, „die Länder dieser Region an das Europa der Integration" heranzuführen.[19] [xvii] Die Geschichte habe gezeigt, dass ein dauerhafter Frieden auf dem Kontinent erreichbar sei. Insofern sei die „Vollendung der europäischen Integration, also die Herausbildung des politischen Subjekts ,Europäische Union'", das große Ziel auf das man hinarbeiten müsse.[20] [xviii]

Auch die rot-grüne Bundesregierung sah in der „Gestaltung einer europäischen und internationalen Friedensordnung" eine vordringliche Aufgabe. Die „europäische Integration" biete „den Rahmen, in dem die Bundesrepublik Deutschland zusammen mit ihren europäischen Nachbarn" dieses Ziel „am wirkungsvollsten" erreichen könne.[21] [xix] Allerdings wird die Absicht, alles zu tun, um „den europäischen Integrationsprozess voranzubringen" durch die Bemerkung ergänzt, dass dabei die „wohlbegründeten deutschen Interessen" berücksichtigt werden sollten.[22] [xx] Die Betonung der eigenen Interessen ist nun immer häufiger im Zusammenhang mit Fragen der europäischen *Integration* zu hören (→ Interesse, → Europa). Im Bezug auf die Osterweiterung zeigt sich Gerhard Schröder beispielsweise zuversichtlich, dass ein Beschluss sowohl der „historischen Bedeutung dieser Aufgabe gerecht" werde als auch „die materiellen Ressourcen eines Nettozahlers wie Deutschland nicht über Gebühr beansprucht." Wenn die „Integration dieser Länder in die Europäische Union fortgeschrittener" sei, würden die Deutschen „diejenigen sein, die in erster Linie sowohl politisch als auch ökonomisch davon profitieren".[23] [xxi] Auch beim Beitritt der Türkei versichert Joschka Fischer, werde es „keine Entscheidung geben, die nicht unserer Interessenlage und der Interessenlage der europäischen Integration" entspreche.[24] [xxii]

In der **Gesamtschau** zeigt sich, dass *Integration* ein Begriff ist, der in enger Koppelung mit den transatlantischen Bindungen und dem europäischen Einigungsprozess zu sehen ist. Im Laufe der letzten zwanzig Jahre haben sich nur einige geringfügige Veränderungen im Gebrauch eingestellt. Während es bis zu Beginn der 1990er Jahre immer um die *Integration* oder die *Einbindung* der Bundesrepublik selbst ging, wurde Deutschland später zunehmend als verantwortlicher Gestalter der europäischen *Integration* betrachtet. In jüngster Zeit wird diese

---

19   Fischer, Joseph (GRÜNE): Plenarprotokolle, 14/38, 5.5.1999, S. 3137.
20   Fischer, Joseph (GRÜNE): Plenarprotokolle, 14/38, 5.5.1999, S. 3140.
21   Wahlprogramm Grüne 2002, S. 84.
22   Wahlprogramm SPD 2002.
23   Schröder, Gerhard (SPD): Plenarprotokolle, 15/13, 4.12.2002, S. 884.
24   Fischer, Joseph (GRÜNE): Plenarprotokolle, 15/13, 4.12.2002, S. 922.

Rolle auch explizit mit der Verwirklichung eigener ‚nationaler' Interessen verbunden.

Endnoten

[i] **Stücklen, Richard (CSU): Plenarprotokolle, 11/226, 20.9.1990, S. 17883:**

„Die Bundesrepublik Deutschland entwickelte sich schon bald zu einem wirtschaftlich gesunden und international geachteten Gemeinwesen. Gestatten Sie mir, aus meiner Sicht fünf Faktoren dafür aufzuzählen:
Zum einen haben die Schöpfer des Grundgesetzes die schwerwiegenden Konstruktionsfehler der Weimarer Reichsverfassung vermieden und so der staatlichen Ordnung einen stabilen Rahmen gegeben.
(Beifall bei der CDU/CSU und der FDP sowie bei Abgeordneten der SPD)
Zum zweiten hat die Konzeption der Sozialen Marktwirtschaft, für die der Name Ludwig Erhard steht, die Basis für einen raschen und steilen wirtschaftlichen und gesellschaftlichen Aufschwung geschaffen.
(Beifall bei der CDU/CSU und bei der FDP)
Zum dritten hat Konrad Adenauers eindeutige Politik der *Westintegration* der jungen Bundesrepublik zu Freiheit und Sicherheit in einer Werte- und Verteidigungsgemeinschaft des Westens verholfen. Unter dem Schutz dieses Bündnisses, das uns Sicherheit und Frieden garantierte, konnten der friedliche Ausbau einer erfolgreichen Wirtschafts- und Sozialordnung und die weitere *Integration* Europas fortgesetzt werden.
(Beifall bei der CDU/CSU und der FDP)
Ohne den Schutz des NATO-Bündnisses hätten wir die Abwehr des Berlin-Ultimatums von Chruschtschow 1958 wohl nicht heil überstanden.
Natürlich kamen Adenauer die außenpolitische Lage und die ihm wohlgesonnenen Verhandlungspartner wie McCloy oder John Foster Dulles zugute. Entscheidend aber war, daß Adenauer die Chancen, die ihm das Bündnis bot, erkannte und im Interesse der Bundesrepublik und Europas nutzte. Das zeichnet einen Staatsmann aus."

[ii] **Lafontaine, Oskar (SPD): Plenarprotokolle, 11/226, 20.9.1990, S. 17809:**

„Ich bedanke mich auch ausdrücklich bei Ihnen, Herr Bundesaußenminister, dafür, daß Sie die Größe besessen haben, die Verdienste des Bundeskanzlers Willy Brandt bei der demokratischen Erneuerung in Osteuropa zu würdigen.
(Beifall bei der SPD und der Abg. Frau Unruh [fraktionslos])
Ich glaube, das ist ein Beitrag zur demokratischen Kultur. So, wie wir im Laufe langjähriger Debatten zu dem Ergebnis gekommen sind, daß die *Westintegration* Adenau-

ers die richtige Grundsatzentscheidung nach dem Kriege war, wäre es gut, wenn wir uns darauf verständigen könnten, daß die Ostpolitik Willy Brandts konstituierend für das war, was in Osteuropa an demokratischer Erneuerung möglich geworden ist."

iii **Kohl, Helmut (CDU): Plenarprotokolle, 10/ 249, 26.11.1986, S. 19311:**

„Die *Einbindung* der Bundesrepublik und ihrer außenpolitischen Interessen in die Bündnisse und Gemeinschaften der westlichen Welt ist für uns die logische Folgerung aus unserer freiheitlich-demokratischen Verfassung im Inneren. Sie stellt deshalb ein politisch notwendiges Ziel an sich dar. Diese für uns unumstößliche Grundorientierung deutscher Außenpolitik nach Westen findet selbstverständlich auch Ausdruck in ihrer ostpolitischen Dimension."

iv **Gansel, Norbert (SPD): Plenarprotokolle, 10/228, 10.9.1986, S. 17743:**

„Sie haben dabei übersehen oder übersehen lassen, daß es in unserem Bundesparteitagsbeschluß heißt:
Wir fordern den Warschauer Pakt auf, seinen Beitrag zur gemeinsamen Sicherheit zu leisten. Dazu muß er vor allem seine Strategie der Vorwärtsverteidigung aufgeben. Alles klar?
Sie haben auch nicht die folgende Passage aus unserem Parteitagsbeschluß nachlesen lassen oder zitieren wollen:
Die Bundesrepublik ist politisch und militärisch *eingebunden* in die Europäische Gemeinschaft und in die NATO. Solange die Sowjetunion eine hochgerüstete Supermacht in Europa ist, bedürfen die Westeuropäer der Verbindung mit den militärischen Gegengewichten der USA."

v **Dreßler, Rudolf (SPD): Plenarprotokolle, 11/226, 20.9. 1990, S. 17842:**

„Wir haben eine besondere Verpflichtung zur Wahrung des Friedens. Zwingendes Gebot für verantwortungsbewußte deutsche Politik wäre es, den Sorgen und Ängsten unserer Nachbarn durch die Selbstbeschränkung eigener Macht, durch die *Einbindung* in friedensvertragliche und friedensfördernde internationale Zusammenhänge und durch die Entmilitarisierung beider deutscher Staaten Rechnung zu tragen.
(Beifall des Abg. Such [GRÜNE])
Dies wäre die Grundlage gewesen, Herr Außenminister — er ist nicht da —, um Bedenken zu zerstreuen. Die notwendigen Schritte um eine friedensschaffende, friedensfördernde Struktur zu schaffen, werden nicht nur von den USA, sondern auch von der Bundesregierung abgelehnt. Notwendige Ergänzungen der deutschen Selbstbe-

schränkungspolitik wäre die *Einbindung* deutscher Macht in und ihre Kontrolle durch internationale nichtmilitärische Institutionen gewesen."

[vi] **Beer, Angelika (GRÜNE): Plenarprotokolle, 11/226, 20.9.1990, S. 17844:**

„Wirtschaftlich ist Deutschland schon heute eine Weltmacht. Militärisch ist es leider auf dem besten Weg dorthin. Wie ist sonst die Bereitschaft zu erklären, als sechstes Mitglied in den Weltsicherheitsrat einzutreten? So verständlich dieser Vorschlag Portugalows aus der Sicht der Sowjetunion in der Hoffnung auf *Einbindung* deutscher Stärke in internationale Institutionen auch ist, dem Außenminister der Bundesrepublik steht nicht zu, diesen Vorschlag positiv aufzugreifen. Das entlarvt die entgegengesetzten Absichten."

[vii] **Rose, Klaus (CSU): Plenarprotokolle, 12/14, 13.3.1991, S. 789:**

„Damals war aber klar, und es ist für mich auch heute klar, daß Sicherheit und Wohlstand nur in den großen wirtschaftlichen und militärischen Verbundsystemen der freien Welt zu gewährleisten sind. Adenauer spürte damals, daß ein Staat auch in Allianzen und Wirtschaftsgemeinschaften nur dann Gehör findet, wenn er über Macht und einen anerkannten Rang verfügt. So versuchte er, die Bundesrepublik — natürlich möglichst unauffällig — auf eine annähernd gleiche Ebene wie Frankreich und Großbritannien zu bekommen. Diese beiden Staaten — und natürlich auch weitere westeuropäische Länder im Rahmen der EG — müssen auch heute unsere Vergleichspunkte sein. Es ergibt sich deshalb, an unmittelbaren außenpolitischen Zielen zum einen die Schaffung der Europäischen Union, zum anderen die sicherheitspolitische Überlegung, ob die NATO oder doch mehr der Ausbau der WEU zu bevorzugen ist, und drittens ein Netz von Verträgen mit den osteuropäischen Nachbarn. Den möglichen Kritikern einer Stärkung oder zumindest Beibehaltung der NATO sei gesagt, daß unsere Nachbarn Deutschland *eingebunden* wissen wollen in ein System der Berechenbarkeit. Letztlich stimmte ja auch die Sowjetunion der *Integration* des vereinten Deutschlands in der NATO zu. Auch wenn die Welt wegen der deutschen Haltung im Golfkrieg verwirrt gewesen sein mag, so ist die ursprüngliche Angst unserer Nachbarn vor einem ruhelosen Deutschland noch nicht überwunden, z. B. auch in der Frage, ob die Grenzen für immer festgelegt sind, ob Deutschland frei von nationalistischen Gefühlen bleibt, ob wir verläßlich sind. Das alles macht es notwendig, Europa weiter zu bauen. Wenn dieses Europa gebaut ist, zunächst auf jeden Fall als Politische Union im westlichen Teil Europas, unabhängig von einem früheren Gorbatschow-Vorschlag vom gemeinsamen Haus Europa, dann brauchen wir Deutschen auch keine Sorge mehr zu haben, daß über uns hinweg Brücken geschlagen werden, wie das früher beispielsweise zwischen Frankreich und Russland der Fall war; dann braucht es aber auch nicht den Wunsch Deutschlands, vielleicht selber Europa beherrschen zu wollen. Deutschland darf nicht die verwirrte Nation sein, sondern muß mit seiner Souveränität umgehen können, also auch Verantwortung übernehmen und z. B. Mittler zwischen Ost und West werden."

[viii] **Schäuble, Wolfgang (CDU): Plenarprotokolle, 11/226, 20.9.1990, S. 17820:**

„Wir werden nicht in einer sicheren Welt leben. Der Friede wird immer bedroht bleiben. Deswegen ist es auch richtig, daß sich der Prozeß der deutschen Einheit zugleich in der festen *Einbindung* in das Atlantische Bündnis vollzieht."

[ix] **Zapf, Uta (SPD): Plenarprotokolle, 14/38, 5.5.1999, S. 3142:**

„Kontinuität bedeutet auch *Einbindung* in die transatlantische Partnerschaft, weil wir wissen, daß das Bündnis ein wichtiger Garant für den Frieden ist. Kontinuität bedeutet aber gleichzeitig Fortentwicklung, indem man den neuen Herausforderungen durch neue Konflikte nach dem Ende der Ost-West-Konfrontation Rechnung trägt und den Wandel in den internationalen Beziehungen aktiv mitgestaltet. Diese Bundesregierung wird hierbei – wie bisher schon – auch in Zukunft ihren politischen Handlungsspielraum nutzen."

[x] **Kohl, Helmut (CDU): Plenarprotokolle, 12/28, 6.6. 1991, S. 2092:**

„Ich bin schon sehr erstaunt, Herr Ministerpräsident, über das, was Sie hier über die *europäische Integrationspolitik* gesagt haben. Alles das, was Sie verlangen, ist doch längst im Gange. Als ich mein Amt antrat, war das Wort von der ‚Eurosklerose‘ das meistgenannte Wort mit Blick auf Europa. Der Begriff einer schlimmen Krankheit war mit dem Begriff Europa verbunden. Heute weiß jeder: Der große Markt kommt am 31. Dezember 1992. Heute wissen wir – das wissen übrigens alle, auch Ihre politischen Freunde im Europäischen Parlament –, daß die Bundesrepublik Deutschland und die Bundesregierung die treibende Kraft bei der *europäischen Integration* sind und daß François Mitterrand und ich gemeinsam immer wieder die Initiative ergriffen haben, um als Motor der europäischen Einigung zu wirken: bei der Wirtschafts- und Währungsunion und bei der Politischen Union."

^{xi} **Möllemann, Jürgen (FDP): Plenarprotokolle, 12/14, 13.3. 1991, S. 873:**

„Die wirtschaftliche Solidität des vereinten Deutschlands ist ein Motor für die Entwicklung der Europäischen Gemeinschaft und die Weiterentwicklung der *Europäischen Integration.*
Wir treten mit Nachdruck ein für die Vollendung des Europäischen Binnenmarktes,
die parallele Verwirklichung der Politischen Union und der Wirtschafts- und
Währungsunion, die Herstellung des europäischen Wirtschaftsraumes mit den
Staaten der Europäischen Freihandelszone (EFTA)."

^{xii} **Thiele, Carl-Ludwig (FDP): Plenarprotokolle, 12/28, 5.6.1991, S. 2025:**

„Ich betone jedoch für meine Fraktion, daß die Streitkräfte Deutschlands im sich weiter *integrierenden Europa* zukünftig selbstverständlich modern und zweckmäßig ausgerüstet sein müssen, damit wir auch bei unseren Partnern im Rahmen politischer Entscheidungsprozesse das Gewicht einbringen können, das wir nun einmal haben. Ver-
antwortungspolitik ist auch abhängig von der Achtung und dem Respekt der Partner."

^{xiii} **Kinkel, Klaus (FDP): Plenarprotokolle, 13/9, 15.12.1994, S. 400:**

„Erstens. Der Prozeß des Zusammenwachsens in Europa, der Gestaltung einer neuen
Sicherheitsarchitektur nach dem Wegfall der Ost-West- Auseinandersetzung ist eine
historische Notwendigkeit, die im Interesse aller europäischen Völker liegt.
Zweitens. Europa auf *Integrationskurs* zu halten bleibt für uns absolut vorrangig, und
zwar in beiden Dimensionen: Vertiefung, vor allem auf der Regierungskonferenz
1996, und Erweiterung. Das muß unsere Linie bleiben.
                    (Beifall bei der F.D.P. und der CDU/CSU)
Drittens. Gerade in einer Zeit ständig neuer Verwerfungen gilt es, die bewährten und
soliden Instrumente zu festigen, allen voran die Europäische Union und die NATO,
unseren wertvollsten Sicherheitsanker. Viertens. Ohne das Bündnis und damit das
Engagement unserer amerikanischen Freunde auf dem Kontinent kann es kein Vertrauen und keine neue Ordnung geben, die hält.
                    (Beifall bei der F.D.P. und der CDU/CSU)
Die deutsch-amerikanische Freundschaft bleibt so wie die deutsch-französische ein
Eckstein unseres Selbstverständnisses als Deutsche und Europäer. Wir lassen uns auch
nicht einreden, daß es im deutsch-französischen Verhältnis irgendwelche Trübungen
gibt, die dazu beitragen könnten, daß nicht mehr das gilt, was bisher gegolten hat,
nämlich daß die deutsch-französische Freundschaft Achse und Motor für Europa und
für die weitere *Integration* bleibt."

xiv Wieczorek, Norbert (SPD): Plenarprotokolle, 13/9, 15.12.1994, S. 432:

„Ich möchte Ihnen noch eines in Erinnerung rufen - das haben hier bei der Diskussion zur Maastricht-Ratifizierung mehrere, also nicht nur ich, gesagt -: Die Währungsunion macht keinen Sinn, wenn es keine Politische Union gibt.

(Zuruf von der SPD: So ist es!)

Ohne Politische Union ist das Ganze auf Sand gesetzt. Da können Sie auch Herrn Tietmeyer fragen; er sagt das inzwischen einmal in jeder Woche. Deswegen warne ich Sie:

Wenn Sie eine Währungsunion als Ersatz für andere *Integrationsschritte* machen und die Politische Union nicht vorantreiben, dann haben Sie die nicht nur auf Sand gesetzt, sondern Sie gefährden auch das, was in der EU bereits erreicht ist. Das Ganze wird dann nämlich wie ein Kartenhaus zusammenfallen. Deswegen warne ich vor solchen Tendenzen, wie ich sie aus Ihrer Partei, Herr Haussmann, und auch aus der CDU, weniger aus der CSU, gehört habe."

xv Kinkel, Klaus (FDP): Plenarprotokolle, 13/31, 30.3.1995, S. 2381:

„Meine Damen und Herren, wir Deutsche haben aus unserer Geschichte eine Lehre gezogen: Als Mannschaftsspieler sind unsere Interessen am besten aufgehoben. Damit komme ich gleich zu dem Punkt, der uns nach wie vor am meisten in der Außenpolitik interessieren muß. Das ist die *europäische Integration.*
Seit dem 1. Januar dieses Jahres haben wir vom Nordkap bis Sizilien, von Lissabon bis Athen einen Wirtschaftsraum. 370 Millionen gut ausgebildeter und zahlungskräftiger europäischer Bürger. Weitere 100 Millionen Menschen in den assoziierten Staaten Mittel- und Osteuropas sollen hinzukommen, vielleicht -- ich füge hinzu: hoffentlich -- schon um die Jahrhundertwende.
Allerdings steht die Europäische Union vor einem Scheideweg. Entweder gewinnt dieser Raum auch politisch Statur, oder wir laufen Gefahr, das bisher Erreichte wieder zu verspielen. Um diese Frage geht es im Grunde auf der Regierungskonferenz 1996, die für uns so außerordentlich wichtig ist, die wir mit unseren Partnern und Freunden intensiv vorbereiten. Die Europäische Union muß sich so ausstatten, daß sie auch mit 20 oder mehr Mitgliedern handlungsfähig bleibt. Wir wollen ein Europa, das bürgernäher, demokratischer und entscheidungsfähiger ist.
Das heißt erstens mehr Bürgernähe. Wir haben bei Maastricht, glaube ich, einen Fehler gemacht, und zwar gemeinsam. Dort lief mehr oder weniger eine Technokratendebatte ab. Es ist uns nicht gelungen, die Menschen auf dem Weg nach Europa wirklich mitzunehmen, Europa wirklich in den Herzen und Köpfen der Menschen zu verankern. Diesmal müssen wir versuchen, es anders zu machen und die Bürger auf dem weiteren *Integrationsweg* nach Europa wirklich mitzunehmen."

„Gerade auf dem Hintergrund der jüngsten außenpolitischen Entwicklungen kommt bei mir - auch wenn es einen Oppositionspolitiker normalerweise freut, wenn die Regierung in Schwierigkeiten kommt - nur maßvolle oder gar keine Freude auf. Denn es zeichnet sich ab, Herr Bundeskanzler, daß Sie in den beiden zentralen strategischen Fragen Ihrer Politik, was die europäische Ordnung nach dem Ende des Kalten Krieges und die *Einbindung* des vereinten Deutschlands in diese Friedensordnung betrifft, offensichtlich zu scheitern drohen.
Erster Punkt: Osterweiterung der NATO. Es ist offensichtlich geworden - Herr Lamers hat schön darum herumgeredet -, was wir immer prophezeit haben: Die NATO als Instrument des Kalten Krieges wird nicht dazu taugen können, die Sicherheitsbedürfnisse Gesamteuropas in einer Friedensordnung zu organisieren, und zwar nicht nur, weil Rußland hier erhebliche Bedenken hat und diese auch mobilisiert, sondern auch, weil es darüber im westlichen Lager keine Einigung gibt. Das wissen Sie doch ganz genau!
(Beifall beim BÜNDNIS 90/DIE GRÜNEN sowie bei Abgeordneten der PDS)
Meine Damen und Herren, Sie setzen bei der Osterweiterung der NATO auf ein Instrument, bei dem Sie sich ähnlich verheben werden wie bei dem Bemühen um einen ständigen Sitz Deutschlands im UN-Sicherheitsrat. Sie werden nach einigen Jahren feststellen, diese Osterweiterung wird nicht kommen, mit der Konsequenz allerdings, daß wertvolle Zeit, eine europäische Friedensordnung jenseits des Instrumentes des Kalten Krieges, der NATO, zu entwickeln, vertan wurde.
(Beifall beim BÜNDNIS 90/DIE GRÜNEN - Dr. Hermann Otto Solms [F.D.P.]: Sie wollen den Austritt aus der NATO! Sie wollen die NATO abschaffen!)
Meine zweite große Sorge, Herr Bundeskanzler: Sie haben auf die Erweiterung und Vertiefung der EU gesetzt. Sie haben zu Recht auf die Erweiterung gesetzt mit dem Argument, es dürfe in Mitteleuropa keine Zone der Unsicherheit entstehen, es dürften sich dort nicht nationale Aggressionen Raum schaffen, wie es heute leider auf dem Balkan bereits auf blutige Weise der Fall ist. Deswegen müsse es eine *Integrationsperspektive* für die neuen ost- und mitteleuropäischen Demokratien geben. - Ich finde das richtig. Nur, Sie sagten zu Recht: Die im deutschen Interesse liegende Vertiefung, daß es also nicht bei einer Wirtschaftsgemeinschaft bleibt, hängt an der Irreversibilität, der Unumkehrbarkeit der *europäischen Integration.*
Da frage ich Sie, Herr Bundeskanzler, ob Sie angesichts der Absage von Delors, daß er nicht als französischer Staatspräsident kandidiert, ob Sie angesichts der Töne, die alle bürgerlichen Kandidaten im französischen Präsidentschaftswahlkampf gegenüber einer vertieften europäischen *Integration* in Frankreich artikulieren, nicht in höchster Sorge sein müssen, daß aus der Vertiefung nichts wird, sondern daß wir im wesentlichen auf der Ebene bleiben, die wir heute schon haben."

^{xvii} **Fischer, Joseph (GRÜNE): Plenarprotokolle, 14/38, 5.5.1999, S. 3137:**

„Es geht im Kosovo nicht nur um Menschenrechte. Es geht nicht nur um das Schicksal von mittlerweile über 1 Million Menschen. Es geht nicht nur um das furchtbare Schicksal der Ermordeten und der Vertriebenen. Es geht auch darum, ob in dieser Region das *Europa der Integration* die Zukunft bestimmen wird oder ob man zum Europa der Vergangenheit zurückkehrt. […] Jeder dieser Nationalismen auf dem Balkan hat ja ein solches Programm, das Veränderungen auf den Landkarten mit sich bringt, die auf Vertreibungen, auf Mord und auf Totschlag hinauslaufen. Ich kann davor nur warnen. Insofern müssen gerade die Länder dieser Region an das *Europa der Integration* herangeführt werden. Das ist die Aufgabe unseres Stabilitätspaktes."

^{xviii} **Fischer, Joseph (GRÜNE): Plenarprotokolle, 14/38, 5.5.1999, S. 3140:**

„Wenn wir das alles tatsächlich zu einem politischen Ganzen zusammenfügen, dann werden wir feststellen, daß das letztendlich auf die Vollendung des europäischen Einigungswerkes hinausläuft. Ich sage dies ganz bewußt, und zwar so, wie ich es auch gestern im Europaparlament gesagt habe. In seiner Abschiedsrede hat François Mitterrand gesagt: Nationalismus – das ist der Krieg. – Das *Europa der Integration* ist der Frieden. Das erleben wir seit Jahrzehnten. Dieses *Europa der Integration* zu vollenden war die Aufgabe des Berliner Gipfels. Vor uns liegt die Aufgabe, Frieden auf dem südlichen Balkan zu stiften. Zu unserer Aufgabe gehört auch die Integration von Ländern mit sehr schwachen Ökonomien wie Mazedonien, Albanien und anderen Staaten. Das wird für unser Land mit der größten Volkswirtschaft in der Europäischen Union nicht weniger, sondern mehr Lasten, aber auch mehr Chancen mit sich bringen. Insofern ist die Vollendung der *europäischen Integration*, also die Herausbildung des politischen Subjekts „Europäische Union", die große Aufgabe, vor der wir ganz unmittelbar stehen und die wir bewältigen müssen."

^{xix} **Wahlprogramm Grüne 2002, S. 84:**

„Wir wollen eine Politik der klugen Einbindung und der Selbstbeschränkung. Die *europäische Integration* ist für uns der Rahmen, in dem die Bundesrepublik Deutschland zusammen mit ihren europäischen Nachbarn am wirkungsvollsten zur Gestaltung einer europäischen und internationalen Friedensordnung beitragen kann."

xx **Wahlprogramm SPD 2002:**

„Die europäische Idee hat ihren eigenen Wert, aber sie ist auch die unverzichtbare Antwort auf die Globalisierung. Wir tun alles, den *europäischen Integrationsprozess* voranzubringen und dabei die wohlbegründeten deutschen Interessen zu berücksichtigen."

xxi **Schröder, Gerhard (SPD): Plenarprotokolle, 15/13, 4.12.2002, S. 884:**

„Lassen Sie mich noch ein paar Bemerkungen zu dem Thema machen, das vorhin angesprochen worden ist und auch Gegenstand des eingebrachten Antrages ist. Es geht um das, was wir in Kopenhagen zu beschließen haben werden. Ich denke, es besteht Einigkeit in diesem Hohen Hause darüber, dass gerade wir Deutschen die Aufgabe haben, in Kopenhagen dafür zu sorgen – zu erträglichen materiellen Bedingungen, das ist keine Frage –, dass ein historischer Beschluss über die Erweiterung der Europäischen Union nach Osten zustande kommt. Dies ist unser fester Wille. Dafür werden wir hart arbeiten, dessen können Sie sicher sein. Ich denke, darüber besteht in diesem Hohen Hause auch kein Streit.

(Beifall bei der SPD und dem BÜNDNIS 90/DIE GRÜNEN)

Über die Bedingungen im Einzelnen wird noch zu reden sein. Aber ich bin fest davon überzeugt, dass die dänische Präsidentschaft – wenn auch noch nicht in allen Punkten – generell auf einem richtigen Weg ist und wir in Kopenhagen einen Erweiterungsbeschluss fassen können, der erstens der historischen Bedeutung dieser Aufgabe gerecht wird und zweitens die materiellen Ressourcen eines Nettozahlers wie Deutschland nicht über Gebühr beansprucht. Zum Nulltarif – ich denke, das wissen wir alle – wird dies nicht zu haben sein. Das muss auch nicht sein; denn wir, die Deutschen, werden diejenigen sein, die in erster Linie sowohl politisch als auch ökonomisch davon profitieren werden. Wenn Sie sich die Präsenz deutscher Unternehmen auf den Märkten, um die es dabei geht, ansehen, stellen Sie fest, dass wir überall die Nummer eins oder die Nummer zwei sind. Diese Situation wird nicht schlechter, sondern besser werden, wenn die *Integration* dieser Länder in die Europäische Union fortgeschrittener ist.

(Beifall bei der SPD und dem BÜNDNIS 90/DIE GRÜNEN)

Deswegen sage ich den Beschäftigten, auch denjenigen jenseits der Grenzen, die Angst haben: Es ist nicht nötig, Angst zu haben, weil in der Erweiterung der Europäischen Union sowohl ökonomisch als auch für die Menschen auf den Arbeitsmärkten mehr Chancen als Risiken liegen. Wir werden die Chancen maximieren und die Risiken minimieren. Das begreifen wir als unsere Aufgabe."

„Nehmen Sie das Beispiel Türkei. Es ist doch nicht wahr, dass wir hier Entscheidungen treffen, um irgendjemandem einen Gefallen zu tun. Herr Glos hat sich heute Morgen aufgeregt, als ich angeblich wieder arrogant gelacht habe, weil er sagte, die Amerikaner würden mit uns nicht sprechen. Gestern Nacht habe ich noch mit Colin Powell über diese Frage gesprochen. Ich habe ihm noch einmal gesagt: Zur Türkei wird es keine Entscheidung geben, die nicht unserer Interessenlage und der Interessenlage der europäischen Integration entspricht. Ich habe das in den USA genauso gesagt. Es wird keine Entscheidung geben unter dem Gesichtspunkt: Beim Irak sind wir euch auf die Füße getreten, deswegen wollen wir wieder schönes Wetter machen. Nein, das wird es mit uns nicht geben. Ich kann Ihnen als überzeugter Europäer auch sagen, warum: Weil das nicht tragen würde. Eine Entscheidung über ein Zusammengehen in der Union lässt sich nicht mit einem Gefallen gegenüber einem Dritten begründen, sondern eine solche Entscheidung muss aus sich selbst heraus begründet werden."

Interesse[1]

Interesse – von lateinisch interesse „von Wichtigkeit sein", substantiviert im Sinne von „Nutzen", „Vorteil", „Gewinn".[2]

– (1) zufrühest in der rechtssprache, der antheil, der dem vermögen jemandes aus der handlung eines andern entsteht, (…) (2) dann nutzen, vortheil überhaupt (…), (3) namentlich häufig in der gewöhnlichen sprache der zins eines ausgeliehenen kapitals (…) (4) milderes wort für gewinnsucht, eigennutz (…) (5) in der gewählteren sprache seit dem vorigen jahrhundert ist interesse der antheil, den wir an einer sache nehmen.[3]

Interessen sind wichtige Triebfedern sozialen Handelns. Menschliche Bedürfnisse, Wünsche und Neigungen werden in einer rationalisierten Form als *Interessen* definiert, deren Verwirklichung erstrebenswert ist. In diesem Sinne wird der Begriff des *Interesses* auch im **alltäglichen Sprachgebrauch** als Begründung für die Wahl eigennütziger Entscheidungen bei verschiedenen Handlungsmöglichkeiten verwendet: Man handelt dann ‚im eigenen *Interesse*', wenn man sich für die Option entscheidet, die einen Vorteil verspricht.

In der **Theorie der Internationalen Beziehungen** wird das Konzept des *nationalen Interesses* vom Realismus zur Erklärung des außenpolitischen Handelns von Staaten angeführt. Demnach bestehe das oberste Ziel eines jeden Staates immer in der Sicherung seines Überlebens und dem Schutz vor Fremdbestimmung. Besonders Hans Morgenthau vertritt die Auffassung, dass ein kluger ‚Staatsmann' sich nicht von ‚idealistischen' Werten leiten lassen dürfe, sondern bei seinen Entscheidungen das ‚*nationale Interesse*' seines Staates in den Mittel-

---

[1] Maßgeblich verfasst haben diesen Beitrag Sebastian Kessler und Christian Weber. Beigetragen hat außerdem Guido Rosemann.

[2] Brockhaus: Die Enzyklopädie in vierundzwanzig Bänden, Bd. 10, Leipzig [u.a.] 2001.

[3] Stichwort ‚Interesse', in: Deutsches Wörterbuch von Jacob und Wilhelm Grimm [1885]: http://germazope.uni-trier.de/Projects/WBB/woerterbuecher/dwb/wbgui?lemmode= lemmasearch&mode=hierarchy&textsize=600&onlist=&word=interesse&lemid=GI00627 &query_start=1&totalhits=0&textword=&locpattern=&textpattern=&lemmapattern=&verspa ttern=#GI00627L0 [12.12.2007]

punkt stellen müsse. Er habe daher die moralische Verpflichtung, eine Außenpolitik zu betreiben, die die territoriale Integrität, den Bestand der politischen Institutionen und der Kultur seines Landes gewährleisten könne.[4]

Der Begriff *Interesse* ist für jegliche Außenpolitik von zentraler Bedeutung, wenn konkrete Ziele definiert werden sollen. Die Wortkombination der *nationalen Interessen*, an denen sich das Handeln der Regierung orientieren müsse, wird seit der deutschen Einheit im außenpolitischen Diskurs vermehrt gebraucht. Bundeskanzler und Außenminister müssten ihr Amt so „versehen, dass es den Interessen der Bundesrepublik Deutschland nützt".[5] [i] Formulierungen dieser Art, in denen das *Interesse* nicht näher bestimmt wird, haben über die Selbstbeschreibung des Redners hinaus nur geringe inhaltliche Aussagekraft. Denn selbstverständlich würde kein Politiker von sich behaupten, dass er diesem Anspruch nicht gerecht werden wolle. Vielmehr wird er mit der Berufung auf ‚unsere' oder ‚deutsche' *Interessen* seine Rolle als legitimierter Mandatsträger herausstellen, der allein das Wohl der Bevölkerung im Sinn habe. Was genau dabei als objektive Notwendigkeit dargestellt wird, unterscheidet sich im parteipolitischen Schlagabtausch mitunter stark. Parlamentarier der Regierungsfraktion versuchen ihre gegenwärtige Politik zu verteidigen, Oppositionspolitiker hingegen nutzen den Verweis auf *deutsche Interessen*, um die Regierung anzugreifen und ihr schwerwiegendes Versagen vorzuwerfen. Im bundesrepublikanischen außenpolitischen Diskurs wird der Begriff des *Interesses* häufig in Kontexten verwendet, die von besonderer Bedeutung sind, wie etwa im Zusammenhang mit der deutschen Rolle im transatlantischen Bündnis, in den Vereinten Nationen und im Zusammenhang mit Europa.

Seit jeher als kontrovers kann man den Diskurs über deutsche Interessenvertretung in den **transatlantischen Beziehungen** bezeichnen. Während Christdemokraten und Liberale zumeist hervorheben, dass die Bundesrepublik eng mit den Vereinigten Staaten zusammenarbeiten muss, setzen die Parteien des linken Spektrums den Akzent anders. Sie fürchten eine Rolle als ‚Juniorpartner', mit der sie sich nicht zufrieden geben wollen. Vielmehr kann für sie die transatlantische Zusammenarbeit nur erfolgreich sein, wenn eigene *deutsche Interessen* hörbar formuliert werden (→ Gleichberechtigung, → Selbstbewusstsein). Schon Mitte der achtziger Jahre wurde gefordert, dass die Bundesregierung sich nicht scheuen solle, „unseren amerikanischen Freunden gegenüber unsere deutschen Interessen deutlich zu vertreten".[6] [ii] Zwar betonen nahezu alle Politiker, dass „wir Deutsche

---

4   Morgenthau 1952.
5   Verheugen, Günter (SPD): Plenarprotokolle, 13/9, 15.12.1994, S. 412.
6   Schmidt, Helmut (SPD): Plenarprotokolle, 10/228, 10.9.1986, S. 19384.

[...] ein existenzielles Interesse an der Nordatlantischen Allianz"[7] [iii] hätten. Allerdings kritisieren sozialdemokratische Oppositionspolitiker ein aus ihrer Sicht zu unterwürfiges Verhalten gegenüber der amerikanischen Administration. Besonders polemisch bezeichnet Horst Ehmke dies beispielsweise als „Liebdienerei in Washington unter Verletzung deutscher und europäischer Interessen".[8] [iv] Das „Ja zum Bündnis" könne „nicht eine Preisgabe der deutschen Interessen bedeuten",[9] [v] wiederholen Sozialdemokraten während ihrer Oppositionszeit des öfteren (Regierungsfraktionen jeglicher Couleur reagieren auf ‚Interessens-Preisgabe'-Rhetorik zumeist allerdings schon deshalb nicht, weil sie sich selbst so nicht wahrnehmen). Eine den Sozialdemokraten vergleichbare Haltung nahmen PDS und Grüne in den 1990er Jahren ein. So stellt etwa Gregor Gysi die besondere Rolle Deutschlands für eine gemeinsame europäische Position gegenüber den USA heraus und fordert, dass man „auch eigene Interessen artikulieren" und diese dann auch „in gleicher Augenhöhe mit den USA"[10] [vi] klären müsse. Ludger Vollmer wiederum räumt ein, „dass diese Supermacht Interessen hat, die man sogar nachvollziehen kann, wenn man sich in ihre Position begibt". Trotzdem müsse sich die deutsche Position von dieser unterscheiden können, man dürfe sich nicht zum bloßen „Weisungsempfänger" degradieren lassen „von wo auch immer die Weisungen kommen sollten".[11] [vii]

Für FDP und Christdemokraten ist dieser Widerspruch in den transatlantischen Beziehungen so nicht vorhanden. Im Zentrum ihrer außenpolitischen Grundsätze steht die freundschaftliche Zusammenarbeit mit den westlichen Bündnispartnern. Eine aus ihrer Sicht unangemessene Überhöhung der eigenen Position beschädige „die deutschen Interessen, die als Staatsräson in der Bündnisfähigkeit unseres Landes liegen". [12] [viii] Demzufolge wird ein öffentliches Aufbauschen von Meinungsverschiedenheiten zwischen den Partnern für gefährlich gehalten. Interessendivergenzen dürften nicht „durch emotionales Geschrei auf deutschen Marktplätzen" ausgetragen werden, sondern „durch Freundschaft, Kooperation und Vertretung deutscher Interessen zusammen mit Verbündeten".[13] [ix]

7   Schockenhoff, Andreas (CDU): Plenarprotokolle, 14/38, 5.5.1999, S. 3145.
8   Ehmke, Horst (SPD): Plenarprotokolle, 10/249, 26.11.1986, S. 19423.
9   Vogel, Hans-Jochen (SPD): Plenarprotokolle, 10/249, 26.11.1986, S. 19286.
10   Gysi, Gregor (PDS): Plenarprotokolle, 14/21, 24.2.1999, S. 1515.
11   Volmer, Ludger (GRÜNE): Plenarprotokolle, 15/13, 4.12.2002, S. 936.
12   Gerhardt, Wolfgang (FDP): Plenarprotokolle, 13/247, 3.9.1998, S. 23045.
13   Merkel, Angela (CDU): Plenarprotokolle, 14/253, 13.9.2002, S. 26610.

Im Gegensatz zu den deutschen und amerikanischen *Interessen* werden *deutsche* und *europäische Interessen* bis Mitte der neunziger Jahre oft in einem Atemzug genannt und von allen Parteien übereinstimmend als deckungsgleich angesehen. Charakteristisch ist die Auffassung, dass „wir Deutschen […] unseren Interessen am besten dienen […], wenn wir uns im Stärken der Gemeinschaft von niemandem übertreffen lassen"[14] x (→ Europa). Ein „stärkeres Bewusstsein für eine gemeinsame europäische Interessenlage in der Welt"[15] xi wird vor allem dann gefordert, wenn es darum geht, gegenüber den USA in der NATO an Einfluss zu gewinnen. Oftmals wird aber auch ein *gesamteuropäisches Interesse* allenfalls behauptet, das in bestimmten Politikfeldern so nicht vorhanden ist. Gerade bei finanziellen Fragen werden *nationale Interessen* geltend gemacht. So forderte beispielsweise Oskar Lafontaine kurz nach der deutschen Vereinigung, als die Spielräume deutscher Haushaltspolitik enger wurden, dass „es dem berechtigten deutschen Interesse entspricht", wenn man darauf hinweist, „dass Lastenverteilung nur insgesamt begriffen werden kann" und die Deutschen derzeit in Mitteleuropa „große Lasten übernehmen".[16] xii Die stärkere Betonung national definierter *Interessen*, zum Beispiel finanzieller Art, machte sich Gerhard Schröder als neuer Bundeskanzler explizit zur Aufgabe. Er halte es für richtig, „den Partnern in Europa verständlich zu machen, dass auch die Deutschen ein Recht auf Vertretung ihrer Interessen haben". Sein politisches Ziel als neuer Kanzler bestünde auch darin, „klarzumachen, dass die Deutschen selbstbewusst ihre Interessen vertreten"[17] xiii (→ Selbstbewusstsein). In diesen Worten, die zunehmend an die Stelle von emotionalen Bekundungen des gemeinsamen deutschen und europäischen Schicksals treten, kommt ein distanziertes und kalkulierendes Verhältnis zu Europa zum Ausdruck (→ Europa). Dabei diente das Auftreten Frankreichs bei der Frage der Landwirtschaftssubventionen oder Großbritanniens bei den Mitgliedsbeiträgen Gerhard Schröder als Argument ebenfalls *nationale Interessen* in der Union zu betonen. Insgesamt gibt es ab Mitte der neunziger Jahre eine Tendenz, die *deutschen Interessen* in den Vordergrund zu stellen. Von einer gemeinsamen europäischen Interessenlage, wie sie noch 1990 beschworen wurde, ist dagegen immer seltener zu hören.

Diese Entwicklung zeigt sich auch in Bezug auf die Reformpläne des **UNO Sicherheitsrats**. Während im Deutschen Bundestag lange Zeit Konsens bestand, dass ein gemeinsamer europäischer Sitz den *deutschen Interessen* diene, änderte

14   von Weizsäcker, Richard, in: Frankfurter Allgemeine Zeitung vom 4.10.1990, S. 5.
15   Kohl, Helmut (CDU): Plenarprotokolle, 10/228, 10.9.1986, S. 17695.
16   Lafontaine, Oskar (SPD): Plenarprotokolle, 11/226, 20.9.1990, S. 17810.
17   Schröder, Gerhard (SPD): Plenarprotokolle, 14/21, 24.2.1999, S. 1525.

sich diese Einstellung ab Mitte der neunziger Jahre. Das Streben nach einem ständigen nationalen Sitz Deutschlands, das sowohl Helmut Kohl wie Hans-Dietrich Genscher bis zum Schluss vehement ablehnten, wird zunächst bei einigen wenigen Christdemokraten und Liberalen, seit dem Regierungswechsel 1998 allerdings über parteipolitische Grenzen hinweg als *nationales Interesse* definiert und als berechtigter Anspruch bewertet. Bereits 1994 bekundete Außenminister Kinkel Deutschlands „Interesse an einer ständigen Mitgliedschaft im Sicherheitsrat", da die „Übernahme von mehr Verantwortung [...] die logische und konsequente Fortentwicklung unseres Engagements für die Vereinten Nationen"[18] [xiv] sei. In einer fast gleichlautenden Formulierung bekräftigte Joschka Fischer acht Jahre später, dass neben Brasilien, Indien und Japan „auch Deutschland bereit [ist] die Verantwortung zu übernehmen, die mit einem ständigen Sitz im Sicherheitsrat verbunden ist" (→ Verantwortung). Als Staat, der „einen besonders bedeutenden und nachhaltigen Beitrag zur Wahrung des Weltfriedens und der internationalen Sicherheit" geleistet habe, müsse er bei der anstehenden Reform der Vereinten Nationen entsprechend berücksichtigt werden.[19] Es gehe „nicht um eine Prestigefrage, ob man permanentes Mitglied ist oder nicht". Deutschland sei vielmehr „für einen effektiven Multilateralismus", für den man sich einsetzen und engagieren müsse, weil er „im deutschen Interesse und auch im europäischen Interesse"[20] liege (→ Multilateralismus). Kurzum: das *deutsche Interesse* an einem europäischen Sitz hat sich innerhalb von zehn Jahren in ein *europäisches Interesse* an einem deutschen Sitz verwandelt.

Zusammenfassend kann festgehalten werden, dass der Interessensbegriff (trotz gegenteiliger Behauptungen) auch im außenpolitischen Diskurs der alten Bundesrepublik nie völlig vergessen worden war. Bemerkenswert ist trotzdem, in welch veränderten Kombinationen und Kontexten dieser Begriff heute verwendet wird. Bis weit in die 1990er Jahre war für den deutschen Interessensdiskurs ein eher defensiver Grundton im Rahmen der beiden Grundpfeiler der außenpolitischen Orientierung der ‚Bonner Republik', den transatlantischen Beziehungen und der Europäischen Gemeinschaft, kennzeichnend. Seit der Vereinigung hat sich hier eine merkliche ‚Normalisierung' eingestellt, werden *nationale Interessen*

---

[18]   Kinkel, Klaus (FDP): Vereinte Nationen, 1/1996, S. 12.

[19]   Fischer, Joseph (GRÜNE): Vereinte Nationen, 6/2004, S. 210.

[20]   Fischer, Joseph (GRÜNE): Ausführung des Bundesminister des Auswärtigen vor Journalisten auf der Pressekonferenz zum Thema UN- Reform und dem „Vierergipfel" mit Japan, Indien und Brasilien am Vorabend der UN- Vollversammlung in New York, 21. September 2004, verfügbar unter: http://www.tagesschau.de/aktuell/meldungen/0,1185, OID3635986_TYP6_THE_NAVSPM11174_REF3_BAB,00.html [10.4.2006].

zunehmend ‚unbefangen' artikuliert. Die selbstlos anmutende Gleichsetzung *europäischer Interessen* mit nationalen Zielen ist unübersehbar einem auf den eigenen Vorteil bedachten Verständnis von *Interesse* gewichen.

Endnoten

ⁱ Verheugen, Günter (SPD): Plenarprotokolle, 13/9, 15.12.1994, S. 412:

„Ich nehme auch etwas ernster als Sie, was die Fähigkeiten des Bundesaußenministers angeht, sein Amt noch so zu versehen, daß es den *Interessen* der Bundesrepublik Deutschland nützt. Es kann uns niemand erzählen, daß ein Außenminister, der von seiner eigenen Partei in der Weise vorgeführt wird, wie das am Wochenende geschehen ist, im Ausland noch so ernst genommen wird, wie ein deutscher Außenminister ernst genommen werden muß."

ⁱⁱ Schmidt, Helmut (SPD): Plenarprotokolle, 10/228, 10.9.1986, S. 19384:

„Wir Deutschen leben auf diesem europäischen Schauplatz. Wir sitzen auf dem Präsentierteller. Und wenn überhaupt irgend jemand, dann müssen wir ein dringendes *Interesse* haben an vertraglich vereinbarter gleichgewichtiger Abrüstung auch auf dem Felde, von dem ich hier eben rede. Ich denke, Herr Bundeskanzler, Sie teilen dieses *Interesse.* Sie würden es vielleicht nur etwas anders formulieren. Wenn wir aber im Grunde einig sind in dem *Interesse* an gleichgewichtiger, vertraglich vereinbarter Rüstungsbegrenzung, warum wagen Sie es dann nicht, das SDI- oder ABM-Thema, das ganze Rüstungsbegrenzungsthema ganz oben auf die Tagesordnung des Bündnisses zu setzen?
(Beifall bei der SPD)
Sie scheuen sich unseren amerikanischen Freunden gegenüber unsere *deutschen Interessen* deutlich zu vertreten.
(Beifall bei der SPD)
Statt dessen streiten sich gegenwärtig die Finanzminister der beiden Länder ganz handfest. Wenn es noch eines Beweises bedurft hätte, daß Währungspolitik zugleich immer Außenpolitik ist, dann könnte man das an der gegenwärtigen Zuspitzung der benutzten Sprache zwischen den Währungspolitikern der USA einerseits und denen Europas und Japans andererseits lernen. Einen solchen währungspolitischen Interviewkrieg, wie wir ihn gegenwärtig zwischen den Finanzministern erleben, hat es vorher noch nicht gegeben. Es ist übrigens ein ökonomischer Stellungskrieg, es findet keine wirkliche Bewegung statt. Ich nehme mir heraus zu sagen, es ist ein Krieg, in dem beide Gesprächskontrahenten unrecht haben."

ⁱⁱⁱ **Schockenhoff, Andreas (CDU): Plenarprotokolle, 14/38, 5.5.1999, S. 3145:**

„Die politische Einigung Europas ist eine Frage von Krieg und Frieden – damit hat Helmut Kohl unbeirrt von allen Anfeindungen ausgedrückt, was für uns, die CDU/CSU, seit fünf Jahrzehnten die außenpolitische Grundüberzeugung ist und auch künftig bleiben wird: Wir Deutsche haben ein existentielles *Interesse* an der Einigung Europas sowie ein existentielles *Interesse* an der Nordatlantischen Allianz. Mit der Wirtschafts- und Währungsunion haben wir einen entscheidenden Schritt zur Politischen Union Europas erreicht. Der wirtschaftliche Teil muß dringend durch den außen- und sicherheitspolitischen Teil der europäischen Einigung ergänzt werden."

^{iv} **Ehmke, Horst (SPD): Plenarprotokolle, 10/249, 26.11.1986, S. 19423:**

„Wie sagte doch der Herr Strauß, der ja immer offener redet als Sie? Er sagte am Wochenende auf dem kleinen CSU-Parteitag:
(Waigel, Theodor [CSU]: So klein war der nicht! — Dr. Vogel [SPD]: Der große Waigel
        hat auf dem kleinen Parteitag gesprochen!)
‚Eine rasche Unterschrift hätte uns gewaltige Schwierigkeiten bringen können.' — Das ist doch die Wahrheit Sie haben eine Optimismuskampagne unter Wahlkampfgesichtspunkten geführt. Inzwischen sind Sie dabei, selbst das zu demontieren, was selbst Reagan noch von Reykjavik beibehalten hat. Aber darauf werde ich noch zurückkommen.
Ihre Außenpolitik besteht aus drei Teilen: Liebdienerei in Washington unter Verletzung *deutscher* und *europäischer Interessen,* gegenüber der Sowjetunion und Osteuropa, auch der DDR, ein dumpfes Zurückgleiten in den Kalten Krieg und im Bereich von Rüstungskontrolle und Abrüstung ein Übergang von Abstinenz zu Widerstand."

^v **Vogel, Hans-Jochen (SPD): Plenarprotokolle, 10/249, 26.11.1986, S. 19286:**

„Ich wiederhole ebenso das Ja zum Atlantischen Bündnis und zur Bundeswehr als Instrumente der Kriegsverhütung. Ein deutscher Sonderweg würde unsere Nachbarn insgesamt beunruhigen, die Mitte unseres Kontinents destabilisieren und unsere Sicherheit nicht stärken. Er würde auch nicht zu einer umfassenden europäischen Friedensordnung führen. Wir lehnen ihn deshalb ab. Aber das Ja zum Bündnis kann nicht eine Preisgabe der *deutschen Interessen* bedeuten. Bündnis bedeutet: Wir wollen Verbündete des amerikanischen Volkes, nicht aber Liebediener der jeweiligen Administration sein.
(Beifall bei der SPD — Dr. Dregger [CDU/ CSU]: Er ist demokratisch gewählt, der
        Präsident!)

Wenn Sie diese Position für antiamerikanisch halten, dann ist Herr Strauß, dem Sie ja gelegentlich begegnen, der schärfste Antiamerikaner in der Bundesrepublik. Denn er hat schon Mitte der 60er Jahre gesagt: Wir müssen Bundesgenossen und nicht Schutzbefohlene der Amerikaner sein. Er hat sogar den Satz hinzugefügt, den die „Süddeutsche Zeitung" vor wenigen Tagen in Erinnerung gebracht hat: Es sei völlig falsch, in hysterisches Angstgeschrei auszubrechen, wenn amerikanische Truppen Europa verließen. In welches hysterische Geschrei würden Sie wohl ausbrechen, wenn ein Sozialdemokrat einen solchen Satz wagen und formulieren würde?"

[vi] **Gysi, Gregor (PDS): Plenarprotokolle, 14/21, 24.2.1999, S. 1515:**

„Ich füge hinzu, daß Sie ein Konzept der USA unterstützen, wonach die NATO vom Völkerrecht freigestellt wird. Das wird Konsequenzen haben. Wenn die UN-Charta nicht mehr für die NATO gilt, dann gilt sie auch für andere Staaten nicht mehr und dann haben Sie eine Weltordnung, wie sie nach 1945 entstanden ist, beseitigt, ohne eine bessere zu besitzen. Das wird in dieser Welt Folgen haben.
(Beifall bei der PDS)
Darauf weist übrigens kein anderer als der CDU Politiker Wimmer sehr deutlich hin. Ich werde ihn morgen zitieren, was bei mir wirklich selten vorkommt. Ich finde, daß er in vielen Punkten seiner Einschätzung recht hat.
Ich bin davon überzeugt, daß die französische und die italienische Regierung die Absicht haben, in gleicher Augenhöhe mit den USA zu sprechen. Dazu brauchen sie aber das Einvernehmen mit der deutschen Regierung. Weil der Ruf ein anderer ist, sind Sie jedoch bemüht, täglich zu beweisen, daß Sie die treuesten Verbündeten der USA sind. Ich meine aber, man muß auch eigene *Interessen* artikulieren."

[vii] **Volmer, Ludger (GRÜNE): Plenarprotokolle, 15/13, 4.12.2002, S. 936:**

„Wenn es nicht einmal mehr möglich sein darf, in einer präzise beschreibbaren sicherheitspolitischen Frage anderer Meinung zu sein als bestimmte Sicherheitskreise in den Vereinigten Staaten, dann frage ich Sie: Wo ist denn die europäische Freiheit gegenüber den amerikanischen Partnern? Können wir uns dann überhaupt noch als Partner empfinden oder müssten wir uns nicht selbstkritisch als Vasallen bezeichnen?
Einen solchen Status gegenüber den Vereinigten Staaten wollen wir nicht. Wir wollen Freundschaft, wir wollen Partnerschaft als Konstante der deutschen und der europäischen Außenpolitik. Aber diese Partnerschaft muss auch dazu dienen, sich solidarisch darüber zu verständigen, wie denn die neue Weltordnung aussehen soll, ob sie – das ist der europäische Vorschlag und das entspricht auch den Grundlinien rot-grüner Außenpolitik – auf Multilateralismus setzen soll, hauptsächlich organisiert durch die Vereinten Nationen und die anderen Regionalorganisationen, ob sie bestehen soll aus

einer internationalen Strukturpolitik, aus einer globalen Ordnungspolitik, aus Global Governnance oder ob sie bestehen soll aus der Hegemonie der verbleibenden Supermacht. […]
Dass diese Supermacht *Interessen* hat, die man sogar nachvollziehen kann, wenn man sich in ihre Position begibt, räumen wir ein. Deshalb ist das auch kein gegnerischer Diskurs, sondern ein freundschaftlicher. Wir werden nicht Weisungsempfänger sein, von wo auch immer die Weisungen kommen sollten. In diesem Sinne werden wir weiterhin eine selbstbewusste Politik mit Augenmaß betreiben. Das betrifft den Irak, das betrifft Afghanistan, das betrifft die Türkei."

[viii] **Gerhardt, Wolfgang (FDP): Plenarprotokolle, 13/247, 3.9.1998, S. 23045:**

„Wenn Sie für Rot grün werben und Außenpolitik gestalten wollen, muß die deutsche Öffentlichkeit wissen, wie Ihre Außenpolitik aussehen soll.
(Carl-Ludwig Thiele [FDP]: Sehr richtig!)
Sie sieht jedenfalls nicht so aus, daß Sie für Bündnispartner verläßlich sind. Sie beschädigt die *deutschen Interessen*, die als Staatsräson in der Bündnisfähigkeit unseres Landes liegen. Sie vernachlässigt eklatant unsere *Sicherheitsinteressen* und beschädigt den Beruf des Soldaten in der Bundeswehr und das Bild des Wehrdienstpflichtigen. Sie erschüttert damit einen Punkt der Grundfestigkeit unseres Staates."

[ix] **Merkel, Angela (CDU): Plenarprotokolle, 14/253, 13.9.2002, S. 26610:**

„Deshalb wird es – auch in der Außenpolitik – eine Richtungsentscheidung sein. Es geht nämlich um die Frage, wie wir *deutsche Interessen* besser vertreten.
(Beifall des Abg. Hubertus Heil [SPD])
Geschieht dies durch emotionales Geschrei auf deutschen Marktplätzen oder durch Freundschaft, Kooperation und Vertretung *deutscher Interessen* zusammen mit Verbündeten und Freunden auf dieser Welt? Wir entscheiden uns für den zweiten Weg."

[x] **von Weizsäcker, Richard, in: Frankfurter Allgemeine Zeitung vom 4.10.1990, S. 5:**

„Wir werden nur weiterkommen, wenn wir mit unseren westlichen Partnern gemeinsam vorgehen, vor allem in der Gemeinschaft und durch sie. Alles, was die Mitgliedsländer für ganz Europa durch die Gemeinschaft tun, stärkt die Gemeinschaft und ihre Glieder. Wir Deutschen werden unseren *Interessen* am besten dienen, und Sorgen unserer Partner am ehesten zerstreuen, wenn wir uns in der Stärkung der Gemeinschaft von niemandem übertreffen lassen und wenn wir ohne jede Verzögerung auf dem Weg zur Wirtschafts- und Währungsunion und zur politischen Union weitergehen, so wie wir es zugesagt haben."

^{xi} **Kohl, Helmut (CDU): Plenarprotokolle, 10/228, 10.9.1986, S. 17695:**

„Wir haben 1985 beim Europäischen Rat in Mailand zusammen mit Frankreich — wie Sie es mit Recht hier angemahnt haben — den Entwurf eines Vertrages über die außenpolitische Zusammenarbeit eingebracht und zum Bestandteil einer europäischen Akte weiterentwickelt. Aber, meine Damen und Herren, diese europäische Außenpolitik steht natürlich in Wahrheit am Anfang. Wir müssen alle zusammen in Europa ein stärkeres Bewusstsein für eine gemeinsame *europäische Interessenlage* in der Welt entwickeln. Dabei geht es mir nicht um eine unabhängige Rolle Europas zwischen den Blöcken, sondern darum, den europäischen Pfeiler im Bündnis zu stärken."

^{xii} **Lafontaine, Oskar (SPD): Plenarprotokolle, 11/226, 20.9.1990, S. 17810:**

„Ich will auch etwas zu den Kosten für den Abzug der sowjetischen Truppen sagen. Diese Kosten sind unvermeidlich. Aber es wäre sicherlich besser gewesen, sie mit einem ökonomischen Hilfsprogramm für die Völker Osteuropas und für die Sowjetunion zusammenzubinden. Es geht ja nicht nur um die Kosten für den Abzug der sowjetischen Truppen, sondern auch und mehr noch darum, daß nicht eine ökonomische und soziale Grenze an Oder und Neiße entsteht. Daher bleibt es dabei: Wir brauchen auch ein ökonomisches Programm für Osteuropa und für die Sowjetunion.

(Beifall bei der SPD und bei Abgeordneten der GRÜNEN)

Wenn über die Kosten des Abzugs der Truppen und über unsere Aufgaben in Osteuropa gesprochen wird, dann bietet es sich an, auch einiges zu der Diskussion in Amerika über das Burden-sharing in der Welt zu sagen. Ich glaube, daß es dem berechtigten *deutschen Interesse* entspricht, wenn wir darauf hinweisen, dass Lastenverteilung nur insgesamt begriffen werden kann, wenn wir darauf hinweisen, daß die Deutschen in Mitteleuropa derzeit große Lasten übernehmen, um die ökonomische und soziale Lage zu stabilisieren, und wenn wir darauf hinweisen, daß diese Lasten, die auf uns zukommen, nicht allein eine Angelegenheit der Deutschen sein können. Dies gilt nicht nur für den Abzug der sowjetischen Truppen; dies gilt genauso für die dringend notwendigen ökonomischen Hilfsprogramme für Osteuropa. Wenn über Burdensharing geredet wird, dann meine ich, ist es in unserem *Interesse,* an diese finanziellen Lasten zu erinnern."

^{xiii} **Schröder, Gerhard (SPD): Plenarprotokolle, 14/21, 24.2.1999, S. 1525:**

„Nun noch ein Wort zu der *Interessenvertretung,* die mir von Herrn Gerhardt vorgeworfen worden ist. Bei dem Vorhaben, die Agenda zustande zu bringen, stellt man fest, daß in Portugal und Spanien gesagt wird, bei den Kohäsionsfonds dürfe sich nichts verändern. In Frankreich sagt man, eine Kofinanzierung in der Landwirtschaft dürfe es auf keinen Fall geben.

(Zuruf von der CDU/CSU: Seit Sie da sind!)

– Nicht erst, seit ich da bin. Das geht schon ein bisschen länger so; da können Sie ganz sicher sein. – Die Briten sagen, sie wollten den Beitrag, den sie erkämpft hätten – Sie kennen Frau Thatcher, Herr Dr. Kohl –, auf jeden Fall behalten. Alle anderen haben ähnliche *nationale Interessen*. Als ich Herrn Gerhardt hier gehört habe, hatte ich den Eindruck, er verstehe die *Interessen* aller anderen Staaten, nur die deutschen nicht. Aber das ist doch nicht unsere Aufgabe, meine Damen und Herren.

(Beifall bei der SPD und dem BÜNDNIS 90/ DIE GRÜNEN – Dr. Wolfgang Gerhardt [F.D.P.]: Nein, Herr Bundeskanzler!)

– Natürlich, so haben Sie doch geredet: Sie verstehen nur die *Interessen* der Deutschen nicht.

(Abg. Dr. Wolfgang Gerhardt [F.D.P.] meldet sich zu einer Zwischenfrage)

– Nein, ich habe jetzt wenig Zeit, weil der ägyptische Präsident gleich unser Gast ist. – Herr Gerhardt, nur die *deutschen Interessen* haben Sie nicht erwähnt.

(Dr. Wolfgang Gerhardt [F.D.P.]: Nein, das ist überhaupt nicht wahr!)

Dagegen halte ich es für richtig, den Partnern in Europa verständlich zu machen, daß auch die Deutschen ein Recht auf die Vertretung ihrer *Interessen* haben.

(Dr. Wolfgang Gerhardt [F.D.P.]: Dazu gehört aber ein bestimmter Ton!)

Inhalt meiner Politik ist es, klarzumachen, daß die Deutschen selbstbewußt ihre *Interessen* vertreten,

(Zuruf von der CDU/CSU: So wie der Herr Trittin!)

dabei aber immer wissen – vielleicht sogar mehr als andere; darüber will ich aber gar nicht richten –, daß in einem einheitlichen Europa die eigenen *Interessen* nur im Respekt vor den *Interessen* der anderen durchgesetzt werden können. Nur darum geht es."

xiv **Kinkel, Klaus (FDP): Vereinte Nationen 1996, S. 12:**

„Deutschland hat – unterstützt von vielen Mitgliedstaaten – sein *Interesse* an einer ständigen Mitgliedschaft im Sicherheitsrat bekundet. Die Bereitschaft zur Übernahme von mehr Verantwortung auch in diesem Rahmen ist für uns die logische und konsequente Fortführung unseres Engagements für die Vereinten Nationen. Diese Bereitschaft steht im Einklang mit der Grundmaxime unserer Außenpolitik: der multilateralen Zusammenarbeit Vorrang einzuräumen. Wir haben dieses Prinzip in den Dienst der europäischen Einigung gestellt. Wir glauben, daß wir damit auch eine nützliche Rolle im Sicherheitsrat spielen können."

Macht[1]

Macht – allen altgermanischen Sprachen angehöriges Substantiv zum Verb magan, gleichbedeutend mit „vermögen" bzw. „können".[2]

– macht ist zunächst körperliche kraft (...) (2) erweitert zu dem begriffe kraft, vermögen, mit einbezug des seelischen oder der hilfsmittel, über die man verfügt (...) (5) auch nichtpersönlichem wird macht beigelegt (...) (9) in der alten sprache hatte macht auch die bedeutung der fülle und menge entwickelt (...) (10) wol aber hat sie sich gehalten, wenn eine menge streitbarer personen, ein kriegsheer damit gemeint ist (...) (11) auf ihr steht die heutige bedeutung von macht für staat, sofern er sein ansehen kriegerisch geltend machen kann.[3]

Macht bezeichnet heute im **allgemeinen Sprachgebrauch** die Möglichkeit oder Fähigkeit, eine angestrebte Wirkung zu erzielen oder zumindest wahrscheinlicher zu machen. Unter *Macht* wird vor allem auch das Vermögen verstanden, seinen eigenen Willen durchzusetzen. Darüber hinaus ist der Begriff auch grundlegender Bezugspunkt politischer Theoriebildung und zentrale Analysekategorie in der Politikwissenschaft.

Unter **machttheoretischen Ansätzen** lassen sich mehrere Deutungsperspektiven ausmachen. Das wohl geläufigste Verständnis von *Macht* beruht auf einem handlungstheoretischen Fokus, der *Macht* in erster Linie als eine asymmetrische soziale Beziehung zwischen Herrschenden und Unterworfenen versteht. Diesem Verständnis entspricht die Definition von Max Weber, *Macht* sei „jede Chance, innerhalb einer sozialen Beziehung den eigenen Willen auch gegen Widerstreben

---

[1]   Diesen Beitrag hat Ursula Stark Urrestarazu maßgeblich verfasst. Beigetragen haben außerdem Sebastian Kessler und Christian Weber.

[2]   DUDEN: Herkunftswörterbuch. Etymologie der deutschen Sprache, Bd. 7, Mannheim/Leipzig/Wien/Zürich 2001.

[3]   Stichwort ‚Macht', in: Deutsches Wörterbuch von Jacob und Wilhelm Grimm [1885]: http://germazope.uni-trier.de/Projects/WBB/woerterbuecher/dwb/wbgui?lemmode =lemmasearch&mode=hierarchy&textsize=600&onlist=&word=macht&lemid=GM00017&qu ery_start=1&totalhits=0&textword=&locpattern=&textpattern=&lemmapattern=& verspattern=#GM00017L0 [12.12.2007].

durchzusetzen, gleichviel worauf diese Chance beruht".[4] In den Sozialwissenschaften gibt es eine Reihe weiterer Machtbegriffe,[i] die sich dem Phänomen auf unterschiedliche Art und Weise nähern. Diese spielen allerdings weder für die breite Öffentlichkeit noch in den Debatten des Deutschen Bundestags eine Rolle.

In den (I)nternationalen Beziehungen ist eine weitere spezifische Verwendung des Begriffs gängig. Die einflussreichsten Staaten werden als *Groß*- oder *Weltmacht* bezeichnet.[5] Generell wird dort das Konzept von *Macht* und ihrer Ausübung im politischen Kontext mit der Erschließung und Wahrung von Machtressourcen beziehungsweise der Durchsetzung von eigenen Interessen in Verbindung gebracht (→ Interesse). In der realistischen Theorieschule steht *Macht* im Zentrum der Betrachtung von Politik. Hans Morgenthau, ein klassischer Autor des Realismus, sieht im Kampf um *Macht*, oder genauer um die Machtverteilung, die grundlegende Antriebskraft der internationalen Politik. Ein gewisser Machttrieb liegt seiner Auffassung nach in der Natur des Menschen und bildet ein anthropologisches Faktum. Für neuere Vertreter des Realismus sind Nationalstaaten die wesentlichen Akteure, die in einem anarchischen internationalen System ihre Politik nach zweckrationalen Kriterien am eigenen nationalen Interesse ausrichten. In einem solchen System, in dem eine zentrale Autorität fehlt, sind Erhalt und Ausbau von Machtressourcen notwendig für das Überleben der Staaten.[6] Daher gebrauchen manche Realisten den Begriff mit einer positiven Konnotation, die allerdings Vertreter einer anderen, zum Beispiel einer liberalen Position, so nicht teilen würden.

Betrachtet man den **deutschen außenpolitischen Diskurs**, so ist eine überwiegend negative Konnotation, auch über die politischen Lager hinweg, zunächst unübersehbar. Vor dem Hintergrund der deutschen Geschichte ist der Begriff *Macht* vorbelastet. Er impliziert meistens ein rücksichtsloses Streben nach einseitigen Vorteilen unter Einsatz von Zwang beziehungsweise Gewalt. Durch diese negative Besetzung wird im Diskurs oft auf weniger belastete Begriffe wie Einfluss oder Gewicht ausgewichen. So wird zum Beispiel das eigene Machtpotential meist als wirtschaftliches oder politisches Gewicht bezeichnet. Das hängt damit zusammen, dass der politische Diskurs bis heute von den Verbrechen in der Nazi-Zeit geprägt ist. Deutsche Politiker vermeiden das damalige Vokabular, weil sie auf keinen Fall mit der dahinter stehenden Ideologie in Verbindung gebracht werden wollen. Wenn Politiker den Begriff dann doch einmal gebrauchen, präzi-

---

[4]   Weber 2005, S. 38.
[5]   Schmidt 2004, S. 424f.
[6]   Vgl. Rieger / Schultze 2002.

sieren sie normalerweise seine Bedeutung. Die geläufigsten Beispiele dafür sind *Machtpolitik, Großmacht, Mittelmacht* und *Zivilmacht*.

Machtpolitik wird allgemein als eine Politik verstanden, die primär auf die Wahrung von so genannten ‚nationalen Interessen', und auf die Erweiterung eigener Ressourcen ausgerichtet ist – wenn nötig auch unter Verletzung ethischer Schranken (→ Interesse). Ziel ist der Gewinn und Erhalt von Machtressourcen oder Einflussnahme auf die Machtverteilung. Im Bundestag wird *Machtpolitik* nahezu einhellig als Inbegriff egoistischer und verantwortungsloser Politik verschmäht. Kurz nach der deutschen Einheit soll eine „Absage an die Machtpolitik"[7] [ii] die Sorgen der Nachbarn und Partner vor einem potentiell übermächtigen Deutschland zerstreuen. Außenminister Genscher verspricht ihnen, dass die „neu gewonnene Handlungsfreiheit des vereinten Deutschlands [...] ganz gewiss nicht zu neuer Machtpolitik genutzt" werde. Vielmehr wolle die Bundesregierung das gesamtdeutsche „Gewicht für ein größeres europäisches Engagement"[8] [iii] einsetzen. *Machtpolitik* ist somit für ihn ein überkommenes Konzept, dem er eine „Politik der Verantwortung" entgegensetzt (→ Verantwortung). Da der Verfassungsauftrag aus der Präambel des Grundgesetzes deutsche Außenpolitik dazu verpflichte, „als gleichberechtigtes Glied in einem vereinten Europa [...] dem Frieden in der Welt"[9] [ii] zu dienen, könne *Machtpolitik* nur unverantwortlich erscheinen. Auch überparteilich herrscht Konsens darüber, dass diese Ablehnung von *Machtpolitik* eine wesentliche Leitlinie deutscher Außenpolitik bilden soll. Im Diskurs wird *Machtpolitik* vielfach als Vorwurf einseitiger, einflussmaximierender Politik verwendet, so zum Beispiel in der Debatte um *out of area*-Einsätze der Bundeswehr Mitte der neunziger Jahre. Stimmen aus dem linken Lager kritisieren dabei eine Tendenz hin zu westlichem Vormachtsbestreben. Besonders die PDS prangert an, dass Deutschland dazu übergegangen sei, seine Interessen in der Welt nunmehr auch militärisch durchzusetzen und nun eine „militärisch abgesicherte Großmachtpolitik"[10] [iv] betreibe.

Im Kontext des Ost-West-Konflikts bezieht sich das Konzept von *Macht* stark auf die Machtstruktur des Kalten Krieges mit den beiden **Großmächten** als den dominierenden Polen in der internationalen Kräftekonstellation. Europa spielt darin nicht mehr die Hauptrolle. Dort gebe es seit dem Zweiten Weltkrieg „keine Großmächte mehr". Tonangebend in der internationalen Politik seien inzwischen

---

[7]   Genscher, Hans-Dietrich (FDP): Vereinte Nationen 6/1990, S. 211-214.
[8]   Genscher, Hans-Dietrich (FDP): Plenarprotokolle, 12/14, 13.3.1991, S. 793.
[9]   Genscher, Hans-Dietrich (FDP): Vereinte Nationen 6/1990, S. 211-214.
[10] von Einsiedel, Heinrich Graf (PDS): Plenarprotokolle, 13/31, 30.3.1995, S. 2391.

vielmehr die „zwei Weltmächte, die Sowjetunion und die USA"[11] [v], in deren Bündnissysteme sich die europäischen Staaten eingliedern müssten. Die Ausübung von *Macht* impliziert zu diesem Zeitpunkt prinzipiell die Möglichkeit einer nuklearen Auseinandersetzung, gleichbedeutend mit globaler Zerstörung. Die Bundesrepublik in ihrer besonders gefährdeten Lage am Rande des westlichen Bündnisses ist dabei in hohem Maße auf die *Groß-* beziehungsweise *Weltmacht* USA angewiesen, die – zumindest aus konservativer Sicht – positiv als Schutzgarant deutscher Sicherheit angesehen wird.

Die Stellung der Bundesrepublik wird in diesem Zusammenhang häufig mit dem Begriff **Mittelmacht** charakterisiert. Dieser repräsentiert die Einschätzung der eigenen Rolle auf dem ‚internationalen Parkett'. Er steht in direkter Verbindung mit dem Konzept *Großmacht*, da mit ihm eine bestimmte Rangfolge der Mächte vorgenommen wird. Im Vergleich zum Machtpotential der beiden *Weltmächte* stehe Deutschland relativ schwach da und könne sich im Kalten Krieg als *Mittelmacht* nicht allein behaupten. Zu dem bloßen Größenunterschied kommt verschärfend noch die atomare Bedrohung durch die Sowjetunion hinzu. Deshalb brauche die Bundesrepublik als „Mittelmacht ohne atomare Bewaffnung", eine „intakte Allianz mit den westeuropäischen Demokratien und den nordamerikanischen Demokratien einschließlich der Weltmacht USA, wenn wir die geographische Nähe der Sowjetunion hier bei uns aushalten wollen."[12] [v] Deutschland wird also anhand des Ranges der anderen Mächte in ein ‚Mittelfeld' eingeordnet. Wenn auch der Rang einer *Großmacht* nicht erreichbar scheint, wird Deutschland immerhin für wichtig genug gehalten, um als *Mittelmacht* gelten zu können. Deutschlands „ökonomisches und politisches Gewicht und unsere Lage im Herzen Europas"[13] [vi] werden als Kriterien für die eigene *Macht* angeführt (→ Deutschland → Europa). Sie gelten darüber hinaus als Gründe für eine besondere Verantwortung für die Entwicklung des Kontinents (→ Verantwortung).

Auch das Konzept der **Zivilmacht** verkörpert die Suche nach einer bestimmten ‚Identität der *Macht*'. Es taucht nach der deutschen Vereinigung verstärkt auf und spielt besonders in der Debatte um militärische Interventionen eine Rolle. Vor allem die Grünen benutzen es in Abgrenzung zum Konzept der *Großmacht*, mit dem sie die Ausübung militärischer Stärke assoziieren. Einer möglichen ‚Militarisierung' deutscher Außenpolitik soll durch ein klares Bekenntnis zu militärischer Deeskalation, Abrüstung und Stärkung kooperativer Sicherheitsstrukturen entgegengetreten werden. Diese ‚zivile' Politik soll nach Meinung der Grünen

---

[11]   Dregger, Alfred (CDU): Plenarprotokolle, 10/249, 26.11.1986, S. 19330.

[12]   Dregger, Alfred (CDU): Plenarprotokolle, 10/249, 26.11.1986, S. 19330.

[13]   Genscher, Hans-Dietrich (FDP): Plenarprotokolle, 11/226, 20.9.1990, S. 17805.

dafür sorgen, dass „die Zivilmacht Europa zugleich Vorreiter für Rüstungskontrolle und Abrüstung [wird] und vorrangig ihre Fähigkeiten zur nichtmilitärischen Krisenbewältigung ausbauen"[14] [vii] könne (→ Zivilität).

Abschließend ist festzuhalten, dass der Begriff *Macht* in Deutschland umstritten ist. Er steht in der Regel nicht allein, sondern taucht in der Form von Komposita auf. Dabei geht es einerseits um Typen von *Macht*, von denen man sich abgrenzen will und andererseits um Formen von *Macht*, die man positiv darstellt und für sich beansprucht. Als Lehre aus seiner Geschichte gilt für Deutschland jegliche Form von *Machtpolitik*, die das „Ansehen" des eigenen Staates „kriegerisch geltend machen" will (Grimm), als völlig ausgeschlossen. Vor allem Grüne, PDS und Teile der SPD beschwören das Modell einer *Zivilmacht* Europa, um die sich deutsche Außenpolitik verdient machen solle. Auch von anderer Seite wird die Bundesrepublik als eine dem Frieden verpflichtete *Mittelmacht* dargestellt, die ihre Handlungsmöglichkeiten verantwortungsvoll einsetzen solle. Es sind besonders die Sozialdemokraten, die mit diesem Anspruch an die deutsche Außenpolitik herantreten und behaupten, dass er nur verwirklicht werde, wenn sie in der Regierung sind. Nach Gerhard Schröders Ablehnung des Irak-Kriegs entdeckte die SPD das Schlagwort ‚*Friedensmacht*'[15] für sich. Sie behauptete auf Plakaten im Wahlkampf 2002 die Partei zu sein, die dafür gesorgt hat, dass Deutschland heute eine *Friedensmacht* sei. Als die Regierung sich drei Jahre später wieder zur Wahl stellte, versuchte Schröder auf den Erfolg des letzten Wahlkampfes zurückzugreifen. Dabei variierte er die ursprüngliche Formulierung und betonte an prominenter Stelle, dass die Bundesregierung unter seiner Führung Deutschland als „als eine mittlere Macht des Friedens neu positioniert"[16] [viii] habe. Allerdings steht die nach den Terroranschlägen vom 11. September 2001 von ihm proklamierte „uneingeschränkte Solidarität" mit den USA und Großbritannien, die – wie er wiederholt betonte, eine deutsche „Beteiligung an militärischen Operationen"[17] [ix] ausdrücklich einschließe – zumindest in einer gewissen Spannung zu den späteren *Friedensmacht*-Ansprüchen.

---

[14]   Wahlprogramm Grüne 2002, S. 85.

[15]   Dieser Begriff wurde zu Beginn der 1990er Jahre unter anderem von Alfred Mechtersheimer populär gemacht: Mechtersheimer, Alfred: Friedensmacht Deutschland - Plädoyer für einen neuen Patriotismus, Frankfurt a.M., Berlin 1993.

[16]   Schröder, Gerhard (SPD): Rede auf dem SPD-Bundesparteitag am 14.11.2005 in Karlsruhe.

[17]   Schröder, Gerhard (SPD): Regierungserklärung des Bundeskanzlers Gerhard Schröder zur aktuellen Lage nach Beginn der Operation gegen den internationalen Terrorismus in Afghanistan vom 11.10.2001.

Endnoten

[i] Hier ist zum Beispiel die funktionell-strategische Perspektive zu nennen, die die strukturelle Komponente von *Macht* betont. So ist sie für Michel Foucault etwa in dynamische und bewegliche Netzwerke eingebettet. Diese ,Dispositive' der *Macht*, die diskursiv (re)produziert werden, durchdringen die Existenz der Menschen und bestimmen ihre Identität. Somit lässt sich *Macht* nicht ausschließlich auf einen unterdrückenden Akteur reduzieren, sie ruht vielmehr im Diskurs selbst. Auch Niklas Luhmann benutzt einen funktionell-strategischen *Machtbegriff*, wenn er *Macht* als ,symbolisch generalisiertes Medium' versteht, „das Kommunikationsprozesse und deren Selektionsleistungen mit dem Effekt steuert, ,die Wahrscheinlichkeit des Zustandekommens unwahrscheinlicher Selektionszusammenhänge zu steigern.'" (siehe: Weiß 2002, S. 486-487.)

[ii] **Genscher, Hans-Dietrich (FDP): Vereinte Nationen 6/1990, S. 211-214:**

„Als gleichberechtigtes Glied in einem vereinten Europa wollen wir dem Frieden der Welt dienen. Diese Verpflichtung aus der Präambel unseres Grundgesetzes bestimmt unsere Politik. Sie ist die Absage an *Machtpolitik*, sie bedeutet Politik der Verantwortung."[ii]

[iii] **Genscher, Hans-Dietrich (FDP): Plenarprotokolle, 12/14, 13.3.1991, S. 793:**

„Die neu gewonnene Handlungsfreiheit des vereinten Deutschlands wird ganz gewiß nicht zu neuer *Machtpolitik* genutzt werden. Es wird auch nicht zu einer Renationalisierung der deutschen Außenpolitik kommen. Nein, wir setzen unser Gewicht für ein größeres europäisches Engagement in der EG und für das ganze Europa ein. Wir appellieren an die Völker Europas, dieses europäische Angebot der Deutschen anzunehmen."

[iv] **von Einsiedel, Heinrich (PDS): Plenarprotokolle, 13/31, 30.3.1995, S. 2391:**

„Die Außen- und Sicherheitspolitik dieser Regierung ist nicht konzeptionslos, wie Herr Scharping gesagt hat. Sie läßt einen klaren Trend zu militärisch abgesicherter *Großmachtpolitik* erkennen. Sie läßt erkennen, daß die herrschenden Kreise dieses Land nicht für saturiert halten, was Bismarck einmal vom Deutschen Reich angenommen hatte. Vielmehr streben sie wieder eine *Weltmachtposition* an, eine Neuordnung mindestens Europas unter deutscher Führung. Diesen Kurs werden wir mit all unseren Kräften bekämpfen und anprangern; denn es ist, wie schon zweimal zuvor, ein Kurs in die Katastrophe."

[v] **Dregger, Alfred (CDU): Plenarprotokolle, 10/249, 26.11.1986, S. 19330:**

„Und schließlich fünftens: die Wahrung des äußeren Friedens. Der letzte Krieg hat die Lage in Europa grundlegend verändert. In Europa gibt es keine Großmächte mehr. Es gibt nur noch zwei Weltmächte, die Sowjetunion und die USA, Wir, die Bundesrepublik Deutschland, eine *Mittelmacht* ohne atomare Bewaffnung, brauchen eine intakte Allianz mit den westeuropäischen Demokratien und den nordamerikanischen Demokratien einschließlich der *Weltmacht* USA, wenn wir die geographische Nähe der Sowjetunion hier bei uns aushalten wollen."

[vi] **Genscher, Hans-Dietrich (FDP): Plenarprotokolle, 11/226, 20.9.1990, S. 17805:**

„Unser Beitrag für das eine Europa ist eine Investition auch in unsere europäische Zukunft. Tragfähige politische, ökonomische, soziale und ökologische Rahmenbedingungen für die Veränderungsprozesse in den Staaten Mittel- und Osteuropas sind die große Aufgabe einer europäischen Stabilitätspolitik, in der die militärischen Faktoren eine immer geringere Rolle spielen, Unser ökonomisches und politisches Gewicht und unsere Lage im Herzen Europas weisen uns hier eine besondere Verantwortung zu. Dabei ist uns stets bewußt, daß die Sowjetunion zu Europa gehört und daß ohne sie das eine Europa nicht entstehen kann."

[vii] **Wahlprogramm Grüne 2002, S. 85:**

„Der Ausbau der europäischen Außen-, Sicherheits- und Verteidigungspolitik ist notwendig, um die Rolle der Europäischen Union bei der Förderung gemeinsamer Sicherheit und gerechten Friedens in der Welt zu stärken. Angesichts neuer Aufrüstungsschübe muss die *Zivilmacht* Europa zugleich Vorreiter für Rüstungskontrolle und Abrüstung werden und vorrangig ihre Fähigkeiten zur nichtmilitärischen Krisenbewältigung ausbauen. Wir setzen auf eine Priorität ziviler Konfliktbearbeitungsinstrumente. Im Sinne der besseren demokratischen Kontrolle und Handlungsfähigkeit ist eine stärkere Rolle des Europäischen Parlaments und der Kommission in allen Bereichen der Außen- und Sicherheitspolitik erforderlich."

[viii] **Schröder, Gerhard (SPD): Rede auf dem SPD-Bundesparteitag am 14.11.2005 in Karlsruhe:**

„Sie SPD ist die einzige Partei - das sollten wir immer wieder deutlich machen -, die einen Ausgleich schaffen kann zwischen ökonomischer Effizienz und dem sozialen Zusammenhalt in unserer Gesellschaft. Das muss so bleiben. Die SPD ist - wir wissen es, wir beweisen es - die Partei des Friedens. Wir haben mit unserer Außenpolitik unser Land als eine *mittlere Macht des Friedens* neu positioniert, selbstbewusst, aber niemals überheblich, bereit zur Verantwortung, auch wenn es schwierig wird, aber immer dem Frieden verpflichtet. Die SPD ist die Partei der Toleranz und des Rechtsstaates. Wir haben in den sieben Jahren unserer Regierung Deutschland moderner, weltoffener und, liebe Freundinnen und Freunde, auch demokratischer gemacht."

[ix] **Schröder, Gerhard (SPD): Regierungserklärung des Bundeskanzlers zur aktuellen Lage nach Beginn der Operation gegen den internationalen Terrorismus in Afghanistan vom 11.10.2001:**

„Gerade wir Deutschen, die wir durch die Hilfe und Solidarität unserer amerikanischen und europäischen Freunde und Partner die Folgen zweier Weltkriege überwinden konnten, um zu Freiheit und Selbstbestimmung zu finden, haben nun auch eine Verpflichtung, unserer neuen Verantwortung umfassend gerecht zu werden. Das schließt - und das sage ich ganz unmissverständlich - auch die Beteiligung an militärischen Operationen zur Verteidigung von Freiheit und Menschenrechten, zur Herstellung von Stabilität und Sicherheit ausdrücklich ein.
Bei den gezielten Militärschlägen, die im Augenblick von den Vereinigten Staaten und Großbritannien durchgeführt werden, haben unsere amerikanischen und britischen Freunde deshalb nicht nur unsere uneingeschränkte Solidarität verdient. Diese Militärschläge stehen - das kann gar nicht oft genug betont werden - völlig im Einklang mit der Beschlussfassung des Weltsicherheitsrates über die Anwendung legitimer Selbstverteidigung, also mit den Resolutionen 1369 und 1373."

Multilateralismus[1]

Multilateral – mehrseitig, von mehreren Seiten ausgehend, mehrere Seiten betreffend.[2]

Multilateralismus ist ein Begriff aus der Fachsprache der Politikwissenschaft. **In der Alltagssprache** wird er fast überhaupt nicht verwendet.[3] Da er allerdings im Fachdiskurs der Internationalen Beziehungen in den vergangenen Jahrzehnten aufgrund der zunehmenden Verflechtung und Kooperationsnotwendigkeiten der internationalen Politik zu einem zentralen Begriff avancierte, hat er auch verstärkt Eingang in die Sprache von Außenpolitikern und Medienvertretern gefunden.

In der **Fachsprache der Politikwissenschaft** kann *Multilateralismus* zunächst rein quantitativ als Interaktion zwischen drei oder mehr Staaten verstanden werden. In einem qualitativen Verständnis des Begriffs bedeutet *Multilateralismus* darüber hinaus die Bereitschaft von Staaten, sich mit anderen Staaten in einer nicht-diskriminierenden Art und Weise zu koordinieren und dabei gemeinsam vereinbarte Normen und Verhaltensstandards zu beachten.[4] Im Unterschied zu unilateralem oder bilateralem Handeln, bei dem der Einfluss des stärkeren Kooperationspartners deutlicher und direkter ist, impliziert ein *multilaterales* Vorgehen die Bereitschaft, nationale Interessen zugunsten der Auslotung gemeinsamer Interessen zurückzustellen (→ Interesse). Denn *multilaterales* Handeln vollzieht sich immer in institutionellen Arrangements, wie internationalen Vertragswerken, Organisationen oder ad-hoc-Gruppen. *Multilaterale* Außenpolitik ist somit eine vergleichsweise neue Form außenpolitischen Handelns, die sich erst im 20. Jahrhundert im Zuge der Institutionalisierung zwischenstaatlicher Kooperation etabliert hat.

---

[1] Diesen Beitrag hat maßgeblich Christian Weber verfasst. Beigetragen haben außerdem Kristin Bode und Sandra Michels González.

[2] Das große Fremdwörterbuch, Mannheim, 2000.

[3] Häufigkeitsklasse: 17 (d.h. „der" ist ca. 2^17 mal häufiger als das gesuchte Wort), Vgl.: http://wortschatz.uni-leipzig.de/; 2.12.2005; 12:30.

[4] Baumann 2006, S. 21-23.

Im deutschen außenpolitischen Diskurs nimmt der Begriff des *Multilatera-lismus* in der Anfangsphase des Untersuchungszeitraums keine zentrale Stellung ein, obwohl er schon zu Zeiten der 'Bonner Republik' häufig im Fachdiskurs zur Charakterisierung deutscher Außenpolitik verwendet wurde. Das mag daran liegen, dass die positive Rolle *multilateraler* Organisationen und Deutschlands Mitarbeit in ihnen unumstritten waren und deshalb keine grundsätzlichen oder gar kontroversen Debatten aufkamen. Vielmehr sind sich Politiker aller Parteien einig, dass sich Deutschland „in wohlgezielten Aktionen bilateral und multilate-ral für die Linderung menschlicher Not einsetzen"[5] [i] und die durch die deutsche Einigung „vermehrten Aufgaben" im „zusammenwachsenden Europa und weltweit in bilateraler und multilateraler Form"[6] [ii] übernehmen müsse. Neben derartigen deklaratorischen Aussagen findet sich vereinzelt auch das Bekenntnis, dass das „Prinzip der multilateralen Einbettung" neben der europäischen Eini-gung und dem transatlantischen Bündnis „auch weiterhin zu den berechenbaren Konstanten deutscher Außenpolitik"[7] [iii] gehöre.

Im Feld der **Entwicklungspolitik** wird *multilaterale Zusammenarbeit* als tech-nischer Terminus verwendet, mit dem die Finanzierung von Projekten über in-ternationale Organisationen bezeichnet wird. Während bilaterale und *multilaterale* Strategien in allgemeinen außenpolitischen Fragen als einander ergänzende Ko-operationsformen betrachtet werden, entspinnt sich in den 1990er Jahren eine anhaltende Kontroverse darüber, ob bei der Entwicklungshilfe entweder eine *multilaterale* oder eine bilaterale Zuteilung von Geldern effizienter sei. Es sind vor allem Vertreter der Unionsparteien, bei denen die „multilateralen Entwicklungs-organisationen" als Institutionen gesehen werden, die „nicht gerade durch Koor-dinationsbereitschaft und Effizienz glänzen".[8] [iv] In einem konkreten Beispiel wird die nachweisbare „Verschwendungssucht und Misswirtschaft beim europäischen Entwicklungsfonds" kritisiert und deshalb eine „Rückführung der multilateralen Hilfe zur bilateralen Hilfe"[9] [v] eingefordert – wohl nicht zuletzt deshalb, weil der Einfluss des stärkeren Partners bei der geforderten Bilateralisierung besser durchgesetzt werden kann. Der SPD-Abgeordnete Igomar Hauchler warnt die christlich-liberale Regierung vor einer solchen Bilateralisierung, die er mit einer „Renationalisierung der Entwicklungspolitik" gleichsetzt: Die Regierung ziehe sich „aus multilateralen Engagements Zug um Zug zurück" und kürze somit

---

5   Rose, Klaus (CSU): Plenarprotokolle 12/27, 5.6.1991, S. 1997-1999.
6   Modrow, Hans (PDS): Plenarprotokolle 12/27, 5.6.1991, S. 2002.
7   Voigt, Karsten (SPD): Plenarprotokolle 13/31, 30.3.1995, S. 2407.
8   Ruck, Christian (CSU): Plenarprotokolle 15/4, 29.10.2002, S. 122- 123.
9   von Schmude, Michael (CDU): Plenarprotokolle 13/31, 30.3.1995, S. 2425.

gerade den ärmsten Staaten die Entwicklungsgelder. Man müsse „unserer deutschen Verantwortung wirklich besser gerecht werden".[10] [vi] Politiker der Grünen gestehen zwar zu, dass man über die „Praxis der multilateralen Entwicklungsagenturen" und deren „teilweise skandalösen Fehlentwicklungen"[11] [vii] diskutieren müsse. Ähnlich wie Hauchler kritisieren sie aber, dass sich die Bundesregierung „mehr aus Knauserigkeit als aus politischen Gründen" aus „unserer europäischen Verantwortung in der multilateralen Zusammenarbeit verabschiedet"[12] [viii] habe. Der Verweis auf die deutsche oder europäische ‚Verantwortung' ist auch in diesem Zusammenhang nicht frei von Kalkulationen über den Einfluss der Bundesrepublik in internationalen Organisationen (→ Verantwortung). Denn – so fragt Antje Hermenau, nachdem sie ihre Kritik an den Kürzungen im *multilateralen* Bereich vorgebracht hat – „wie wollen wir an der Gestaltung der Debatten teilnehmen, wenn wir uns weigern, unsere Pflichtbeiträge zu zahlen"?[13]

Im Bereich der **Sicherheitspolitik** wird *multilaterale* Politik zu Zeiten des Kalten Krieges weitgehend mit Entspannungspolitik gleichgesetzt. Im Rahmen eines „multilateralen Entspannungsprozesses" und „gemeinsamer multilateraler Abkommen"[14] soll der Ost-West-Gegensatz auf friedliche und kooperative Weise entschärft werden. Nach dem Ende des Kalten Krieges wird der *Multilateralismus* dann als Handlungsmaxime für den Umgang mit sicherheitspolitischen Herausforderungen eingefordert. Die Lösung globaler Aufgaben – so Bundesaußenminister Fischer im Jahr 2002 – könne „nur im Multilateralismus, das heißt in der Zusammenarbeit der Nationen liegen." Denn der Terrorismus mache an Grenzen nicht halt und „die Gestaltung der Globalisierung ist eine Aufgabe, die einzelne Regierungen allein nicht mehr bewältigen können".[15] [ix] Die rot-grüne Bundesregierung verbindet mit einer *multilateralen* Politik auch die Pflicht Deutschlands, sich an der Lösung globaler Probleme zu beteiligen und neuen Handlungsanforderungen gerecht zu werden. Der Anspruch einer „konsequenten Politik des Interessenausgleichs und der Multilateralismus" bedeutet für Peter Struck, dass Deutschland „gefordert" sei, „wenn sich die NATO, die Europäische Union und die Vereinten Nationen zur Abwehr von Gefahren und zu Sicherung des Friedens" engagierten. Als Begründung führt er die veränderte Rolle der Bundesrepublik und die ‚gewachsene Verantwortung' ins Feld: „Unsere Geschichte be-

---

[10]   Hauchler, Ingomar (SPD): Plenarprotokolle 13/31, 30.3.1995, S. 2431.

[11]   Schmitt, Wolfgang (GRÜNE): Plenarprotokolle 13/31, 30.3.1995, S. 2426.

[12]   Hermenau, Antje (GRÜNE): Plenarprotokolle 14/21, 24.2.1999, S. 1595.

[13]   Hermenau, Antje (GRÜNE): Plenarprotokolle 14/21, 24.2.1999, S. 1595.

[14]   Genscher, Hans-Dietrich (FDP): Vereinte Nationen 6/1986, S. 210-213.

[15]   Fischer, Joschka (GRÜNE): Vereinte Nationen 5/2002, S. 183.

gründet für das wiedervereinigte Deutschland geradezu eine Verpflichtung – zur Solidarität, zur Wahrnehmung von Verantwortung und zur Unterstützung derer, die auf uns bauen". Man stehe „nicht mehr unter Hinweis auf unsere Geschichte abseits, wenn unsere Sicherheitsinteressen betroffen sind und wenn andere auf unseren Beitrag setzen".[16] [x] (→ Deutschland → Verantwortung).

Multilateralismus wird aber nicht nur als Rahmen eines stärkeren deutschen Engagements vorgebracht, sondern vereinzelt – in Abgrenzung von den USA – als deutsches und europäisches **Ordnungsmodell für die Weltpolitik** dargestellt. Während die USA vor allem seit dem Regierungsantritt George W. Bushs mit Unilateralismus assoziiert werden, bleibt das positive Selbstbild Deutschlands als Verfechter des *Multilateralismus* bestehen. Mitten im deutsch-amerikanischen Streit über den Irak-Konflikt betont Ludger Vollmer, dass Europa den Status eines „Vasallen" oder eines „Weisungsempfängers" der Vereinigten Staaten nicht akzeptiere und dass man sich als „Partner", darüber verständigen müsse, „wie denn die neue Weltordnung aussehen soll, ob sie – das ist der europäische Vorschlag und das entspricht auch den Grundlinien rot-grüner Außenpolitik – auf Multilateralismus setzen soll, hauptsächlich organisiert durch die Vereinten Nationen und die anderen Regionalorganisationen […] oder ob sie bestehen soll aus der Hegemonie der verbleibenden Supermacht".[17] [xi] In diesen Ausführungen ist das Unbehagen an der Aufkündigung wichtiger internationaler Abkommen und an der Geringschätzung der Vereinten Nationen durch die US-Administration klar erkennbar. Einer solchen amerikanischen ‚Hegemonie' wird als Alternativmodell eine globale Ordnung entgegengestellt, die durch eine „Einbindung aller Mächte in verbindliche handelnde multilaterale Institutionen"[18] [xii] gekennzeichnet sei. Dieses Verständnis von *Multilateralismus* scheint vor allem auf eine Einhegung amerikanischer Dominanz und der Sicherung des deutschen und europäischen Einflusses bei internationalen Entscheidungen ausgerichtet zu sein (→ Gleichberechtigung).

Zusammenfassend kann man sagen, dass der Begriff *Multilateralismus*, selbst wenn er für die politikwissenschaftliche Charakterisierung deutscher Außenpolitik von herausgehobener Bedeutung ist, im außenpolitischen Diskurs weniger prominent ist. In der Entwicklungspolitik wird mit ihm als technischer Terminus eine international koordinierte Form der Projektfinanzierung bezeichnet. Ihre Effizienz wird durchaus ambivalent beurteilt. Das Festhalten an dieser *multilateralen* Entwicklungszusammenarbeit wird vor allem mit der deutschen

---

[16]   Struck, Peter (SPD): Plenarprotokolle 14/250, 25.7.2002, S. 25395.
[17]   Volmer, Ludger (GRÜNE): Plenarprotokolle 15/13, 4.12.2002, S. 936.
[18]   Wieczorek-Zeul, Heidemarie (SPD): Plenarprotokolle 15/13, 4.12.2002, S. 966.

‚Verantwortung' begründet, der man gerecht werden müsse und mit Verweis auf Mitspracherechte in internationalen Organisationen, die man nicht aufs Spiel setzen dürfe. Im Bereich der Sicherheitspolitik ist der Begriff dagegen stärker mit normativer Bedeutung aufgeladen. *Multilateralismus* wird hier deklaratorisch als Weltordnungsmechanismus propagiert, mit dem globale Herausforderungen kooperativ und regelgebunden gelöst werden können. Diese Vorstellung beruht nicht zuletzt auf der Ablehnung amerikanischer Alleingänge und wird mit dem Wunsch verbunden, internationale Entscheidungen mit beeinflussen zu können. Bezogen auf die deutsche Außenpolitik haben Multilateralismus-Appelle manchmal auch die Funktion, eigenen Versuchungen zur ‚Renationalisierung' deutscher Außenpolitik zu widerstehen. Dass eine solche Gefahr real besteht, wird allerdings nur selten gesehen.

Endnoten

[i] **Rose, Klaus (CSU): Plenarprotokolle 12/27, 5.6.1991, S. 1997-1999:**

„Wir sind dabei, eine allgemeine außenpolitische Standortbestimmung vorzunehmen. Ich muß für meine Partei und meine Fraktion festhalten, daß es Hauptaufgabe unserer Außenpolitik ist, zusammen mit unseren Partnern und Freunden deutsche Interessen auf der internationalen Ebene wirksam zur Geltung zu bringen, Wir leben in einem Land mitten in Europa, mit entsprechender geostrategischer Bedeutung. Unsere Wirtschaft ist in hohem Maß von Rohstoff-Importen abhängig.
Auf der anderen Seite hat sich Deutschland zu einem der wichtigsten exportierenden Staaten entwickelt. Wir sind in geradezu existentieller Weise auf eine Öffnung der Weltmärkte angewiesen. Ohne die Bereitschaft der meisten Länder in der Welt, ihre Märkte für deutsche Erzeugnisse zu eröffnen, gäbe es bei uns weder wirtschaftliches Wohlergehen noch sichere Arbeitsplätze.
Uns muß daher daran liegen, möglichst gute Beziehungen zu möglichst vielen Staaten in der Welt zu unterhalten.
(Beifall bei Abgeordneten der FDP)
Das ist mit Hilfe eines weitverzweigten diplomatischen Netzes, aber auch durch die Unterstützung der deutschen Industrie und der deutschen Wirtschaft, z, B. durch die Außenhandelskammern, und selbstverständlich auch durch kulturelle Einflüsse besonders gelungen
(Ernst Waltemathe [SPD]: Besonders wenn man Sprachenzulage bekommt!)

Es führt für uns Deutsche daher kein Weg daran vorbei, Beziehungen möglichst weltweit zu pflegen. Das wird in *multinationalen Organisationen* der Fall sein. Es werden aber auch unmittelbare *bilaterale Beziehungen* gepflegt.

Ein Teil des Geheimnisses des Aufschwungs der deutschen Wirtschaft und des deutschen Außengleichgewichts liegt jedoch darin, daß wir in eine feste Bündnisgemeinschaft verankert wurden. Deshalb muß Hauptziel der Deutschen sein, in dieser Bündnisgemeinschaft zu bleiben, aber möglichst vielen anderen, besonders in der Bündnisgemeinschaft der Europäischen Gemeinschaft, die Tür zu dieser Gemeinschaft zu öffnen.

Öffnung — das ist überhaupt das wichtigste Wort unserer neuen Außenpolitik.

(Karsten D. Voigt [Frankfurt] [SPD]: Ganz neu!)

Die Deutschen öffnen sich gegenüber dem Osten und dem Südosten Europas. Sie öffnen sich — Gott sei Dank — wieder, weil es möglich ist. Sie sehen dort ihre traditionellen Märkte, ihre traditionellen Kulturbeziehungen. Dafür ist natürlich noch unendlich viel zu tun, und es lohnt sich, viel dafür zu tun. […]

Der Haushalt 1991 ist im Etat des Auswärtigen Amts besonders von humanitären Aufgaben geprägt.

Die Deutschen insgesamt, zahlreiche Organisationen wie das Deutsche Rote Kreuz, aber auch andere private Spenderverbände, leisten Jahr für Jahr unschätzbare wertvolle Hilfe für Problemregionen der Welt. Allen diesen Organisationen kann man gar nicht dankbar genug sein.

Trotzdem ist auch der Staat gefragt, der sich in wohlgezielten Aktionen *bilateral und multilateral* für die Linderung menschlicher Not einsetzen muß."

[ii] **Modrow, Hans (PDS): Plenarprotokolle 12/27, 5.6.1991, S. 2002:**

„Im besonderen Maße zu begrüßen ist es, daß im nun zu verabschiedenden Haushalt eine zusätzliche Stellenausstattung für das Auswärtige Amt beschlossen worden ist, die es in die Lage versetzt, die vermehrten Aufgaben auf Grund der deutschen Vereinigung im zusammenwachsenden Europa und weltweit in *bilateraler und multilateraler Form* zu übernehmen.

Ich freue mich, in diesem Zusammenhang auch feststellen zu können, daß bei der Auswahl der Anwärter für den auswärtigen Dienst durchweg Bewerber aus den neuen Bundesländern proportional zum Zuge kommen."

[iii] **Voigt, Karsten (SPD): Plenarprotokolle 13/31, 30.3.1995, S. 2407:**

„Wir müssen lernen, daß mit dem Fall der Mauer eine tiefgreifende außen- und sicherheitspolitische Wende eingetreten ist. Wenn Leute in der Außenpolitik in irgendeinem Argument zu mir sagen, sie hätten das bereits vor zehn Jahren gesagt, weiß ich in 90 % der Fälle schon, daß ihre Antwort falsch ist. Denn wer das gleiche wie vor zehn Jahren sagt, hat die Veränderungen, die inzwischen in der Welt und besonders im Umfeld von Deutschland passiert sind, nicht verarbeitet.

Natürlich müssen die europäische Einigung, das transatlantische Bündnis und das *Prinzip der multilateralen Einbettung* auch weiterhin zu den berechenbaren Konstanten deutscher Außenpolitik gehören. Aber ansonsten haben sich die Probleme und Problemlösungen in zahlreichen Punkten grundlegend verändert.

Ich will Beispiele nennen. Wir fürchten nicht mehr den Angriff mit nuklearen, chemischen oder konventionellen Waffen, sondern unsere Furcht besteht primär vor der weltweiten Proliferation dieser Waffensysteme. Wir fürchten nicht mehr die sowjetische Aufrüstung, ich wenigstens nicht mehr, sondern, daß die Nachfolgestaaten der Sowjetunion, die ökonomisch und sozial so schwach sind, die Probleme der Abrüstung nicht bewältigen können."

[iv] **Ruck, Christian (CSU): Plenarprotokolle 15/4, 29.10.2002, S. 122- 123:**

„Frau Ministerin, Ihr Optimismus in allen Ehren, aber in Wahrheit ist aus dem Aufwärtstrend zum Beispiel im Haushalt des BMZ nichts geworden. Im Gegenteil: Im Jahr 2002 steht Ihr Haushalt wesentlich ärmer da als 1998. Daran wird sich auch im nächsten Jahr nichts ändern; denn im Vergleich zu 2002 wurde Ihr Haushalt für 2003 erneut um 51 Millionen Euro abgespeckt. Die Durchführungsorganisationen der Entwicklungspolitik beklagen ja inzwischen ganz unverhohlen, dass ihnen die Handlungsunfähigkeit drohe. Die finanzielle Misere wird noch durch den von Ihnen verschuldeten Trend verschärft, mehr Geld aus dem nationalen in den internationalen Verfügungsbereich und hin zu den *multilateralen Entwicklungsorganisationen* zu verlagern. Das sind oft Institutionen, die nicht gerade durch Koordinationsbereitschaft und Effizienz glänzen. Um es auf den Punkt zu bringen: Deutschland ist zwar finanziell nach wie vor ein Riese, wird aber im Einflussbereich immer mehr zu einem Zwerg. Das ist leider auch für die EU und die Weltbank eine traurige Entwicklung."

[v] **von Schmude, Michael (CDU): Plenarprotokolle 13/31, 30.3.1995, S. 2425:**

„Ich glaube schon, daß neben der Armutsbekämpfung für uns auch der Aufbau und die Stabilisierung junger Demokratien in der Dritten Welt eine herausragende Aufgabe ist. Hier müssen wir unsere Entwicklungshilfe – Minister Spranger hat das in den letzten Jahren zielgerichtet betrieben – konzentrieren, um effizient und effektiv zu wirken. Wir dürfen aber auch die Schwellenländer nicht vergessen. Das zweite Fenster ist eine hervorragende Möglichkeit, Ländern zu helfen, deren Bruttosozialprodukt und deren Lebensstandard nun größer werden, und aus denen – das muß doch unser

Ziel sein – eines Tages auch Geberländer werden können und sollen, die den anderen, noch ärmeren Ländern helfen können.

(Zustimmung bei der CDU/CSU)

Das ist das Prinzip Hilfe zur Selbsthilfe. Ich meine, wir müssen diesen Weg konsequent gehen.

Zu dem, was unseren Beitrag zur *multilateralen Hilfe* anbelangt, ist soeben vom Kollegen Schnell ausgeführt worden, daß wir diesen sehr kritisch sehen müssen. Wir stimmen voll darin überein, daß das, was der Europäische Rechnungshof in puncto Verschwendungssucht und Mißwirtschaft beim Europäischen Entwicklungsfonds festgestellt hat, von uns scharf bekämpft werden muß. Wir müssen deutlich machen, daß unsere Interessen andere sind und daß wir eine Rückführung der *multilateralen Hilfe* zur *bilateralen Hilfe* hin forcieren müssen. Das können wir überwachen, das können wir auch selber verantworten.“

^{vi} **Hauchler, Ingomar (SPD): Plenarprotokolle 13/31, 30.3.1995, S. 2431:**

„Ich will ein Letztes sagen. Eine weitere Tendenz, die sich auf der Regierungsseite abzeichnet, ist die Renationalisierung der Entwicklungspolitik. Der Verteidigungsminister schwadronierte hier vor wenigen Minuten darüber. Mit Schritt und Tritt über die Champs-Elysées, und in Holland demnächst gemeinsame Korps usw. Wunderbare Sache! Aber wo ist denn „Schritt und Tritt" mit anderen Ländern für Zukunftsaufgaben? Sie ziehen sich aus *multilateralen Engagements* Zug um Zug zurück! Ein Beispiel ist das Lomé-Abkommen, der Versuch, beim Lomé-Abkommen zu kürzen, also wieder für die ärmsten Staaten zu kürzen. Ich denke also, die Bilanz ist mies, ist schlecht. Ich meine, wir müssen unserer deutschen Verantwortung wirklich besser gerecht werden und dürfen nicht nur darüber reden. Also, Herr Minister, seien Sie ein bißchen bescheidener. Kämpfen Sie endlich und mischen Sie sich ein, wo es nötig ist, um dieser Zukunftsverantwortung gerecht zu werden.“

^{vii} **Schmitt, Wolfgang (GRÜNE): Plenarprotokolle 13/31, 30.3.1995, S. 2426:**

„Nun wird gesagt, Geld allein sei nicht alles, wir müßten effektiver, konzeptioneller und länderzentrierter arbeiten, die Entwicklungszusammenarbeit müsse als Querschnitts- und als Zukunftsaufgabe begriffen werden. Dem können wir nur zustimmen. Aber wenn die nötigen finanziellen Mittel für diesen Zweck vorenthalten werden, dann werden auch diese durchaus sinnvollen Ansätze bereits in ihrer Umsetzung vereitelt.

Ein Wort zur Debatte um die *multilaterale Entwicklungszusammenarbeit*. Die Diskussion um den Europäischen Entwicklungsfonds hat gezeigt, daß eine Orientierung an einer starren 30-%-Grenze für *multilaterale Entwicklungszusammenarbeit*, wie sie vom Haushaltsausschuß beabsichtigt ist, nicht sinnvoll, sondern geradezu falsch ist. Mit dieser unflexiblen Haltung wird auf der europäischen Ebene unnötig Porzellan zerschlagen und werden die AKP-Staaten, darunter die ärmsten Staaten Afrikas, in besonderer Weise benachteiligt und vor den Kopf gestoßen.

(Beifall beim BÜNDNIS 90/DIE GRÜNEN)

Stattdessen fordern wir, den Europäischen Entwicklungsfonds in die Verantwortung des Europäischen Parlaments zu geben. Die parlamentarische Kontrolle ist nach unserer Auffassung die beste Gewähr dafür, daß die auch von uns erkannten Mißbräuche und Mißstände im Europäischen Entwicklungsfonds zurückgefahren werden können.

(Beifall beim BÜNDNIS 90/DIE GRÜNEN)

Nötig wäre allerdings eine Diskussion über die Praxis der multilateralen Entwicklungsagenturen. Wir haben es dort mit teilweise skandalösen Fehlentwicklungen zu tun. Die anstehenden Verhandlungen über den 8. Europäischen Entwicklungsfonds und die Wiederauffüllung der Weltbankmittel bieten der Bundesregierung eine gute Gelegenheit, weitere Finanzzusagen von qualitativen Veränderungen abhängig zu machen. Es wäre schon viel gewonnen, wenn in diesem Hause der im letzten Jahr mit den Stimmen der Regierungskoalition beschlossene Antrag zur Weltbank seinen Niederschlag in der künftigen Praxis dieser Institution fände. Die vorschnelle Festlegung auf Kürzungen wird dagegen dazu führen, daß die deutschen Einflußmöglichkeiten schwinden. Eine Politik nach dem Motto „Wir zahlen weniger, wollen aber mehr zu sagen haben" ist verantwortungslos und blauäugig.

Wir sollten bei der kritischen Überprüfung der Entwicklungszusammenarbeit auch vor der eigenen Tür kehren. Ich erinnere daran, daß der ehemalige Parlamentarische Staatssekretär im BMZ, Herr Repnik, noch Ende 1993 die Auffassung vertrat, aus der Perspektive von Rechnungsprüfern – so sagte er damals – sähen bei Anlegung gleicher Maßstäbe bilaterale Projekte nicht soviel besser aus als die Projekte der Europäer. Für uns kann das nur heißen, daß auch die bilaterale Entwicklungszusammenarbeit einer gründlichen Überprüfung unterzogen werden sollte. Die Weltbank hat mit ihrem Wapenhans-Bericht gezeigt, wie ein erster Schritt zu einer solchen kritischen Bestandsaufnahme aussehen könnte."

viii **Hermenau, Antje (GRÜNE): Plenarprotokolle 14/21, 24.2.1999, S. 1595:**

„Sprechen wir zum Beispiel über das Verhältnis von multilateraler und bilateraler Zusammenarbeit. In den letzten Jahren bestand, von Ihnen konservativpolitisch vorgeschlagen, die Tendenz, mehr und mehr aus der multilateralen in die bilaterale Zusammenarbeit zu wechseln, weil die Kontrolle besser ist, und zwar in doppelter Weise. Auf der einen Seite sei es uns so möglich, die europäischen Partner unter Kontrolle zu halten, die das Geld sowieso nur verschlampten; auf der anderen Seite sei in der bilateralen Zusammenarbeit die Kontrolle über die Empfängerländer besser. Die Frage ist, wohin dieser Standpunkt führt. Er hat sicherlich auf der einen Seite dazu geführt, daß wir eine Reihe von finanzpolitischen Instrumenten in der bilateralen Zusammenarbeit verschärfen und präzisieren konnten; das halte ich für gelungen. Er hat aber auf der anderen Seite dazu geführt, daß wir uns aus unserer europäischen Verantwortung in der *multilateralen Zusammenarbeit* verabschiedet haben, und zwar, wenn Sie mich fragen, mehr aus Knauserigkeit als aus politischen Gründen. Jetzt ist eine Pendelbewegung nötig. Oder hat sich Deutschland aus der Debatte in der Europäischen Union verabschiedet, als man für die Währungsunion gesorgt hatte? Hat man gesagt, jetzt mag Europa werden, wie es will; wir nehmen nicht mehr gestaltend an den Debatten in Europa teil? – Doch wie wollen wir an der Gestaltung der Debatten teilnehmen, wenn wir uns weigern, unsere Pflichtbeiträge zu zahlen? Dieser Zusammenhang muß hergestellt werden. Es war ziemlich wohlfeil, im Wahlkampf zu behaupten, jetzt werde alles anders, man werde jetzt die *multilaterale Hilfe* aufstocken; selbst die Konservativen haben das gesagt."

[ix] **Fischer, Joseph (GRÜNE): Vereinte Nationen 5/2002, S. 183:**

„Vor allem aber dürfen wir nicht vergessen: Einerseits muss der Terrorismus entschlossen militärisch-polizeilich bekämpft werden. Andererseits gilt es, die in der Millenniumserklärung zu Recht hervorgehobenen politischen und sozialen Konflikte zu lösen, die den Nährboden für die Entstehung von Terrorismus darstellen. Beschränkt man sich nur auf das Eine und lässt das Andere, so droht ein Scheitern.
Unser gemeinsames Ziel ist es, dass die Menschen in unseren Ländern sicher, frei und ohne Not leben können. Um dies zu erreichen, benötigen wir ein System globaler kooperativer Sicherheit. Ein System, das - anders als die frühere Bipolarität des Kalten Krieges - alle sicherheitsrelevanten Ebenen der Weltpolitik erfassen muss: Die Beziehungen großer Mächte und ihrer Bündnisse ebenso wie das Gefährdungspotential regionaler Krisen und die Bedrohung durch asymmetrische Konflikte. Denn eines ist nach dem 11.9. deutlicher als zuvor. Terrorismus bedroht den Weltfrieden genauso wie Bürgerkriege und regionale Konflikte dies tun. Ein solches System darf daher nicht "zahnlos" sein, sondern muss in jedem der drei Bereiche durch tragende Verifikationssysteme und durchsetzungsfähige Sanktionsmechanismen wirken.
Ich bin überzeugt, dass die Entwicklung eines solchen umfassenden Systems globaler kooperativer Sicherheit unsere zentrale politische Aufgabe für das 21. Jahrhundert sein wird.
Die Lösung dieser Aufgabe kann nur im *Multilateralismus*, das heißt in der Zusammenarbeit der Nationen liegen. Der Terrorismus macht an Grenzen nicht halt und die Gestaltung der Globalisierung ist eine Aufgabe, die einzelne Regierungen allein nicht mehr bewältigen können. Bei der Entwicklung dieses Sicherheitssystems kommt daher den Vereinten Nationen eine überragende Rolle zu. Sie sind das wichtigste Forum

für globale Regelsetzung. Keine andere Organisation verfügt über eine vergleichbare Legitimität und Glaubwürdigkeit. Ihre Handlungsfähigkeit durch die Fortsetzung des Reformkurses des Generalsekretärs entscheidend zu stärken ist daher ein zentrales Anliegen deutscher Außenpolitik."

^x **Struck, Peter (SPD): Plenarprotokolle 14/250, 25.7.2002, S. 25395:**

„Meine Damen und Herren, es sind gemeinsame Risiken, die gemeinsame Antworten erfordern. Sicherheit und Stabilität sind zu einer gemeinsamen Aufgabe geworden. Aufgrund des politischen, wirtschaftlichen und sicherheitspolitischen Potenzials Deutschlands wird von uns – mehr als früher – gefordert, mehr Verantwortung für die internationale Friedenssicherung in Europa und darüber hinaus zu übernehmen. Die Bundesregierung stellt sich dieser Verantwortung.
Wir stehen nicht mehr unter Hinweis auf unsere Geschichte abseits, wenn unsere Sicherheitsinteressen betroffen sind und wenn andere auf unseren Beitrag setzen. Dies schließt die Bereitschaft zu militärischen Beiträgen und zur Beteiligung an militärischen Operationen ein. Unsere Geschichte begründet für das wiedervereinigte Deutschland geradezu eine Verpflichtung – zur Solidarität, zur Wahrnehmung von Verantwortung und zur Unterstützung derer, die auf uns bauen.
(Beifall bei der SPD und dem BÜNDNIS 90/DIE GRÜNEN)
Dabei hat sich die Bundesregierung zu Recht einer konsequenten Politik des Interessenausgleichs und des *Multilateralismus* verschrieben. Das heißt, wir sind gefordert, wenn sich die NATO, die Europäische Union und die Vereinten Nationen zur Abwehr von Gefahren und zur Sicherung des Friedens engagieren. Vor diesem Hintergrund ist die internationale Rolle Deutschlands nicht von einem transatlantischen Bündnis, das für Sicherheit und Stabilität des euro-atlantischen Raumes von zentraler Bedeutung ist, und von der Stärkung der außen- und sicherheitspolitischen Handlungsfähigkeit Europas zu trennen. NATO und Europäische Union haben einen Kurs der konsequenten Anpassung an die skizzierten neuen Rahmenbedingungen und an die neuen Erfordernisse eingeleitet. Sie verbessern zielgerichtet ihre Fähigkeiten zur Bewältigung der neuen Herausforderungen."

^{xi} **Volmer, Ludger (GRÜNE): Plenarprotokolle 15/13, 4.12.2002, S. 936:**

„Wenn es nicht einmal mehr möglich sein darf, in einer präzise beschreibbaren sicherheitspolitischen Frage anderer Meinung zu sein als bestimmte Sicherheitskreise in den Vereinigten Staaten, dann frage ich Sie: Wo ist denn die europäische Freiheit gegenüber den amerikanischen Partnern? Können wir uns dann überhaupt noch als Partner empfinden oder müssten wir uns nicht selbstkritisch als Vasallen bezeichnen?

Einen solchen Status gegenüber den Vereinigten Staaten wollen wir nicht. Wir wollen Freundschaft, wir wollen Partnerschaft als Konstante der deutschen und der europäischen Außenpolitik. Aber diese Partnerschaft muss auch dazu dienen, sich solidarisch darüber zu verständigen, wie denn die neue Weltordnung aussehen soll, ob sie – das ist der europäische Vorschlag und das entspricht auch den Grundlinien rot-grüner Außenpolitik – auf *Multilateralismus* setzen soll, hauptsächlich organisiert durch die Vereinten Nationen und die anderen Regionalorganisationen, ob sie bestehen soll aus einer internationalen Strukturpolitik, aus einer globalen Ordnungspolitik, aus Global Governnance oder ob sie bestehen soll aus der Hegemonie der verbleibenden Supermacht.

Dass diese Supermacht Interessen hat, die man sogar nachvollziehen kann, wenn man sich in ihre Position begibt, räumen wir ein. Deshalb ist das auch kein gegnerischer Diskurs, sondern ein freundschaftlicher. Wir werden nicht Weisungsempfänger sein, von wo auch immer die Weisungen kommen sollten. In diesem Sinne werden wir weiterhin eine selbstbewusste Politik mit Augenmaß betreiben. Das betrifft den Irak, das betrifft Afghanistan, das betrifft die Türkei."

xii **Wieczorek-Zeul, Heidemarie (SPD): Plenarprotokolle 15/13, 4.12.2002, S. 966:**

„Im Übrigen will ich meine aus entwicklungspolitischen Gründen fundierte Kritik an der so genannten Preemptive-Strike-Strategie anmelden. Diese Strategie ignoriert die Notwendigkeit einer zunehmenden Verrechtlichung der internationalen Beziehungen unter Einbindung aller Mächte in verbindlich handelnde *multilaterale Institutionen.* Beides sind aber unerlässliche Voraussetzungen, die global notwendig sind, um der privatisierten Gewalt entgegenwirken und ihr das Handwerk legen zu können. Das ist doch der tiefere Grund, warum es hier anzusprechen ist."

Normalität[1]

Normalität – beschreibt einen Zustand, der der Norm entspricht bzw. alltäglich ist.[2]

normal – adj. und adv. aus lat. normalis, franz. normal, als norm dienend oder ihr gemäsz, regelmäszig, normale grösze, normaler zustand, verlauf u. s. w.[3]

Normalität beschreibt im **alltäglichen Sprachgebrauch** einen Zustand, dem eine allgemein anerkannte (Verhaltens-)Regel zu Grunde liegt. Solche Normen, die sich entweder an einem Ideal, an einem erwünschten Zustand oder am Durchschnitt orientieren, werden fortwährend gesellschaftlich konstruiert. Da die Wahl der Bezugspunkte den subjektiven Anschauungen jedes Einzelnen unterliegt, sind die daraus erwachsenden Normen prinzipiell erst einmal umstritten. So ist es nur natürlich, dass eine Vielzahl von Auslegungen und Interpretationen über die Bedeutung des Wortes *Normalität* existieren.

Der Begriff *Normalität* ist in Deutschland traditionell Teil des **außenpolitischen Diskurses**. Die kriegerischen Exzesse des Dritten Reichs und die darauf folgende deutsche Teilung prägten von Beginn an das Selbstverständnis der Bundesrepublik in einer Weise, wie es in vergleichbaren westeuropäischen Staaten nicht der Fall war. So gesehen bildeten sie ‚anomale' Fixpunkte einer außenpolitischen Identität, die die eigene Rolle in der Welt zunächst einmal problematisch machten. Der Druck, den diese einzigartigen Rahmenbedingungen auf den politischen Gestaltungsspielraum ausübten, schuf einen parteiübergreifenden Konsens über die Grundlinien deutscher Außenpolitik. Drei Dinge waren allgemein anerkannt: Die Bundesrepublik müsse sich militärisch zurückhalten, ein

---

[1] Diesen Beitrag haben Sebastian Kessler, Johann Schewe und Christian Weber verfasst.

[2] Duden: Das Synonymwörterbuch: Etymologie der deutschen Sprache, (Bd. 8), Mannheim/Leipzig/Wien/Zürich 2001.

[3] Stichwort ‚normal', in: Deutsches Wörterbuch von Jacob und Wilhelm Grimm [1885]: http://germazope.uni-trier.de/Projects/WBB/woerterbuecher/dwb/wbgui?lemmode= lemmasearch&mode=hierarchy&textsize=600&onlist=&word=normal&lemid=GN06101& query_start=1&totalhits=0&textword=&locpattern=&textpattern=&lemmapattern=& verspattern=#GN06101L0 [12.12.2007].

verlässlicher Bündnispartner sein und die deutsche Einheit als oberstes Ziel verfolgen. Nach Jahrzehnten einer erfolgreichen außenpolitischen Praxis wurden diese Grundlinien Teil des eigenen Selbstverständnisses. Mit den veränderten internationalen Rahmenbedingungen, die mit dem Ende des Kalten Krieges einhergingen, standen auch die außenpolitischen Bezugspunkte zur Debatte. Die wiedererlangte Souveränität des vereinigten Deutschlands warf für viele Politiker die Frage auf, wie eine *normale* deutsche Außenpolitik aussehen könne (→ Deutschland). Im Zuge dieser Auseinandersetzung wurde die *Normalität* militärischer Zurückhaltung in Frage gestellt und nach und nach aufgegeben. Außerdem gab es Kontroversen darüber, ob ein auf Eigenständigkeit bedachtes Verhalten Deutschlands die *Normalität* der Beziehung zu den USA gefährdet.

Von *Normalität* war Mitte der achtziger Jahre die Rede, wenn über die **Beziehungen der Bundesrepublik zur DDR** gesprochen wurde. Es bestand Einigkeit darüber, dass die Lage, in der sich Deutschland befand, alles andere als *normal* sei. Denn knapp vierzig Jahre nach der Gründung der beiden deutschen Staaten war deren Beziehung weiterhin gespannt (→ Deutschland). In besonderer Weise wurde das am Schießbefehl an der deutsch-deutschen Grenze festgemacht. Für Theo Waigel verbot es sich, die damalige Lage hinzunehmen, während an der Berliner Mauer auf deutsche Bürger geschossen wurde, „denn so lange wir Vorgänge wie die im Kugelhagel endende Flucht" zu beklagen hätten, sei es „absurd, von Normalisierung der Beziehungen oder gutnachbarschaftlichen Beziehungen und Verhältnissen zu sprechen".[4] [i] Zwar habe man beachtliche Fortschritte gemacht, allerdings erschien den Politikern eine *normale* Beziehung unter den gegenwärtigen Umständen nach wie vor unmöglich. Die Gegensätze entzündeten sich neben dem Schießbefehl vor allem an Kontaktsperren und Einreiseverboten, so dass auch der Bundesminister für innerdeutsche Beziehungen Heinrich Windelen feststellt, dass man „von Normalität und guter Nachbarschaft noch weit entfernt" sei.[5] [ii] So lange Deutschland geteilt war, konnte zwar in einigen Bereichen durch begrenzte Kooperation die Atmosphäre verbessert werden. Das änderte aber nichts an der Tatsache, dass die Teilung an sich untragbar erschien. Erst wenn dieser Zustand aufgehoben sein würde, konnte von *Normalität* die Rede sein.

Doch auch als die Hoffnung auf eine **Vereinigung** sich im Jahr 1990 erfüllte, galt Deutschland in den Augen vieler Politiker noch nicht als *normal*. Die vorher eingeforderten Vorraussetzungen waren aber nun vorhanden. Auf ihrer Grund-

4 Waigel, Theodor (CSU): Plenarprotokolle, 10/249, 26.11.1986, S. 19299.
5 Windelen, Heinrich (CDU): Plenarprotokolle, 10/249, 26.11.1986, S. 19414.

lage begann ein neuerlicher Selbstfindungsprozess (→ Deutschland). Wie dessen Ergebnisse aussehen sollten, war allerdings immer noch strittig. Mit Beginn dieser neuen Etappe wurde nun auch die Frage gestellt, welche Außenpolitik man betreiben solle. Die Debatte entzündete sich vor allem am Golfkonflikt 1991. Im Einzelnen wurde darüber gestritten, ob und in welcher Form sich ein *normales* Deutschland in militärische Konflikte einmischen darf. Dabei standen sich drei verschiedene Positionen gegenüber:

Für die Regierungsfraktion der CDU/CSU war mit der Wende auch der *anomale* Zustand, dass man sich aus **militärischen Konflikten** prinzipiell heraushält, beendet. Bereits früh wurden Forderungen laut, eingespielte außenpolitische Verhaltensmuster auf den Prüfstand zu stellen. Deutschland dürfe nicht mehr nur zuschauen, wie die Weltgemeinschaft die Invasion Iraks in Kuwait bekämpfe, sondern „bei aller Zurückhaltung" müsse man doch sehen, „dass die militärische Macht auch in der Welt von heute eine Rolle spielt und dass wir insofern ein normales Mitglied der Völkergemeinschaft werden müssen".[6] [iii] Dieser Einsicht folgend strebte die CDU/CSU eine Änderung des Grundgesetzes an, die *out of area*-Einsätze der Bundeswehr explizit für zulässig erklärt, damit die Bundesrepublik ihrer „Verantwortung in der Gegenwart"[7] [iv] (→ Verantwortung) gerecht werden könne. Das bedeutete für sie, dass Deutschland den Verpflichtungen gegenüber den Freunden nachkommen müsse, um „ein ganz normales Bündnisland"[8] [v] zu werden und bei den veränderten Bedingungen auch in Zukunft ‚bündnisfähig' zu bleiben.

Auch in der SPD sah man die Veränderung der Rahmenbedingungen und die ‚gewachsene Verantwortung' Deutschlands. Für sie würde zu einer neuen außenpolitischen *Normalität* ebenfalls gehören, dass sich die Bundeswehr künftig an Interventionen in Krisengebieten beteiligt, genauso, wie sie den Vorschlag einer Verfassungsänderung grundsätzlich teilt. Anders als die CDU forderte die SPD allerdings, dass Auslandseinsätze der Bundeswehr ausschließlich im Rahmen der UNO stattfinden dürften. Diese Einschränkung müsse auch bei einer Neuformulierung des Artikels 87a des Grundgesetzes berücksichtigt werden. Im Mittelpunkt ihrer Überlegungen stand nicht die ‚Bündnisfähigkeit', sondern eine „Friedensarbeit", die dabei helfe, „die Eventualität des Krieges zu bannen" (→ Frieden). Das sei „die Normalität, die nicht nur die Welt, sondern auch die Deutschen vom vereinten Deutschland erwarten".[9] [vi]

---

6   Lamers, Karl (CDU): Plenarprotokolle, 11/221, 23.8.1990, S. 17475.
7   Rühe, Volker (CDU): Plenarprotokolle, 12/28, 6.6.1991, S. 2076.
8   Hornhues, Karl-Heinz (CDU): Plenarprotokolle, 12/14, 13.3.1991, S. 800.
9   Gansel, Norbert (SPD): Plenarprotokolle, 12/27, 5.6.1991, S. 2012-2013.

Während sich Union und Sozialdemokraten einig sind, dass man mit dem Begriff *Normalität* deutsche Außenpolitik beschreiben kann, stellt die PDS dessen Angemessenheit grundsätzlich in Frage. Dementsprechend gebrauchen PDS-Politiker den Begriff nicht, um ihre Vorstellungen von wünschenswerter Außenpolitik zu transportieren, sondern sie grenzen sich im Gegenteil genau von dieser Verwendungsweise explizit ab. Da die PDS die Unterstützung von Kriegen als Mittel deutscher Außenpolitik generell ablehnt, kritisierte sie auch die finanzielle Unterstützung des Golfkriegs durch die Bundesregierung im Jahr 1991. An dem „verheerenden Krieg der USA im Nahen Osten" dürfe sich die Bundesregierung in keiner Weise beteiligen. Eine „eindeutige Kriegsfinanzierung" dürfe man nicht „zur allgemeinen unspektakulären Normalität deklarieren".[10] [vii]

Auffällig ist, dass bei heiklen außenpolitischen Situationen offensichtlich ein Bedürfnis besteht, zu (er)klären, was *normal* sei. Ein Beispiel dafür ist die Belastungsprobe für die **deutsch-amerikanischen Beziehungen** während des Irak-Konflikts 2002. Auf dem Höhepunkt des hitzig geführten transatlantischen Streits versuchte Verteidigungsminister Peter Struck, die Dramatik der Lage herunterzuspielen. Er beteuerte, es werde „sich alles normalisieren",[11] [viii] auch seine Begegnungen mit den amerikanischen Amtskollegen würden sich mit der Zeit verbessern. Nachdem die SPD nicht zuletzt mit der lautstarken Kritik an den Kriegsplänen der US-Regierung und der kategorischen Ablehnung einer deutschen Beteiligung die Bundestagswahl gewonnen hatte, meinte Franz Müntefering feststellen zu müssen, dass Deutschland ein *normales* Land geworden sei. Seiner Auffassung nach hat es einen festen Platz in der Völkergemeinschaft eingenommen und sei jetzt „ein normales Land in Europa mit Rechten und Pflichten und in der Verantwortung, seinen Beitrag für das Gelingen Europas zu leisten." Bundeskanzler Gerhard Schröder tue das, „selbstbewusst die Interessen Deutschlands wahrend", das habe sich „in den vergangenen Tagen nicht zum ersten Mal gezeigt" (→ Selbstbewusstsein).[12] [ix] Diese Anspielung auf die deutsche Haltung in der Irak-Krise legt nahe, dass für Müntefering zur *Normalität* Deutschlands offenbar das „Recht" gehört, sich in wichtigen außenpolitischen Fragen notfalls auch gegen die USA stellen zu können. Für ihn ist Deutschland inzwischen an einem Punkt angekommen, den es kurz nach der Wende noch nicht erreicht hatte, und der Volker Rühe 1991 vorschwebte, als er forderte, dass man den Deutschen nicht

10   Lederer, Andrea (PDS): Plenarprotokolle, 12/14, 13.3.1991, S. 880.
11   Struck, Peter (SPD): Plenarprotokolle, 15/4, 29.10.2002, S. 113.
12   Müntefering, Franz (SPD): Plenarprotokolle, 15/4, 29.10.2002, S. 74.

auf Dauer misstrauen dürfe und dass sie „ein Recht auf Vertrauen, [und] auch ein Recht auf Normalität"[13] [iv] hätten. **Zusammenfassend** lässt sich festhalten, dass der Begriff der *Normalität* im Zentrum der außenpolitischen Neuausrichtung nach der Deutschen Einheit steht. Prinzipiell lässt sich feststellen, dass dann über *Normalität* gestritten wird, wenn vermeintlich typische Traditionen der ‚Bonner Republik' durch aktuelle Richtungsentscheidungen in Frage gestellt werden. So fand in der Kontroverse um *out of area*-Einsätze der Bundeswehr eine Umdeutung des Normalitätsbegriffs statt. Die Praxis militärischer Zurückhaltung der Bonner Republik galt im Verlauf der neunziger Jahre immer weniger als *normal*. Vielmehr wird es zunehmend als notwendige *Normalität* dargestellt, dass Deutschland sich ebenso wie andere Staaten an militärischen Einsätzen auf anderen Kontinenten beteiligt. Zwar ist Peter Strucks zugespitzter Ausspruch, dass die „Freiheit und Sicherheit Deutschlands […] heute auch am Hindukusch verteidigt"[14] [x] werde, noch keine allgemein akzeptierte Selbstverständlichkeit. Die Zahl der Fürsprecher für eine deutsche Beteiligung an internationalen Militäreinsätzen hat jedoch über Parteigrenzen hinweg deutlich zugenommen.

Endnoten

[i] **Waigel, Theodor (CSU): Plenarprotokolle, 10/249, 26.11.1986, S. 19299:**

„Es wäre für die Menschen im geteilten Deutschland besser, wenn die SPD bei ihren merkwürdigen Sondergesprächen mit der SED das Augenmerk stärker auf den Schießbefehl an der Berliner Mauer richten würde; denn so lange wir Vorgänge wie die im Kugelhagel endende Flucht am Montag dieser Woche zu beklagen haben, ist es absurd, von *Normalisierung* der Beziehungen oder gutnachbarschaftlichen Beziehungen und Verhältnissen zu sprechen."

[ii] **Windelen, Heinrich (CDU): Plenarprotokolle, 10/249, 26.11.1986, S. 19414:**

„Unverändert belasten der Schießbefehl, Kontaktsperren, Einreiseverbote und viele andere Probleme die innerdeutschen Beziehungen. Dennoch hat sich die Situation

---

[13]   Rühe, Volker (CDU): Plenarprotokolle, 12/28, 6.6.1991, S. 2076.

[14]   Struck, Peter (SPD): Rede anlässlich des öffentlichen Feierlichen Gelöbnisses am 12.11.2005 in Bordenau.

entkrampft, auch wenn wir von *Normalität* und guter Nachbarschaft noch weit entfernt sind."

iii **Lamers, Karl (CDU), Plenarprotokolle, 11/221, 23.8.1990, S. 17475:**

„Was nach meiner Überzeugung vor allen Dingen notwendig ist, ist, den Versuch zu unternehmen, die richtigen Lehren aus der Geschichte zu ziehen, denn das ist der Hintergrund all unserer Debatten. In dieser Frage die richtigen Lehren aus der Geschichte zu ziehen heißt nach meiner Überzeugung, daß wir — bei aller Zurückhaltung, die wir gegenüber der militärischen Macht und ihrem Einsatz unbedingt aufrechterhalten wollen und müssen — doch sehen müssen, daß die militärische Macht auch in der Welt von heute eine Rolle spielt und daß wir insofern ein *normales* Mitglied der Völkergemeinschaft werden müssen."

iv **Rühe, Volker (CDU): Plenarprotokolle, 12/28, 6.6.1991, S. 2076:**

„Ich empfinde das auch als einen persönlichen Angriff auf alle, die wirklich diese großartige Chance der neuen deutschen Demokratie genutzt haben. Diejenigen, die noch als Soldaten, als ganz junge Flakhelfer in den Krieg mußten — meine Lehrer, die ich in den 50er Jahren hatte, waren in einer solchen Situation —, haben uns alle dazu gebracht, politische Verantwortung zu übernehmen. Diesem Deutschland kann man trauen. Man darf ihm nicht auf Dauer mißtrauen. Wir haben ein Recht auf Vertrauen, auch ein Recht auf *Normalität.* Das müssen die Sozialdemokraten begreifen.
Im übrigen gilt — Herr Lamers hat es vor kurzem gesagt —; Die Berufung auf die Schuld in der Vergangenheit dispensiert nicht von der Verantwortung in der Gegenwart. Die Sehnsucht nach schuldfreiem Handeln darf nicht zur Flucht in die Scheinidylle führen. Schuldig werden kann auch, wer sich verweigert."

v **Hornhues, Karl-Heinz (CDU): Plenarprotokolle, 12/14, 13.3.1991, S. 800:**

„Ich möchte einen anderen Punkt aus der heutigen Debatte aufgreifen. Meine Fraktion teilt, wie Sie vielleicht wissen, die Absicht des Bundeskanzlers, zu einer baldigen Klarstellung im Grundgesetz zu kommen, daß Deutschland im Rahmen kollektiver Sicherheitssysteme auch militärisch seinen angemessenen Beitrag zur Friedenssicherung leisten kann, wenn nötig. Wir sind aber zugleich der Auffassung, daß dies das Grundgesetz bereits jetzt prinzipiell ermöglicht, Wir meinen daß wir nach dem, was im Golfkrieg geschehen ist, unsere Hausarbeiten machen müssen, Das bedeutet nicht nur, aber auch die entsprechende Klarstellung im Grundgesetz.
Ich möchte hier einen konkreten Vorschlag zur Beförderung der Diskussion machen, nämlich den, Art, 87 a Abs. 2 des Grundgesetzes wie folgt zu ergänzen:

Außer zur Verteidigung

— dann käme die Ergänzung —

und zur Erfüllung von Aufgaben innerhalb eines Systems gegenseitiger kollektiver Sicherheit

— das wäre die Ergänzung —

dürfen die Streitkräfte nur eingesetzt werden, soweit dieses Grundgesetz es ausdrücklich zuläßt.

Meine sehr geehrten Damen und Herren, das würde bedeuten, daß wir im Rahmen unserer eingegangenen — und künftig möglicher weiterer — Verpflichtungen im Rahmen der UN ein ganz *normales* Bündnisland werden, voll bündnisfähig sind und auch in Zukunft bleiben könnten."

[vi] **Gansel, Norbert (SPD): Plenarprotokolle, 12/27, 5.6.1991, S. 2012-2013:**

„Die Regierung und die sie tragenden Fraktionen werden gänzlich unglaubwürdig, wenn sie nun eine Verfassungsergänzung zugunsten von friedenserhaltenden Missionen der Vereinten Nationen ablehnen wollen, und zwar weil sie ihnen nicht weit genug geht.

Wahrscheinlich ist, daß sich die UNO erneut an die Bundesregierung wenden wird, um eine deutsche Beteiligung an Blauhelm-Einsätzen zu erbitten. Will die Bundesregierung — wie in der Vergangenheit — solche Beteiligungen mit dem Hinweis auf das Grundgesetz ablehnen, obwohl die Opposition bereit ist, an einer notwendigen Verfassungsänderung mitzuarbeiten? Kann eine Position des Alles oder Nichts wirklich verantwortet werden, wenn es um friedenserhaltende Missionen und um die Stärkung der Vereinten Nationen geht?

Friedenserhaltende Missionen unter den Blauhelmen gehören zu den großen Leistungen der UNO, ohne die es auf unserer Welt mehr Krieg und mehr Elend geben würde. Die Zukunft wird der UNO mehr abverlangen.

Wir Sozialdemokraten haben auf unserem Bremer Parteitag eine Initiative für eine UNO der zweiten Generation beschlossen, mit der die UNO ihrer Aufgabe der kollektiven Sicherheit nicht nur im militärischen Sinn gerecht werden kann.

Wir werden dazu einen Beitrag leisten. Er beschränkt sich nicht auf Blauhelme der Bundeswehr und auch nicht auf ein Friedenskorps, das Soldaten und anderen Helfern bei Einsätzen nach Natur- oder Zivilisationskatastrophen, bei großen Flüchtlingsbewegungen und Hungersnöten die Bewährung, im Ernstfall Frieden abverlangen würde.

In diesem Bereich aber stellt sich zuerst eine gewachsene Verantwortung für Deutschland; in diesem Bereich müßten Regierung und Opposition zu einem Konsens kommen können, und zwar jenseits ihrer fundamentalen Meinungsunterschiede über weltweite militärische Einsätze der Bundeswehr.

Jetzt ist die Bundesregierung, jetzt sind die Regierungsparteien gefordert. Ich warne Sie: Verweigern Sie sich nicht der Realität der Friedensarbeit, damit wir gemeinsam helfen können, die Eventualität des Krieges zu bannen. Das ist die *Normalität,* die nicht nur die Welt sondern auch die Deutschen vom vereinten Deutschland erwarten."

[vii] **Lederer, Andrea (PDS): Plenarprotokolle, 12/14, 13.3.1991, S. 880:**

„Denn mit diesem militärischen Gesamtetat wurde und wird nicht mehr nur der Kalte Krieg, sondern zum ersten Mal in dieser Größenordnung zugleich ein heißer Krieg mitfinanziert. Unter dem Titel „Allgemeine Finanz Verwaltung" findet sich der Posten ‚Maßnahmen im Zusammenhang mit dem Golfkrieg', der mit einem Betrag von angekündigt insgesamt rund 17 Milliarden DM die Mitverantwortung der Bundesregierung an dem verheerenden Krieg der USA im Nahen Osten symbolisiert. ‚Allgemeine Finanz-Verwaltung' — soll das eindeutige Kriegsfinanzierung zur allgemeinen unspektakulären *Normalität* deklarieren?
In diesem Kontext ist noch einmal auf das Thema Kriegssteuer einzugehen, denn Finanzminister Waigel hat hier gestern dankenswert offen den Charakter der Steuer dargelegt. Er sagte: Wären nicht die Kriegsausgaben anläßlich des Golfkrieges entstanden, so gäbe es im Frühjahr 91 keine Steuererhöhung; Die Wahrheit liegt vermutlich in der Mitte zwischen Steuerlüge und Kriegsfinanzierung. Aber aus Herrn Waigels Erklärung ist der logische Schluß folgender: Die Bevölkerung darf für diesen Krieg zahlen; die Lage in den neuen Bundesländern war derartige finanzielle Maßnahmen nicht wert; Maßnahmen, die in ihrer von der Bundesregierung beschlossenen Art obendrein zutiefst unsozial sind."

[viii] **Struck, Peter (SPD): Plenarprotokolle, 15/4, 29.10.2002, S. 113:**

„Zum Thema Deutschland/Amerika will ich Ihnen noch Folgendes sagen: Natürlich gibt es auf der anderen Seite Irritationen. Wir müssen uns nicht vorwerfen lassen, im Kampf gegen den internationalen Terrorismus oder beim Aufbau Afghanistans nicht das Nötige getan zu haben – ganz im Gegenteil, meine Damen und Herren. Das wissen die Amerikaner auch.
Es wird sich alles *normalisieren,* auch meine Begegnungen mit meinem amerikanischen Amtskollegen. Das alles wird so laufen, dass Sie nachher sagen: Na wunderbar, die Verhältnisse haben sich entwickelt."

[ix] **Müntefering, Franz (SPD): Plenarprotokolle, 15/4, 29.10.2002, S. 74:**

„Ein Projekt heißt: Deutschland, ein *normales Land in Europa.* Lange Zeit war Deutschland getrennt und wir Deutschen in West und in Ost lebten in einer besonderen Situation. Wir hatten *ein* Vaterland, aber wir lebten in *zwei* Welten. Unsere Situation war unnormal. Wie tief greifend die Entwicklung seit 1990 für unser Land und für uns als Deutsche in diesem Land sein würde, haben wir 1990 vielleicht noch nicht geahnt. Jetzt ist Deutschland ein *normales Land in Europa* mit Rechten und Pflichten und in der Verantwortung, seinen Beitrag für das Gelingen Europas zu leisten. Bundeskanzler Gerhard Schröder tut das, selbstbewusst die Interessen Deutschlands wahrend – das hat sich in den vergangenen Tagen nicht zum ersten Mal gezeigt –, aber auch darauf bedacht, dass Deutschland seinen Beitrag dazu leistet, dass dieses Europa weiter wachsen kann und eine Region des Friedens, der Demokratie und des Wohlstands bleibt. Die Bundesregierung hat dafür unsere Unterstützung."

^x **Struck, Peter (SPD): Rede des Bundesministers der Verteidigung, anlässlich des öffentlichen Feierlichen Gelöbnisses am 12.11.2005 in Bordenau:**

„Der Soldat der Bundeswehr bleibt auch im 21. Jahrhundert Verteidiger von Recht und Freiheit – so wie es die Rekruten heute wieder geloben werden. Der Wechsel vom klassischen Verteidiger an der Landesgrenze zum Sicherheitsgaranten im internationalen Kontext hat jedoch Auswirkungen – auf das Selbstverständnis des Soldaten und auf das Verständnis der Gesellschaft vom Soldaten. Freiheit und Sicherheit Deutschlands werden heute auch am Hindukusch verteidigt, um Bedrohungen auf Distanz halten zu können. Nicht das "Ob", sondern das "Wie" der Gewährleistung unserer Sicherheit hat sich für die Bundeswehr verändert.
Heute ist der Soldat der Bundeswehr rund um den Globus in komplexer und schwieriger Mission unterwegs. Er hilft, er schützt, er vermittelt, er kämpft. Sein Selbstverständnis muss alle diese Aufgaben umfassen."

Selbstbewusstsein[1]

Selbstbewusstsein – von seinem Wert, von seinen Fähigkeiten überzeugt sein, [2]

– Seiner selbst, seines eigenen Wertes, seines Könnens bewusst und entsprechend sicher auftretend.[3]

– das bewusztsein seiner selbst, die einfache vorstellung des ichs.[4]

Im **alltäglichen Sprachgebrauch** steht *Selbstbewusstsein* gemeinhin für eine erstrebenswerte Eigenschaft von Individuen oder Gruppen, die sich insbesondere in ihrem Verhalten gegenüber anderen Individuen (oder Gruppen) äußert. *Selbstbewusstsein* ist in diesem Sinne notwendigerweise ein relationales Phänomen. Nicht selten verweist es auf die soziale Positionierung von Individuen oder Gruppen innerhalb einer Hierarchie. Da *Selbstbewusstsein* durchweg positiv konnotiert ist, benutzen Politiker den Begriff gerne als Stilmittel zur Aufwertung ihrer eigenen Politik. Wegen seiner Unbestimmtheit eignet er sich gut, um die eigenen Vorstellungen gegenüber politischen Alternativen als die eigentlich angemessenen hervorzuheben und in griffiger Form zu transportieren.

Aufgrund dieser begrifflichen Eigenschaften ist *Selbstbewusstsein* – (etwa im Kontrast zu → Sonderweg) kein Begriff, der natürlich ausschließlich im **deutschen außenpolitischen Diskurs** auftaucht. In der jüngeren Vergangenheit erfreut er sich bei Politikern allerdings zunehmender Beliebtheit. *Selbstbewusstsein* wird besonders häufig in zwei Kontexten verwendet: einerseits im Zusammen-

---

1   Diesen Beitrag haben maßgeblich Sebastian Kessler und Christian Weber verfasst. Beigetragen hat außerdem Johann Schewe.
2   Der große Duden - Stilwörterbuch, Mannheim, 1971.
3   Klappenbach, Ruth (Hrsg.): Wörterbuch der deutschen Gegenwartssprache, Bd. 5, Berlin, 1976, S. 3386. Vgl. auch: Duden – deutsches Universalwörterbuch, Mannheim u.a., 1989, S. 123.
4   Stichwort ,selbstbewuszt', in: Deutsches Wörterbuch von Jacob und Wilhelm Grimm [1885]: http://germazope.uni-trier.de/Projects/WBB/woerterbuecher/dwb/wbgui?mode=hierarchy& textsize=650&lemid=GS25833&query_start=1&totalhits=0&textword=&locpattern=& textpattern=&lemmapattern=&verspattern=#GS25833L0 [12.12.2007].

hang mit Europa (→ Europa), und andererseits in Verbindung mit der Vertretung deutscher Interessen (→ Interesse), vor allem gegenüber den USA. Unterschiedlichste Variationen finden dabei vor allem dann Anwendung, wenn eine bestimmte politische Forderung entweder mit besonderer Emphase oder zur Relativierung vermeintlicher Schwächen präsentiert werden soll, die sich aus anderen Teilen dieser politischen Forderung oder Aussage ergeben. Dass ein „selbstbewusstes Europa" im transatlantischen Verhältnis seine „Interessen [...] mit Nachdruck zur Geltung" bringt[5] [i] ist eine typische Verwendungsweise der ersten Art. Dass Europa demgegenüber nicht nur ein „Faktor des Friedens in der Welt" sei, sondern „selbstbewusst als ein Faktor des Friedens in der Welt"[6] [ii] auftrete, könnte zumindest zwischen den Zeilen als eine Aussage verstanden werden, in der leichte Selbstzweifel durchscheinen, ob die im allgemeinen so wahrgenommene Art und Weise dieses Auftretens wirklich immer überzeugt. Prinzipiell sind sich alle politischen Lager darin einig, dass deutsche Außenpolitik *selbstbewusst* auftreten müsse. Gegenüber welchen Dritten dieses *Selbstbewusstsein* besonders notwendig und in welcher Form es gegebenenfalls zu präsentieren sei, ist allerdings umstritten.

Bei der Charakterisierung für ein bestimmtes politisches **Auftreten Deutschlands gegenüber den Vereinigten Staaten** als angemessen oder unangemessen, sind parteipolitische Unterschiede nicht zu übersehen. SPD und Teile der Grünen verwenden in der Regel den Begriff *Selbstbewusstsein* zur Untermauerung der Forderung nach einer eigenständigeren außenpolitischen Position (→ Deutschland). Sie wollen beispielsweise keine „Musterschüler in Washington"[7] sein, sondern fordern eine „selbstbewusste Vertretung unserer Interessen"[8] [iii] (→ Interesse). Auf der anderen Seite betonen Vertreter der CDU/CSU die Notwendigkeit einer engen Kooperation mit den USA. Innerhalb dieser Zusammenarbeit dürfe Deutschland allerdings „sein Licht nicht unter den Scheffel stell[en]".[9] [iv] Durchaus typisch für CDU/CSU ist die Formulierung, dass die Deutschen „selbstbewusste Partner" seien – Partner „auf die Verlass ist und auf deren Rat gehört"[10] [v] werde.

Heute tritt *Selbstbewusstsein* vor allem in Verbindung mit Selbstbeschreibungen auf, die auf die **herausragende Position Deutschlands** im internationalen Staatensystem verweisen. Dabei werden nicht selten auch die klassischen macht-

5   Ehmke, Horst (SPD): Plenarprotokolle, 10/228, 10.9.1986, S. 17718.
6   Genscher, Hans-Dietrich (FDP): Plenarprotokolle, 10/249, 26.11.1986, S. 19373-19374.
7   Ehmke, Horst (SPD): Plenarprotokolle, 10/228, 10.9.1986, S. 17718.
8   Wahlprogramm SPD 1986, S. 7.
9   Merkel, Angela (CDU): Plenarprotokolle, 15/4, 29.10.2002, S. 68.
10 Wahlprogramm SPD 1986, S. 8-9.

politischen Kategorien „Geographie", „Wirtschaftskraft" und „Bevölkerungszahl"[11] [vi] genannt (→ Macht). Während der Hinweis auf diese Ressourcen noch zu
Beginn der neunziger Jahre etwas verschämt mit der Bemerkung kommentiert
wurde, ein souveränes Deutschland dürfe „durchaus selbstbewusst sein"[12], wird
aus dieser Position im internationalen Staatengefüge einige Jahre später dann das
Recht, und manchmal sogar die Pflicht, abgeleitet, gestalterisch auf die internationale Politik einzuwirken (→ Deutschland → Verantwortung). Beispielsweise
habe Deutschland als „normales Land mit Rechten und Pflichten [...] seinen
Beitrag für das Gelingen Europas zu leisten"[13] [vii] (→ Normalität). Was ‚Normalität' hier bedeutet, scheint allerdings noch immer klärungsbedürftig, denn der
Hinweis Müntefings, dass Bundeskanzler Schröder genau dies tue (also „zum
Gelingen Europas" beitrage), muss noch durch den Zusatz ergänzt werden, dass
dies „selbstbewusst die Interessen Deutschlands wahrend"[14] geschehe. Hier deutet sich zaghaft eine Strategie der ‚Vorwärtsverteidigung' an, die einen Scheck-
buchdiplomatieverdacht erst gar nicht aufkommen lassen will. Ergänzt wird das
zumeist mit dem Verweis darauf, dass Deutschland „weltweit noch nie so viele
internationale Verpflichtungen übernommen" habe „wie heute"[15] [viii] und dass es
dadurch sein „Ansehen in der Welt gemehrt" habe.[16]

Wenn Regierungspolitiker die außenpolitische Orientierung der rot-grünen
Koalition in der ersten Amtsperiode mit den Worten resümieren, sie hätten eine
„internationale Politik des Selbstbewusstseins ohne Überheblichkeit"[17] [ix] bzw.
eine „selbstbewusste Politik mit Augenmaß"[18] [x] durchgesetzt, dann ist mit diesen
präzisierenden Zusätzen eine der neuen Gratwanderungen deutscher Außenpolitik nach der Vereinigung bestens umschrieben. Denn fehlendes Augenmaß und
Überheblichkeit waren genau das, was der rot-grünen Koalition von manchen
Kritikern vorgehalten wurde.

Zusammenfassend lässt sich festhalten, dass sich im Verlauf der letzten
zwanzig Jahre durchaus eine Veränderung im Gebrauch des Wortes *Selbstbewusstsein* feststellen lässt. Eigenständigkeit ist dabei vielleicht das am wenigsten
belastete Synonym. Zur Zeit der Vereinigung taucht *Selbstbewusstsein* vor allem

11 Rose, Klaus (CSU): Plenarprotokolle, 12/14, 13.3.1991, S. 790.
12 Ebd.
13 Müntefering, Franz (SPD): Plenarprotokolle, 15/4, 29.10.2002, S. 74.
14 Ebd.
15 Erler, Gernot (SPD): Plenarprotokolle, 15/13, 4.12.2002, S. 929-930.
16 Schröder, Gerhard (SPD): Plenarprotokolle, 14/253, 13.9.2002, S. 25587-25588.
17 Ebd.
18 Volmer, Ludger (GRÜNE): Plenarprotokolle, 15/13, 4.12.2002, S. 936.

im Kontext der wieder gewonnenen Souveränität auf, später dann zunehmend im Blick auf das transatlantische Verhältnis und hier insbesondere auf die Beziehungen zu den USA. Etwas tiefgreifender erscheint der *Selbstbewusstseins*-Einschnitt, der mit dem Regierungswechsel 1998 einhergeht – verkündete doch der neue Bundeskanzler in seiner programmatischen ersten Regierungserklärung das „Selbstbewusstsein einer erwachsenen Nation, die sich niemandem über-, aber auch niemandem unterlegen fühlen [müsse]".[19] [xi] Die nachfolgenden Häutungen der „erwachsenen Nation" im Kosovo-Krieg, in Afghanistan, im Irak-Krieg und in der offensiven Einforderung eines ständigen Sitzes im UN-Sicherheitsrat erscheinen vielen als logische Folge dieser neuen Selbstbeschreibung. Ob nun allerdings gerade in solchen Veränderungen ein besonderes ‚Selbst' Deutschlands zum Vorschein kommt, auf das die einleitenden Verweise auf den umgangssprachlichen Gebrauch von *Selbstbewusstsein* abheben, sei dahingestellt. Für diejenigen, die mit den außenpolitischen Sprachspielen Deutschlands weniger vertraut sind, muss es zumindest merkwürdig klingen, dass Deutschlands ‚eigener Wert' in der internationalen Politik anscheinend darin liegt, ‚normal' zu werden (→ Normalität). Nicht-deutsche Beobachter sahen darin schon vor längerem eher ein Anzeichen für fehlendes Selbstbewusstsein.[20] [xii]

Endnoten

[i] **Ehmke, Horst (SPD): Plenarprotokolle, 10/228, 10.9.1986, S. 17718:**

„Herr Bundeskanzler, ich darf Ihnen eines sagen: Über unsere Freundschaft mit Amerika haben Sie nicht zu urteilen. Es wäre gut, wenn Sie im Interesse der Freundschaft der beiden Völker darauf verzichten würden, in billiger Weise Wahlkampfmunition daraus zu ziehen, daß wir in der Tat nicht so brav sind wie Sie, sondern Kritik an manchem haben, was die Reagan-Administration tut, und diese Kritik auch vorbringen, übrigens auch in Amerika vorbringen. Aber gucken Sie einmal, Herr Bundeskanzler: Daß jemand gegen Reagan-Politik ist, macht ihn genauso wenig anti-amerikanisch, wie die vielen Millionen Menschen, die in diesem Lande gegen Kohl-Politik sind, deswegen anti-deutsch sind. Was die Sozialisten und Sozialdemokraten in Europa betrifft, empfehle ich Ihnen, einmal die gemeinsame sicherheitspolitische Plattform

---

[19]   Gaus, Bettina: TAZ, 11.11.1998, S. 12.
[20]   Noteboom, Cees: Äußerungen in der ARD Talkshow Sabine Christiansen am 3.1.1999 zum Thema: 1999 - Die Deutschen kommen, zitiert nach http://www.sabine-christiansen.de/03011999.htm [23.4.2000].

zu lesen, die diese Parteien gerade für die nächste Runde der Diskussion verabschiedet haben. Aber eines ist wahr: <u>Im Unterschied zu Ihnen wollen wir nicht Musterschüler in Washington sein, sondern wir wollen ein *selbstbewußtes* Europa, das seine Interessen im Bündnis mit Nachdruck zur Geltung bringt</u> und das im übrigen West- und Osteuropa durch ein immer engeres Netz von Beziehungen und Zusammenarbeit miteinander verbindet. Deshalb sind wir nicht nur Anhänger des westlichen Bündnisses, sondern auch überzeugte Anhänger der Bestrebungen, den KSZE-Prozeß vorwärtszutreiben, wie es übrigens dem Harmel-Bericht entspricht, der vom Bündnis gemeinsam verabschiedet worden ist, den — nicht wir — aber manche Leute im Bündnis vergessen zu haben scheinen.“

[ii] **Genscher, Hans-Dietrich (FDP): Plenarprotokolle, 10/249, 26.11.1986, S. 19373-19374:**

„Sie sprechen von den Problemen in der Atlantischen Allianz. Meine Damen und Herren, es kann doch gar nicht anders sein, als daß es unterschiedliche Auffassungen in einem Bündnis gibt, vor allen Dingen wenn es ein Bündnis von demokratischen Ländern mit einer offenen öffentlichen Meinung ist. Die unterschiedlichen Auffassungen werden auch ganz offen ausgetragen. <u>Ich fand, daß die Tagung der Außen- und Verteidigungsminister der Westeuropäischen Union in Luxemburg eine deutliche Bestätigung größeren europäischen *Selbstbewußtseins*, auch größerer europäischer Übereinstimmung war, als wir es in der Vergangenheit erlebt haben,</u> Herr Kollege Wörner wird Ihnen diesen Eindruck bestätigen, wie ich das auch sagen kann: Diese sieben Länder, die dort zusammensaßen, Frankreich, England, Italien, Luxemburg, Belgien, die Niederlande und wir, die Bundesrepublik Deutschland, sind zu gleichen Ergebnissen gekommen, nämlich daß wir wünschen, daß es eine Verständigung zwischen den beiden Großmächten über die Beseitigung der Mittelstreckenraketen größerer Reichweite gibt, daß wir aber auch wollen, daß Verhandlungen über die Mittelstreckenraketen kürzerer Reichweite geführt werden, damit wir nicht das neue Kapitel einer neuen Grauzone mit neuen Instabilitäten bekommen, sondern damit wir auch da gleiche Obergrenzen auf niedrigerem Niveau schaffen.
Jetzt sind wir dabei, das nächste Kooperationsabkommen — wie ich hoffe, recht bald — zustande zu bringen, nämlich mit den Staaten der Golfregion, wo eine Stabilisierung im Interesse des Friedens in der nah- und mittelöstlichen Region und auch im Interesse der Energieversorgung der Welt wichtig ist. Hier ist die Europäische Gemeinschaft also *selbstbewußt* als ein Faktor des Friedens in der Welt, als eine Region tätig, von der friedliche und nicht kriegerische Initiativen ausgehen, was es in der Vergangenheit gegeben hat.“

iii **Wahlprogramm SPD 1986, S. 7:**

„Die einen schwächen das westliche Bündnis durch den Verzicht auf eine *selbstbewuß-te* Vertretung unserer Interessen. Die anderen gefährden es durch außenpolitische Unberechenbarkeit – bis hin zur Forderung nach dem Ausstieg aus dem Bündnis. Beide verschließen sich den schwierigen Fragen der Wirklichkeit und flüchten sich in allzu simple Antworten".

iv **Merkel, Angela (CDU): Plenarprotokolle, 15/4, 29.10.2002, S. 68:**

„Wir wollen ein Deutschland, das sich europäischer Tradition und Werte – ich sage ganz besonnen: gerade auch der christlich-abendländischen – bewusst ist. Deshalb brauchen wir eine Politik, die fest verwurzelt ist und sich gleichzeitig Neuem öffnet. Das ist dann eine Politik, die um die Bedeutung von Halt, Heimat und Orientierung der Menschen in Zeiten der Globalisierung weiß. Wie wichtig dies gerade auch für jüngere Menschen in unserem Land ist, hat noch einmal die Shell-Studie in diesem Jahr gezeigt. Wir wollen ein Deutschland, das *selbstbewusst* ist und das sein Licht nicht unter den Scheffel stellt. Aber dieses *selbstbewusste* Deutschland werden wir nur be-kommen, wenn wir ein verlässlicher Partner sind. Verlässlichkeit ist die Vorausset-zung dafür, dass wir Leadership in Partnership wirklich leben können. Sie haben auf diesem Gebiet Vertrauen verspielt. Wir von der Opposition werden versuchen, es so weit wie möglich wiederzugewinnen."

v **Wahlprogramm CDU 1986, S. 8-9:**

„Das Bündnis mit den USA ist die Grundlage unserer Sicherheit
Ohne das atlantische Bündnis wären wir der kommunistischen Weltmacht Sowjetuni-on ausgeliefert. Deshalb sind die neutralistischen Tendenzen innerhalb der SPD und die Bündnisfeindlichen Beschlüsse ihres grünen Wunschpartners eine Gefahr für unser Land und für die westliche Welt. Ohne die Bereitschaft der Amerikaner, für uns einzutreten, gäbe es keine freiheitliche und demokratische Bundesrepublik Deutsch-land und nicht das freie Berlin.
Umgekehrt gilt: Ohne das Bekenntnis der Bundesrepublik Deutschland zur freiheitli-chen-rechtsstaatlichen Demokratie und ohne ihren Beitrag zum Bündnis mit den USA würde auch der westliche Teil Europas in die Einflußzone der Sowjetunion geraten. Daraus folgt: Die USA und die Bundesrepublik Deutschland sind aufeinander ange-wiesen. Deshalb muß die politische und strategische Einheit des Bündnisses auch künftig erhalten bleiben. Funktionierende und tragfähige deutsch-amerikanische Beziehungen, erfordern auch, daß die Bundesrepublik Deutschland die Vereinigten Staaten in ihren Bemühungen unterstützt, weltweiter expansiver Politik der Sowjet-

union entgegenzutreten. CDU und CSU haben die deutsch-amerikanischen Beziehungen wieder gefestigt. Helmut Kohl und Franz Josef Strauß genießen Vertrauen in den USA und haben die Respektierung der deutschen Interessen sichergestellt. Heute betrachten die USA und Deutsche wieder als *selbstbewußte* Partner, auf die Verlaß ist und auf deren Rat gehört wird.

Wir wollen das europäische Gewicht im Bündnis stärken
Das Bündnis muß auf zwei Säulen ruhen: Amerika und Europa. Dies ist heute noch nicht der Fall, weil Europa wegen seiner fehlenden politischen Einigung militärisch und politisch noch zu schwach ist. Dem großen wirtschaftlichen Gewicht muß in Zukunft eine größere Verantwortung der Länder der Europäischen Gemeinschaft auch in der Sicherheitspolitik entsprechen. Europa muß ein gleichberechtigter Partner Amerikas sein.
[…] Die hingegen von uns gewollte Stärkung des europäischen Beitrags zur Sicherheit festigt die Partnerschaft zwischen Europäern und Amerikanern innerhalb des Bündnisses."

[vi] **Rose, Klaus (CSU): Plenarprotokolle, 12/14, 13.3.1991, S. 790:**

„Das souveräne Deutschland muß auch seinen eigenen Beitrag zur Sicherheit und zur Verteidigung leisten. Keine ernst zunehmende Stimme erhebt sich z. B. in Frankreich oder Großbritannien, geschweige denn in den Vereinigten Staaten, gegen eigene Streitkräfte. Wenn man sich aber über die Notwendigkeit einer eigenen Armee klar ist, dann muß man auch ein vernünftiges Verhältnis zu dieser eigenen Armee entwickeln. Ich meine, es ist richtig, im Zuge einer Verkleinerung der Bundeswehr und einer Verringerung der militärischen Personalstärke eine angemessene Kürzung im Verteidigungsetat vorzunehmen. Doch ein Steinbruch für alle sonstigen Pläne kann dieser Verteidigungsetat nicht sein. Wo sollen denn die motivierten Soldaten herkommen, wenn man ihnen ständig das Gefühl vermittelt, eigentlich seien sie nicht erwünscht, eigentlich wolle man ihnen etwas wegnehmen, eigentlich wolle man sie mit minderwertiger Technologie abspeisen? Vielleicht träumen ja manche davon, das Deutschland eine kleine Schweiz sein könne, dass seine Ruhe haben, vielleicht das Geld horten wolle. Aber dieses Bild stimmt nicht für die Schweiz, und es stimmt selbstverständlich nicht für das in seiner Geographie, in seiner Wirtschaftskraft, in seiner Bevölkerungszahl viel größere Deutschland. Ein souveränes Deutschland darf also durchaus *selbstbewußt* sein. Am besten ist es aber, wenn seine wirtschaftliche Stärke anderen zugute kommt, besonders den kleineren östlichen Nachbarn, ohne dort einen Ausverkauf zu machen, nachdem das bisherige Wirtschaftssystem zusammengebrochen ist. Trotzdem sollte man die Deutschen nicht so sehr an ihrer Wirtschaftskraft messen und schon gar nicht an ihrer Armee. Man sollte uns vielmehr messen an der kulturellen

Ausstrahlung, an der reichen Begegnungskraft, an den zahlreichen und auch erfolgreichen Bemühungen der kulturellen Begegnungen. Einem derartigen Ziel muß die deutsche Außenpolitik besonders dienen."

vii Müntefering, Franz (SPD): Plenarprotokolle, 15/4, 29.10.2002, S. 74:

„Ein Projekt heißt: Deutschland, ein normales Land in Europa. Lange Zeit war Deutschland getrennt und wir Deutschen in West und in Ost lebten in einer besonderen Situation. Wir hatten *ein* Vaterland, aber wir lebten in *zwei* Welten. Unsere Situation war unnormal. Wie tief greifend die Entwicklung seit 1990 für unser Land und für uns als Deutsche in diesem Land sein würde, haben wir 1990 vielleicht noch nicht geahnt. Jetzt ist Deutschland ein normales Land in Europa mit Rechten und Pflichten und in der Verantwortung, seinen Beitrag für das Gelingen Europas zu leisten. Bundeskanzler Gerhard Schröder tut das, *selbstbewusst* die Interessen Deutschlands wahrend – das hat sich in den vergangenen Tagen nicht zum ersten Mal gezeigt –, aber auch darauf bedacht, dass Deutschland seinen Beitrag dazu leistet, dass dieses Europa weiter wachsen kann und eine Region des Friedens, der Demokratie und des Wohlstands bleibt. Die Bundesregierung hat dafür unsere Unterstützung."

viii Erler, Gernot (SPD): Plenarprotokolle, 15/13, 4.12.2002, S. 929-930:

„Herr Schäuble, es reicht Ihnen offensichtlich nicht, den falschen Vorwurf des organisierten Antiamerikanismus zu verbreiten. Sie setzen noch eins drauf und versteigen sich weiter in Ihrer verbalen Aufrüstungsspirale gegen die Bundesregierung. Bisheriger Höhepunkt ist aus meiner Sicht ein Satz aus dem schon erwähnten Artikel in der „Frankfurter Rundschau" von gestern, den ich Ihnen gerne vorlesen möchte. Er lautet: Mit populistischen Attacken und der Unterstützung mehr oder weniger aggressiver und krimineller Aktionen gegen angeblich US-geführte weltwirtschaftliche Verschwörungen verspielt Rot-Grün allerdings auch in dieser Frage jede Glaubwürdigkeit. Sie erheben hier den Vorwurf, Herr Schäuble, Rot- Grün unterstütze kriminelle Aktionen. Das ist ungeheuerlich, umso mehr, als Sie nicht den Hauch eines Beleges hierfür anführen. Herr Kollege Schäuble, ich fordere Sie in aller Ruhe, aber auch in aller Entschiedenheit auf: Belegen Sie diesen unerhörten und ungeheuerlichen Vorwurf der Unterstützung krimineller Akte oder schaffen Sie ihn aus der Welt! So kann man nicht miteinander umgehen: Ich sage noch einmal: Wir sind zur Diskussion, zur Zusammenarbeit wie auch zum Streit über die richtigen politischen Strategien in dieser außerordentlich gefährlichen Nachseptemberwelt bereit. Diese zwingt uns zur Vernunft und zur Kooperation, verbietet uns aber, unsere Ressourcen und unsere Kräfte am falschen Platz zu vergeuden. Genau das tun Sie aber, wenn Sie mit Ihrer faktenleeren Aggression und Ihrer verantwortungsvergessenen Destruktivität gegenüber allem, was diese Bundesregierung auch in der Außen- und Sicherheitspolitik macht, fortfahren. Wir sind – das kann ich Ihnen versichern – bei diesem Thema sehr *selbstbewusst*. Deutschland hat weltweit noch nie so viele internationale Verpflichtungen übernommen wie heute. Darunter sind mehrere militärische Verpflichtungen, aber noch mehr zivile. Wir werden an einem europäischen Modell für die globale Politik in der Nachseptemberwelt weiterarbeiten – mit Ihnen, wenn Sie wollen, aber auch ohne Sie, wenn Sie sich weiter so verweigern wie bisher. Wir sind *stolz* auf einen Bundeskanzler und auf einen Außenminister, die es geschafft haben, für diesen Kurs, für den es in diesem Land in vielen Punkten in den vergangenen Jahren keine Mehrheit gegeben hätte, eine Zustimmung um mehr als 80 Prozent der Bevölkerung zu erhalten. Das ist eine solide Grundlage für die Arbeit, die wir in den nächsten vier Jahren vorhaben. Auf dieser Grundlage werden wir weiterarbeiten. Vielen Dank für Ihre Aufmerksamkeit."

[ix] **Schröder, Gerhard (SPD): Plenarprotokolle, 14/253, 13.9.2002, S. 25587-25588:**

„Viertens. In der internationalen Politik kennen und erfüllen wir unsere Bündnisverpflichtungen ohne Wenn und Aber. Das haben wir in den vier Jahren, in denen wir regiert haben, bewiesen: im Kosovo, in Mazedonien, aber auch bei „Enduring Freedom". Dass es nicht für alle – auch für mich nicht – leicht gewesen ist, diese Entscheidungen zu treffen, ehrt diejenigen, die entschieden haben, weil sie solche Entscheidungen nicht leichtfertig treffen. Aber wir haben entschieden und das hat Deutschlands Ansehen in der Welt gemehrt. Diese internationale Politik der Bündnisfähigkeit und -bereitschaft, eine internationale Politik des *Selbstbewusstseins* ohne Überheblichkeit, habe ich in den letzten vier Jahren mit Außenminister Fischer entworfen und durchgesetzt. Wir werden sie auch gemeinsam weiter durchsetzen."

[x] **Volmer, Ludger (GRÜNE): Plenarprotokolle, 15/13, 4.12.2002, S. 936:**

„Wenn es nicht einmal mehr möglich sein darf, in einer präzise beschreibbaren sicherheitspolitischen Frage anderer Meinung zu sein als bestimmte Sicherheitskreise in den Vereinigten Staaten, dann frage ich Sie: Wo ist denn die europäische Freiheit gegenüber den amerikanischen Partnern? Können wir uns dann überhaupt noch als Partner empfinden oder müssten wir uns nicht selbstkritisch als Vasallen bezeichnen?
Einen solchen Status gegenüber den Vereinigten Staaten wollen wir nicht. Wir wollen Freundschaft, wir wollen Partnerschaft als Konstante der deutschen und der europäischen Außenpolitik. Aber diese Partnerschaft muss auch dazu dienen, sich solidarisch darüber zu verständigen, wie denn die neue Weltordnung aussehen soll, ob sie – das ist der europäische Vorschlag und das entspricht auch den Grundlinien rot-grüner Außenpolitik – auf Multilateralismus setzen soll, hauptsächlich organisiert durch die Vereinten Nationen und die anderen Regionalorganisationen, ob sie bestehen soll aus

einer internationalen Strukturpolitik, aus einer globalen Ordnungspolitik, aus Global Governance oder ob sie bestehen soll aus der Hegemonie der verbleibenden Supermacht. Dass diese Supermacht Interessen hat, die man sogar nachvollziehen kann, wenn man sich in ihre Position begibt, räumen wir ein. Deshalb ist das auch kein gegnerischer Diskurs, sondern ein freundschaftlicher. Wir werden nicht Weisungsempfänger sein, von wo auch immer die Weisungen kommen sollten. In diesem Sinne werden wir weiterhin eine *selbstbewusste* Politik mit Augenmaß betreiben. Das betrifft den Irak, das betrifft Afghanistan, das betrifft die Türkei."

[xi] **Gaus, Bettina: TAZ, 11.11.1998, S. 12:**

„Was ich hier formuliere, ist das *Selbstbewußtsein* einer erwachsenen Nation, die sich niemandem über-, aber auch niemandem unterlegen fühlen muß, die sich der Geschichte und ihrer Verantwortung stellt, aber bei aller Bereitschaft, sich damit auseinanderzusetzen, doch nach vorne blickt." Vgl. „Weil wir Deutschlands Kraft vertrauen ...". Regierungserklärung des Bundeskanzlers vor dem Deutschen Bundestag, 10. November 1998, in: Bulletin, Nr. 74 (11. November 1998), S. 910."

[xii] **Noteboom, Cees: Äußerungen in der ARD Talkshow Sabine Christiansen am 3.1.1999 zum Thema: 1999 - Die Deutschen kommen**, zit. nach http://www.sabine-christiansen.de/03011999.htm [23.4.2000]:

„Wenn eine Regierung viel über *Selbstbewußtsein* redet, hat sie wahrscheinlich keines. Auf mich macht die deutsche Regierung einen nervösen Eindruck. [...] Ganz Europa schaut skeptisch auf Deutschland."

Sonderweg[1]

Die Vokabel *Sonderweg* findet im **alltäglichen Gebrauch** wenig bis gar keine Verwendung. Nach dem 2. Weltkrieg wurde sie zumeist im Zusammenhang mit deutscher Außenpolitik angewandt. In den überwiegenden Fällen wird ein solcher Weg als ein deutsches Abweichen von bewährtem außenpolitischen Handeln verstanden, der abseits jener Wege beschritten wird, die die europäischen Nachbarn verfolgen.

In seiner **historischen Entstehung** ist der Begriff des *Sonderwegs* im 18. Jahrhundert zu verorten. Er diente anfangs frühen nationalliberalen Intellektuellen bei dem Versuch, Deutschland als kulturell überlegene Nation von den anderen europäischen Staaten abzugrenzen. Diese positive Konnotation verlor er nach der Reichsgründung zunehmend durch englische und französische Fremdzuschreibungen. In deren Verständnis standen nicht mehr kulturelle Leistungen im Mittelpunkt, sondern der als bedrohlich empfundene Militarismus und Machtdurst des Kaiserreichs, dessen Wurzeln in den antiparlamentarischen Ansichten der nicht-bürgerlichen Führungsschicht gesehen wurden. Deutschland würde mit diesem ‚rückschrittlichen' Weg vom französischen und englischen Vorbild liberaler Verfassungsgebung abweichen. Die Befürchtungen eines gefährlichen *deutschen Sonderwegs*, der zwangsläufig in einer Katastrophe enden müsse, schienen sich nach dem Ersten und erst recht nach dem Zweiten Weltkrieg bestätigt zu haben. Auch in der jungen Bundesrepublik setzte sich in akademischen Kreisen die fatalistische Deutung durch, dass der Weg in den Nationalsozialismus, und damit auch ins Verderben des Zweiten Weltkriegs, bereits seit vielen Jahrzehnten vorgezeichnet war, da Deutschland anders als Frankreich oder Großbritannien seine nationale Einigung nicht durch Revolutionen erreicht habe, sondern durch Kriege gegen seine Nachbarstaaten. Panajotis Kondylis vertritt die These, dass sich die negativ besetzte „Theorie des Sonderwegs" weitgehend unhinterfragt in Deutschland gehalten habe, weil das kollektive Schuldeingeständnis eine Rechtfertigung dafür lieferte, sich auf das Streben nach wirtschaftlichem Erfolg zu beschränken und die Bundesrepublik somit von schmerzhaften (macht)politischen Entscheidungen entbunden war: „Je lauter man sich zu den kollektiven Verbre-

---

[1]   Diesen Beitrag haben Sebastian Kessler und Christian Weber maßgeblich verfasst. Beigetragen haben außerdem Erhard Mattern und Frank Walzel.

chen bekannte, desto sicherer konnte man sein, dass man keine Risiken eingehen musste, sondern den Wohlstand gleichsam abseits der Geschichte genießen konnte".[2]

Die Vokabel *Sonderweg* behielt in der Öffentlichkeit und bei den politischen Eliten die Konnotation eines geschmähten und **historisch belasteten Wegs für die deutsche Außenpolitik**. Mitte der achtziger Jahre ist die Absage an einen *deutschen Sonderweg* fester Bestandteil eines jeden Parteiprogramms und gilt als allgemeiner Grundkonsens. Alle im Bundestag vertretenen Parteien warnen in den achtziger Jahren vor dem Gespenst des *Sonderwegs*, obwohl keine von ihnen ernsthaft ihm Verdacht stehen konnte, ihn tatsächlich beschreiten zu wollen. Nicht nur die SPD hält „die Idee eines deutschen Sonderwegs" für unrealistisch, da er die Stabilität Europas gefährde. Man ist sich über alle Parteigrenzen hinweg einig, dass „die Teilung Deutschlands […] nur in einer europäischen Friedensordnung aufgehoben werden"[3] [i] könne (→ Frieden). Auch die CDU lehnt deutsche Alleingänge entschieden ab. Statt *Sonderwegen* müsse die deutsche Außenpolitik einen *europäischen Weg* gehen (→ Europa). Wolfgang Schäuble beansprucht 1998 vor dem deutschen Bundestag für seine Partei: „Wir gehen den Weg außenpolitischer Verlässlichkeit. Wir gehen den Weg der europäischen Integration. Wir gehen den Weg der Solidarität in Deutschland und in Osteuropa".[4] [ii] Der *europäische Weg* wird in der CDU/CSU als Antonym zu *Sonderweg* gebraucht. Peter Hintze ist nicht der Einzige, der daran erinnert, dass „Deutschland jede Form eines deutschen Sonderweges schadet und dass es der europäische Weg ist, der unseren Interessen dient"[5] [iii] (→ Interesse).

Allerdings etablierte sich 1998, in unmittelbarer Nähe zum *Sonderweg*, der von Oskar Lafontaine eingebrachte Begriff des **deutschen Wegs**, den er selbst ursprünglich auf den Bereich der Wirtschaftspolitik bezog. Im Bundestagswahlkampf belegte die Regierung Kohl den innenpolitischen Begriff jedoch mit der noch immer als Tabu angesehenen außenpolitischen Bedeutung, kritisierte, dass nicht beachtet werde, „welche Wirkung solche Äußerungen von einem deutschen Weg haben" und wies darauf hin, dass „der frühere Präsident Giscard d'Estaing mit schmaler Lippe dazu sagen würde: Die Deutschen sind wieder auf dem deutschen Weg".[6] [iv] Während die Unionsparteien Metaphern über einen wie auch immer gearteten *deutschen Weg* aus Gründen historischer Sensibilität vermeiden

[2]   Kondylis 1993, S. 31.
[3]   Wahlprogramm SPD 1986, S. 41.
[4]   Schäuble, Wolfgang (CDU): Plenarprotokolle, 13/247, 3.9.1998, S. 23082.
[5]   Hintze, Peter (CDU): Plenarprotokolle, 15/4, 29.10.2002, S. 106.
[6]   Kohl, Helmut (CDU): Plenarprotokolle, 13/247, 3.9.1998, S. 23061.

wollen, hat die SPD hier weniger Berührungsängste. Im Sommer 2002 ist es diese Formulierung, die die SPD im Wahlkampf einsetzte, um nicht nur die wirtschaftspolitische Programmatik der SPD, sondern vor allem die Ablehnung einer deutschen Beteiligung an einem Krieg gegen Irak auf eine einprägsame Formel zu bringen. In seiner Aufsehen erregenden Wahlkampfrede am 5. August in Hannover bezeichnete Gerhard Schröder die in Washington diskutierten Kriegspläne als Abenteuer und titulierte seine vehemente Ablehnung dieser Überlegungen als *deutschen Weg*. Welche Art von Außenpolitik er mit dieser Formulierung darüber hinaus verbunden wissen wollte, erläuterte er wenige Tage später in der BILD-Zeitung. Einerseits verstehe er darunter, dass deutsche Bürger „das Europa der Völker bauen und weltweit Frieden und Menschenrechte sichern und schützen helfen". Andererseits folgert er im gleichen Atemzug daraus, dass „wir deshalb unsere nationalen Interessen nicht verstecken"[7] [v] müssten (→ Interesse). Die Enttabuisierung der Sonderwegs-Metapher zur Beschreibung deutscher Außenpolitik erfolgt hier über eine Begriffsabwandlung, deren Ziel es ist – ähnlich wie der im ursprünglichen Sinne verwendete *Sonderweg* – zur nationalen Identitätsstiftung beizutragen. Auch die Kommentatoren der Tageszeitungen greifen diese Formulierung auf, allerdings weisen sie ihr je nach politischem Standpunkt unterschiedliche Bedeutung zu.

In der Bewertung des von Schröder benutzten Vokabulars rückte die FAZ in Übereinstimmung mit der Position der CDU/CSU den Begriff *deutscher Weg* auf gleiche Höhe mit dem negativen Bild des *Sonderwegs*: „Ob Schröders griffiges Wahlkampfwort vom deutschen Weg in erster Linie der rostfreien Liebe des Sozialdemokraten zum Sozialstaat galt und ob darin auch ein ganz klein wenig außenpolitische Entfesselungskunst mitschwingen sollte: In Ländern nah und fern hören viele dabei gleich den historisch belasteten Begriff ‚Sonderweg' heraus und fühlten sich prompt irritiert".[8] [vi] Von dieser Position aus betrachtet, verpflichten die Nazi-Verbrechen der Vergangenheit also auch heute noch zu rhetorischer Zurückhaltung.

Die taz hingegen stand einem *deutschen Weg* weniger kritisch gegenüber. Die Deutschen seien „auf der Reise zu sich selbst", allerdings müsse die „ehrlich[e], wirksame und zugleich unangenehme Formulierung" des *deutschen Wegs* nachvollziehbar sein und die Geschichte berücksichtigen. Die Regierung dürfe zwar keiner „verschwundenen deutschnationalen Interessenpolitik" folgen, müsse

7   Schröder, Gerhard (SPD): „Meine Vision von Deutschland", Beitrag von Bundeskanzler Schröder in der BILD-Zeitung vom 8.8.2002.

8   Frankenberger, Klaus Dieter: „Doch kein Weg", in: Frankfurter Allgemeine Zeitung vom 16.10.2002, S. 10.

aber „die Interessen des Nationalstaats unter den Bedingungen der Globalisierung auslote[n]".[9] [vii] Auch im stark umkämpften Wahlkampfthema um einen militärischen Einsatz im Irak sei der von Schröder ins Spiel gebrachte *deutsche Weg* nur dann sinnvoll, wenn er „zum europäischen Weg verbreiter[t]" werde. Trotz leichter Beanstandung teilt die taz weitgehend den Sprachgebrauch der rotgrünen Bundesregierung. Ob der *deutsche Weg* in der Tradition des negativen *Sonderwegs* gesehen wird, ist also abhängig vom politischen Blickwinkel des Beobachters.

Wenn *deutsche Sonderwege* als solches kenntlich gemacht werden, finden sie vor dem Hintergrund der Gräueltaten nationalsozialistischer Kriegspolitik zwar im Allgemeinen auch heute wenig Unterstützung. Dennoch gibt es nicht unbedeutende Unterschiede zwischen den politischen Lagern, welche Art von *Sonderwegen* abgelehnt wird. Die Union lehnt außenpolitische Alleingänge rigoros ab. Sie zieht aus der Geschichte den Schluss, dass deutsche Außenpolitik nur dann erfolgreich sein kann, wenn sie sich auf einen *europäischen Weg* begibt. Während der Regierungszeit Gerhard Schröders wird in der SPD der Zusammenhang zwar im Grunde genauso gesehen, aber als weniger heikel bewertet. Vor allem Lafontaine und Schröder vertraten in jeweils unterschiedlichen Kontexten die Auffassung, dass die deutsche Außenpolitik eine eigenständige Linie verfolgen müsse, die man mit gutem Gewissen als *deutschen Weg* bezeichnen könne. Die Diskussion um den problematischen Begriff spaltet sich also klar in zwei unterscheidbare Lager auf. Dabei haben einige sozialdemokratische Politiker eine Aufweichung der einhelligen Tabuisierung *deutscher Sonderwege* angestoßen. Das kann als Versuch gewertet werden, eine Erweiterung des deutschen Handlungsspielraums durch eine positive und identitätsstiftende Aufladung des *deutschen Wegs* politisch zu rechtfertigen.

---

[9]   Senocak, Zafer: „Die neue Souveränität", in: Die Tageszeitung vom 27.9.2002, S. 12.

Endnoten

[i] **Wahlprogramm SPD 1986, S. 41:**

„Die Idee eines deutschen *Sonderweges* – zumal in die Neutralität – ist unrealistisch. Er würde die Stabilität in Europa gefährden. Die Teilung Deutschlands kann nur in einer europäischen Friedensordnung aufgehoben werden. Auch wenn offen ist, wann und in welcher Form die Deutschen zu einer Gemeinschaft finden können, halten wir Sozialdemokraten an dem Ziel fest, die Teilung Deutschlands zu überwinden."

[ii] **Schäuble, Wolfgang (CDU): Plenarprotokolle, 13/247, 3.9.1998, S. 23082:**

„Wir werden im kommenden Jahrhundert darauf angewiesen bleiben, verläßliche Partner zu haben. Das heißt, wir müssen selber verläßlich bleiben. Wer in den vergangenen Jahren so oft das Gegenteil geredet hat wie Schröder, Fischer, Trittin und Lafontaine, der ist außenpolitisch nicht berechenbar und gewinnt keine verläßlichen Freunde, sondern wird uns in die Isolierung führen. Dazu paßt ja das Geschwätz Ihres Wirtschaftsministerkandidaten vom *deutschen Sonderweg*. Könnte es etwas Dümmeres am Ende dieses Jahrhunderts geben? Es gibt keinen *deutschen Sonderweg*, sondern nur den Weg von Wettbewerbsfähigkeit und Integration.
(Beifall bei der CDU/CSU und der F.D.P.)
Meine Damen und Herren, unser Weg für die kommenden Jahre ist klar.
(Walter Kolbow [SPD]: Ja, Opposition!)
Jedermann weiß es, und darüber ist zu entscheiden. Wir gehen den Weg
(Günter Verheugen [SPD]: In die Opposition!)
außenpolitischer Verläßlichkeit. Wir gehen den *Weg europäischer Integration*. Wir gehen den Weg der Solidarität in Deutschland und in Osteuropa. Wir konzentrieren uns darauf, uns auf unsere Stärken zu besinnen und nicht über die Schwächen zu lamentieren. Wir gehen den Weg, unsere Wettbewerbsfähigkeit auszubauen, um den wirtschaftlichen Wohlstand zu erhalten und die Mittel für soziale Gerechtigkeit zu haben. Es nützt doch alles nichts: Wenn man nicht wirtschaftlich leistungsfähig ist, hat man auch keine soziale Gerechtigkeit."

[iii] **Hintze, Peter (CDU): Plenarprotokolle, 15/4, 29.10.2002, S. 106:**

„Frau Präsidentin! Meine sehr geehrten Damen und Herren! Wenn es eine Lehre aus der Geschichte des 20. Jahrhunderts gibt, dann ist es die, dass Deutschland jede Form eines *deutschen Sonderweges* schadet und dass es der *europäische Weg* ist, der unseren Interessen dient.
(Beifall bei der CDU/CSU sowie des Abg. Dr. Wolfgang Gerhardt [FDP])

Der Bundesaußenminister ist erfreulicherweise noch unter uns. Wir haben heute auch eine _neue Form des grünen Sonderweges_ kennen gelernt. Das ganze Plenum war gespannt auf die zwei klugen Kolleginnen, die die Grünen zu Fraktionssprecherinnen gewählt haben; aber Herr Fischer hat beschlossen, alle Debattenbeiträge selber zu leisten. Ich hoffe im Interesse des Hauses, dass das in Zukunft nicht so weitergeht."

[iv] **Kohl, Helmut (CDU): Plenarprotokolle, 13/247, 3.9.1998, S. 23061:**

„Wenn Sie dort verkündet hätten: Ich, Gerhard Schröder, will Kanzler werden und der Mann neben mir, hinter mir - wie immer Sie es nennen wollen – wird dann eine Politik des _deutschen Weges_ machen, hätten die vielen Leute aus aller Herren Länder Sie ausgelacht. Wie wollen Sie das Herr Ministerpräsident Schröder, in einem globalen System machen? Sie sind doch einer der Vorkämpfer der Internationalisierung von VW gewesen. Ich habe Sie dabei immer unterstützt. Sie sind doch nach Großbritannien gefahren und haben hin und her verhandelt. Sie haben alles mögliche gemacht. Sie waren doch immer für Internationalisierung. Sie haben sich einen Manager aus Spanien geholt, der ist dann wieder gegangen. Sie waren aber immer für Offenheit Das ist ja in Ordnung.

(Heiterkeit bei der CDU/CSU und der F.D.P.)

Aber Sie können doch keinen _deutschen Weg_ gehen. Merken Sie denn nicht, Herr Lafontaine - ich unterstelle Ihnen das nicht; Sie kennen das Umfeld der französischen Kammer besser als ich -, welche Wirkung solche Äußerungen von einem _deutschen Weg_ haben? Ich denke daran, was der frühere Präsident Giscard d'Estaing mit schmaler Lippe dazu sagen würde, nämlich: Die Deutschen sind wieder auf einem _deutschen Weg_.

(Dr. Wolfgang Gerhardt [F.D.P]: Das kennen die alles!)

Meine Damen und Herren, das ist wirklich schädlich. Lassen Sie das doch bitte sein. Das ist auch sachlich unsinnig."

[v] **Schröder, Gerhard (SPD): „Meine Vision von Deutschland", Beitrag von Bundeskanzler Schröder in der BILD-Zeitung vom 8.8.2002:**

„Unser Deutschland ist ein selbstbewusstes Land. Es ist stolz auf die eigene Tradition und offen für den Reichtum anderer Kulturen. In diesem Land kann jeder seine Lebensträume verwirklichen - ganz gleich, aus welcher Kultur oder sozialen Schicht er stammt.

Unser Deutschland kennt keine lähmende Bürokratie, sondern Behörden, die Partner der Bürger sind. Es kennt kein Schlangestehen vor Amtsschaltern, sondern freundlichen Service, der den Menschen bei der Lösung ihrer Probleme hilft.

Unser Deutschland genießt Respekt und Ansehen in der Welt. Weil wir Partner und Vorbild sind. Weil wir das Europa der Völker bauen und weltweit Frieden und Menschenrechte sichern und schützen helfen. Und weil wir deshalb unsere nationalen Interessen nicht verstecken müssen. Das ist unser *deutscher Weg*. Für diese Vision kämpfe und arbeite ich."

[vi] **Frankenberger, Klaus Dieter: „Doch kein Weg", in: Frankfurter Allgemeine Zeitung vom 16.10.2002, S. 10:**

„Ob Schröders griffiges Wahlkampfwort vom *deutschen Weg* in erster Linie der rostfreien Liebe des Sozialdemokraten zum Sozialstaat galt und ob darin auch ein ganz klein wenig außenpolitische Entfesselungskunst mitschwingen sollte: In Ländern nah und fern hörten viele dabei gleich den historisch belasteten Begriff "*Sonderweg*" heraus und fühlten sich prompt irritiert. Sollte das heißen, das souveräne Deutschland wolle fünfzig Jahre deutscher Europapolitik auf den Sperrmüll werfen? Fischer, der Schröders (und Münteferings) Wortschöpfung wegen der naheliegenden Assoziation von Anfang an für einen Fehlgriff hielt, hat nun mit der Autorität des eigentlichen Wahlsiegers die Sache für beendet erklärt. Vergeßt den Quatsch vom *deutschen Weg*! Natürlich ist Deutschlands Platz in Europa. Wo denn sonst? Damit wird es höchste Zeit, daß das europäische Projekt wieder mit Ernst betrieben wird. Die Arbeitsteilung zwischen einem Kanzler, der durch europapolitische Beliebigkeit auffällt, und einem Außenminister, der den Integrationisten gibt, ist nicht gerade hilfreich, wenn es um die europäische Kursbestimmung Berlins geht. Sonst bleibt auch der Ruf nach mehr politischer Einigung ein Schlagwort, dem, so sagt man wohl heute, die Nachhaltigkeit fehlt."

[vii] **Senocak, Zafer: „Die neue Souveränität", in: Die Tageszeitung vom 27.9.2002, S. 12:**

„Deutschland ist nicht nur blockiert, sondern auch unruhig und verunsichert. Zwölf Jahre nach der Wiedervereinigung ist ein Narr, wer glaubt, die politischen Konstanten der alten Bundesrepublik hätten noch Bestand. Das gilt für die unbedingte Loyalität gegenüber den USA ebenso wie für die zurückhaltende Formulierung deutscher Interessen auf der internationalen Bühne. Die Deutschen sind auf einer Reise zu sich selbst, und deshalb ist Schröders Rede vom "*deutschen Weg*" eine ehrliche, wirksame und zugleich unangenehme Formulierung.[...] Es ist ein Glücksfall, dass es die rot-grüne Koalitionsregierung mit ihrem besonnenen Außenminister ist, die Deutschland auf dem Selbstfindungspfad führen wird. Hätte die Union Verantwortung übernommen, hätte sie sich sowieso nicht auf diesen Weg getraut. Zu groß wäre ihre durchaus berechtigte Angst vor dem eigenen nationalen Schatten gewesen. Deswegen spielen die Konservativen in Deutschland die nationale

Karte seit Jahrzehnten ausschließlich in der Innenpolitik, vor allem gegenüber Zu-
wanderern und Minderheiten. Doch auch hier ist vieles in Bewegung gekommen.
Verglichen mit den unverblümten Fremdenangstkampagnen der Kohl-Ära, war die
von den Unionsparteien im Wahlkampf halbherzig angestimmte Zuwanderungsde-
batte eine geradezu philanthropische Veranstaltung.

Erst wenn die Union die letzten Reste der Fremdenfeindlichkeit abgestreift hat, wird
auch sie sich auf den *deutschen Weg* machen können. Ein Weg, der eben nicht zu einer
in den Abgründen der Geschichte verschwundenen deutschnationalen Interessenpolitik führt, sondern die Interessen des Nationalstaats unter den Bedingungen der Globalisierung auslotet. Bis dahin aber bleibt sie eine Partei der alten Bundesrepublik. Ein
Treppenwitz der Geschichte, wenn man bedenkt, dass die Wiedervereinigung das
Lebenswerk und die historische Leistung Helmut Kohls war. Kohl und Schäuble
brachten damals alles unter Dach und Fach, aber sich selbst nicht ins Lot. Sie hatten es
verpasst, sich neu zu positionieren. Sie sind Fremde im wiedervereinten Deutschland
geblieben, Männer der Geschichte."

Stolz[1]

Stolz – a) berechtigtes Selbstgefühl eigenen Wertes der in sich ruhenden
Persönlichkeit; b) geltungsbedürftiger Hochmut, Dünkel.[2]

– späte bildung zum vorigen [*stolz* als Adjektiv] an stelle von mhd.
stolzheit. (...) (1) zur allgemeinen begriffsbestimmung: der hochmuth ist
vom stolz als ehrliebe, das ist sorgfalt, seiner menschen würde im vergleich mit andern nichts zu vergeben, unterschieden.[3]

Mit dem Begriff *Stolz* bringt man im **alltäglichen Sprachgebrauch** ein Gefühl der
Freude und der Selbstgewissheit über die eigenen Leistungen, den eigenen Besitz
oder die eigene Identität zum Ausdruck. *Stolz* braucht immer einen Träger und
einen Bezugspunkt, also eine Person oder eine Gruppe, der oder die auf etwas
stolz ist. *Stolz* wird gemeinhin als berechtigt akzeptiert, solange dafür eine Grundlage ersichtlich ist. Eine Übertreibung darüber hinaus erweckt schnell den Eindruck von Prahlerei und Arroganz.

In den **außenpolitischen Debatten** gibt es keinen Streit darüber was *Stolz*
ist, seine Bedeutung ist im Gebrauch allgemein verständlich. Gestritten wird
allerdings darüber, worauf man *stolz* sein kann. Anders als bei Begriffen wie
Deutschland oder Europa steht die Bedeutung des Wortes *Stolz* nicht im Mittelpunkt der Rede, sondern normalerweise eine umstrittene politische Entscheidung, die aufgewertet werden soll. Dabei ist eine Besonderheit des Begriffs, dass
er eher an die Gefühle der Adressaten appelliert, statt sie – beispielsweise bei der
Bewertung von Bundeswehreinsätzen im Ausland – mit Hilfe einer schlüssigen
Argumentation für einen bestimmten Standpunkt zu gewinnen.

Mit seiner Benutzung können Politiker mehrere Dinge gleichzeitig tun. Das
Wort *Stolz* eignet sich sehr gut, um Gruppen zu konstruieren, und sie als heraus-

---

[1]   Diesen Beitrag haben Sebastian Kessler und Christian Weber verfasst.
[2]   Herders Sprachbuch, Freiburg im Breisgau, 1960.
[3]   Stichwort ‚Stolz', in: Deutsches Wörterbuch von Jacob und Wilhelm Grimm [1885]:
      http://germazope.uni-trier.de/Projects/WBB/woerterbuecher/dwb/wbgui?lemmode=
      lemmasearch&mode=hierarchy&textsize=650&onlist=&word=stolz&lemid=GS47382&query
      _start=1&totalhits=0&textword=&locpattern=&textpattern=&lemmapattern=&verspattern=#
      GS47382L0 [12.12.2007].

ragend dar- und anderen gegenüberzustellen. Wer hervorhebt, dass er *stolz* auf etwas ist, will Verbundenheit erzeugen, eine Gemeinschaft beschwören und seine Anhänger motivieren. *Stolz* wird dabei häufig als rhetorisches Stilmittel verwendet, um die Richtigkeit und den Erfolg eigener Entscheidungen hervorzuheben und damit implizit alternative Lösungsvorschläge als inakzeptabel darzustellen. Der Begriff dient besonders für die jeweilige Regierung als verbales Werkzeug zu Erhaltung des derzeitigen Status Quo. Mit der Beteuerung, dass man *stolz* auf das Erreichte sei, enden oft Abschnitte innerhalb einer Rede. Der Verweis auf den eigenen *Stolz* schließt dann den inhaltlichen Rahmen und gibt das Signal zum Beifall. Dabei sind die Themen, auf die sich der *Stolz* bezieht, weitgehend austauschbar. Seine Verwendung gleicht meistens der Formel: Wir sind *stolz* auf X.

Wenn Politiker von *Stolz* reden, grenzen sie sich häufig von den **Verbrechen des Nationalsozialismus** ab und heben die Vorzüge der ‚Bonner Republik‘ hervor. Über die „Niederschlagung des Naziterrors ebenso wie 50 Jahre Frieden und die deutsche Einheit", solle man „froh und stolz sein".[4] [i] Die Ergebnisse der zurückhaltenden und vermittelnden Außenpolitik sowie die antimilitaristische Einstellung der deutschen Bevölkerung seien Grund und Anlass, *stolz* zu sein, weil sie dazu geführt hätten, dass „niemand einen ernsthaften Zweifel" in die „Friedfertigkeit und Friedensgesinnung des deutschen Volkes"[5] [ii] setze (→ Deutschland). Der *Stolz* gründet sich dabei in erster Linie auf das erworbene Vertrauen, das andere Staaten Deutschland inzwischen entgegenbringen. Gleichzeitig wird dieses Vertrauen als Vorraussetzung für einen Zuwachs an Macht gesehen. So zeigte sich Helmut Kohl vor den Bundestagswahlen 1998 „stolz darauf […], dass Deutschland heute ein ruhender Pol in der Völkergemeinschaft und eines der einflussreichsten Länder in der westlichen Welt" sei. Die deutsche Regierung habe sich als „berechenbarer, verlässlicher Partner"[6] [iii] eine Stellung erarbeitet, in der auf ihre Ratschläge Wert gelegt werde (→ Macht, → Selbstbewusstsein).

Im Kontext der **Vereinigung** wird die rhetorische Funktion – der Appell an die Emotionen – von *Stolz* besonders deutlich. Die Redner benutzen ihn zur Aufwertung der eigenen Politik und der Betonung der Verbundenheit zur deutschen Nation. So zeigen sie sich *stolz* „auf diejenigen, die in einer friedlichen Revolution ihre Freiheit in den neuen Bundesländern erworben haben",[7] [ii] verweisen aber

---

4   Solms, Hermann Otto (FDP): Plenarprotokolle, 13/31, 30.3.1995, S. 2350.

5   Genscher, Hans-Dietrich (FDP): Plenarprotokolle, 12/14, 13.3.1991, S. 792.

6   Kohl, Helmut (CDU): Plenarprotokolle, 13/247, 3.9.1998, S. 23053-23054.

7   Genscher, Hans Dietrich (FDP): Plenarprotokolle, 12/14, 13.3.1991, S. 792.

ebenfalls darauf, dass sie selbst und ihre Partei „einen wesentlichen Beitrag"[8] [iv] zur Überwindung der Teilung geleistet haben. Das herausragende Ereignis der jüngeren deutschen Geschichte wird so auch zum parteipolitischen Eigenlob benutzt. Besonders markant machte das Volker Rühe, als er die vollzogene Wiedervereinigung als Verdienst der CDU-Politik beschrieb. Seine Partei sei „stolz darauf, in einer zentralen Frage der deutschen Politik nicht versagt, sondern die richtigen historischen, politischen Entscheidungen getroffen zu haben". Er spielte dabei ganz bewusst mit dem polarisierenden Element des Begriffes, indem er seine Position als die einzig Richtige darstellte. Glaubt man seinen Ausführungen, dann war die CDU in den achtziger Jahren der führende Akteur in der internationalen Politik: „Wir sind als CDU stolz darauf, das Ziel erreicht zu haben, mit dem wir 1982 angetreten sind: Frieden schaffen mit weniger Waffen. Gegen den erbitterten Widerstand der SPD und ihrer Sympathisanten haben wir den NATO-Doppelbeschluss in der Bundesrepublik durchgesetzt und damit den Weg frei gemacht für ein Umdenken in der sowjetischen Führung und einen internationalen Abrüstungsprozess ohne Beispiel".[9] Dass die Regierung Kohl bei den Abrüstungsverhandlungen auf die Erfolge der sozialdemokratischen Entspannungspolitik aufbauen konnte, klammerte er aus.

Das Wort *Stolz* tritt dann besonders prominent auf, wenn eine **Sicherheitspolitik**, die in dieser Form während des Kalten Krieges weder möglich noch gewollt war, nun als ‚normaler' Bestandteil der außenpolitischen Wirklichkeit beschrieben wird (→ Normalität). Während man 1986 in der SPD noch „stolz darauf [war], dass wir eine Bundeswehr haben, die auf die Verteidigung beschränkt ist",[10] [v] begrüßte Peter Struck im Jahr 2002 die vollzogene Neuausrichtung der Bundeswehr. Diese Entwicklung war von den Christdemokraten unter der Regierung Kohl angestoßen worden. Sie hatten sich 1990 am schnellsten vom Bild der Verteidigungsarmee gelöst und trieben die Aufgabenerweiterung der Bundeswehr und den Ausbau der europäischen Verteidigungsstrukturen voran. In der CDU war man damals nicht nur „stolz auf das Eurokorps", sondern betont darüber hinaus mit einem emotional gefärbten *Stolz* „auf die bewährte Zusammenarbeit mit den anderen Partnern"[11] [vi] den Wert der neuen Politik. Die Tendenz, die Bundeswehr in immer weiter entlegenen Krisenregionen einzusetzen, führte später auch die rot-grüne Regierung fort. Dieser neue Status quo wurde dann mit der Versicherung gestützt, „dass man auf die Leistungen der Bundes-

---

8   Rühe, Volker (CDU): Plenarprotokolle, 12/28, 6.6.1991, S. 2070-2071.
9   Ebd.
10 Gansel, Norbert (SPD): Plenarprotokolle, 10/228, 12.9.1986, S. 17744.
11 Rühe, Volker (CDU): Plenarprotokolle, 13/31, 30.3.1995, S. 20418.

wehr ebenso *stolz* sein kann, wie man keinen Grund hat, sie in irgendeiner Weise zu verstecken, weder hinter Kasernenmauern noch sonstwo".[12] [vii]

Politiker aller Parteien sprechen also inzwischen voller *Stolz* von der Bundeswehr und deren Leistungen. Michael Glos von der CSU bringt es in zwei Sätzen auf den Punkt: „Die Bundeswehr ist unsere Armee. Wir sind stolz auf sie".[13] [viii] Dass es sich hier keineswegs um eine Einzelmeinung im konservativen Spektrum handelt, sondern dass sich diese oder eine ähnliche Benutzung in allen politischen Lagern wieder findet, zeigt sich beispielsweise bei Klaus Kinkel von der FDP: „Wir können stolz auf den Einsatz unserer Soldaten sein, denen ich ausdrücklich noch einmal danken möchte".[14] [ix] Allerdings werden die Stolzbekundungen unsicherer und langatmiger, je weiter sich das politische Spektrum nach links verschiebt. Verteidigungsminister Peter Struck möchte 2002 nur noch „ein wenig stolz"' sein und das auch nicht einfach auf die Bundeswehr, sondern auf die neue historische Situation und darauf, dass die ihm unterstellten Soldaten nicht mehr nur auf deutschem Boden arbeiten: „Es hat nicht viele Momente in unserer Geschichte gegeben, in denen man deutsche Soldaten in anderen Ländern um die Übernahme von Aufgaben gebeten hat, in denen tiefes Vertrauen in die deutsche Politik herrscht. Seien wir ein wenig stolz darauf, meine Damen und Herren, dass es jetzt so ist".[15] [x]

In den vergangenen zwanzig Jahren gibt es also wechselnde Themenbereiche, in denen das Wort *Stolz* gebraucht wird. Es wird vor allem von der Regierung als Werkzeug zur Aufwertung der eigenen Politik, zur Erzeugung eines Gemeinschaftsgefühls und zur Festschreibung des jeweiligen Status Quo benutzt.

Zusammenfassend lässt sich sagen, dass Politiker auffällig oft mit *Stolz* auf die friedliebende und vertrauensbildende Politik der Bonner Republik zurückblicken, weil diese sich in vorbildlicher Weise von der Aggressivität der Nazi-Diktatur unterscheidet. Außerdem bietet ihnen die deutsche Einheit besonders oft Anlass zum *Stolz* auf die friedliche Revolution in der ehemaligen DDR sowie auf den Beitrag, den die westdeutsche Politik dazu geleistet hat. Auch der sicherheitspolitische Wandel der Bundeswehr von einer reinen Verteidigungsarmee, die ausschließlich innerhalb des NATO-Bündnisgebiets operieren durfte, hin zu einer Truppe, die in der Lage ist, in allen Krisenregionen der Welt einzugreifen, wird mit *Stolz* begleitet.

---

[12]   Scharping, Rudolf (SPD): Plenarprotokolle, 14/38, 5.5.1999, S. 3162.
[13]   Glos, Michael (CSU): Plenarprotokolle, 15/4, 29.10.2002, S. 87.
[14]   Kinkel, Klaus (FDP): Plenarprotokolle, 13/247, 3.9.1998, S. 23089.
[15]   Struck, Peter (SPD): Plenarprotokolle, 14/250, 25.7.2002, S. 25394.

Die Stolzbekundungen wurden wohl von niemanden so offensiv vorgetragen wie von Gerhard Schröder im Wahlkampf 2002 in der BILD: „Unser Deutschland" sei ein „selbstbewusstes Land. Es ist *stolz* auf die eigene Tradition und offen für den Reichtum anderer Kulturen". Deutschland genieße Respekt und Ansehen in der Welt, „weil wir Partner und Vorbild sind. Weil wir das Europa der Völker bauen und weltweit Frieden und Menschenrechte sichern und schützen helfen. Und weil wir deshalb unsere nationalen Interessen nicht verstecken müssen".[16] [xi] (→ Interesse, → Deutschland). Auch wenn *Stolz* bereits früher im Zusammenhang mit den eigenen Leistungen und dem Vertrauen anderer Staaten in Deutschland genannt wurde, hat wohl nach dem Zweiten Weltkrieg kein anderer Bundeskanzler dem patriotischen *Stolz* auf ‚unser Land' so viel Gewicht gegeben.

Endnoten

[i] **Solms, Hermann Otto (FDP): Plenarprotokolle, 13/31, 30.3.1995, S. 2350:**

„Meine Damen und Herren, die Äußerungen des Kollegen Scharping, der offensichtlich jetzt nicht anwesend sein kann, zum 8. Mai habe ich als peinlich, unangemessen und insbesondere völlig unnötig empfunden.

(Beifall bei der F.D.P. und der CDU/CSU)

Das ist nicht die Art, das kann nicht die Art sein, in der wir mit so einem Anlaß umgehen und über Staatsgäste reden, die sich damit angesprochen fühlen müssen.

(Beifall bei Abgeordneten der F.D.P. und der CDU/CSU)

Ich hätte ihn gerne gefragt, ob er ein so geringes Erinnerungsvermögen hat, daß er nicht weiß, welche Staaten für die Sicherheit und Freiheit unserer Bürger nach 1945 Mitverantwortung getragen haben und welche Staaten mit uns zusammen an den Zwei-plus-Vier-Gesprächen, die ja der Bundeskanzler und Hans-Dietrich Genscher geführt haben, beteiligt waren und dafür gesorgt haben, daß die Einheit Deutschlands zustande kommen konnte.

(Beifall bei der F.D.P. und der CDU/CSU)

Das war eben die ganz besondere Verantwortung dieser Staaten. Und wenn diese von sich aus bereit sind und es sogar wünschen, mit uns zusammen den 8. Mai festlich zu begehen, die Beendigung des Krieges, die Niederschlagung des Naziterrors ebenso wie 50 Jahre Frieden und die deutsche Einheit zu feiern, dann sollten wir darüber froh

---

[16]   Schröder, Gerhard (SPD): „Meine Vision von Deutschland", BILD-Zeitung, 8.8.2002.

und *stolz* sein und das nicht in typisch deutscher Art niedermachen und darüber lamentieren."

(Beifall bei der F.D.P. sowie bei Abgeordneten der CDU/CSU)„

[ii] **Genscher, Hans-Dietrich (FDP): Plenarprotokolle, 12/14, 13.3.1991, S. 792:**

„Meine Damen und Herren, die Wertbezogenheit unserer Außenpolitik und unsere Festlegung auf Freiheit und Menschenwürde, auf Selbstbestimmung und Friedensbewahrung, das sind die Lehren aus unserer Geschichte. Diese Politik hat uns den Weg zur Einheit geebnet, und sie hat uns das Vertrauen unserer Nachbarn und der Völker erworben. Wir werden auch in Zukunft unsere Politik auf diese Werte gründen. Wer daran zweifelt, daß wir dieses Vertrauen erworben haben — damit meine ich unser ganzes Volk —, der sehe sich, Herr Kollege Voigt, die Umfragen an, die in diesen Tagen aus Frankreich, aus den Vereinigten Staaten und aus vielen anderen Staaten der Welt publiziert worden sind: In die Friedfertigkeit und Friedensgesinnung des deutschen Volkes setzt niemand einen ernsthaften Zweifel. Das ist ein Kompliment für die Deutschen in der früheren Bundesrepublik und genauso für diejenigen, die in einer friedlichen Revolution ihre Freiheit in den neuen Bundesländern erworben haben. Darauf können wir *stolz* sein.

(Beifall bei der FDP und der CDU/CSU)"

[iii] **Kohl, Helmut (CDU): Plenarprotokolle, 13/247, 3.9.1998, S. 23053-23054:**

„Wir alle können *stolz* darauf sein, daß Deutschland heute ein ruhender Pol in der Völkergemeinschaft und eines der einflußreichsten Länder in der westlichen Welt ist. Ich denke nicht im Traum daran, das etwa auf meine Person zu konzentrieren. Alle meine Amtsvorgänger haben an diesem Wege mitgearbeitet, jeder zu seiner Zeit und jeder unter ganz bestimmten Bedingungen. Es ist wahr, daß die Zeit, für die ich Verantwortung trage, etwas länger ist, dass die weltpolitischen Veränderungen etwas dramatischer waren und daß deswegen viele darauf schauen, was die Bundesregierung - der Bundesaußenminister, der Bundeskanzler, der Bundesverteidigungsminister, alle, die Verantwortung tragen - heute tut und für welche Politik sie steht. Es ist doch verständlich, daß die Welt auf diejenigen schaut, die als Alternative auftreten. Es ist doch verständlich, daß die Welt sagt: ‚Um Gottes willen, was steht uns da ins Haus' wenn ein Schattenaußenrminister genannt wird, über den jeder in der Welt den Kopf schüttelt.

(Beifall bei der CDU/CSU und der F.D.P.)

Es ist kein Grund zur Kritik, sondern ein Grund zur Freude, daß die Bundesrepublik Deutschland zwei Jahre vor dem Ende dieses Jahrhunderts - mit all dem, was in dieser Zeit an Schrecklichem in deutschem Namen geschehen ist - ausgezeichnete Beziehungen zu Washington, Paris, London, Moskau und auch zu Tokio und Peking hat. Natürlich haben wir uns die Verhältnisse nicht aussuchen können. Die Volksrepublik China ist mit 1,3 Milliarden Menschen ein gewichtiger Faktor in der Weltpolitik. Mit dem, was Sie hier sagen, kommen Sie international nicht weiter. Wenn Sie - was niemand glaubt - je in das Amt des Außenministers kämen, dann müßten Sie auch mit dem chinesischen Außenminister bei den Vereinten Nationen zusammenarbeiten. Es ist nicht auszudenken, welche Auswirkungen es hätte, wenn Sie dort solche Reden wie hier in diesem Hause halten würden.

(Beifall bei der CDU/CSU und der F.D.P.)

Ich sage mit *Stolz*: Wir genießen weltweit hohes Ansehen, vor allem als berechenbarer, verlässlicher Partner. Unser Rat und unser Beitrag sind gefragt, Ich sage noch einmal - das ist auch für die bevorstehende Wahl wichtig -: Das Vertrauen, das Deutschland genießt, ist ein kostbares außenpolitisches Kapital, Wir haben es in Jahrzehnten hart erarbeitet. Um es klar zu sagen: Ich denke nicht daran, es aufs Spiel zu setzen."

[iv] **Rühe, Volker (CDU): Plenarprotokolle, 12/28, 6.6.1991, S. 2070-2071:**

„Wir sind als CDU *stolz* darauf, das Ziel erreicht zu haben, mit dem wir 1982 angetreten sind: Frieden schaffen mit weniger Waffen, — Gegen den erbitterten Widerstand der SPD und ihrer Sympathisanten haben wir den NATO-Doppelbeschluß in der Bundesrepublik durchgesetzt und damit den Weg frei gemacht für ein Umdenken in der sowjetischen Führung und einen internationalen Abrüstungsprozeß ohne Beispiel.

(Beifall bei der CDU/CSU)

Die reale Abrüstung, die heute auf Grund des Abbaus der politischen Spannungen in Europa möglich ist, geht weit über die kühnsten Träume hinaus, die manche Anfang der 80er Jahre gehabt haben.

(Zuruf von der SPD)

Die Sozialdemokraten haben den Wunsch nach Wiedervereinigung lange Zeit als eine Belastung unseres Verhältnisses zu den europäischen Nachbarn angesehen. — Wir sind *stolz* darauf, das große Ziel der deutschen Einheit mit den Nachbarn erreicht zu haben. Deutsche Einheit und europäische Einheit — das gehört zusammen.

(Beifall bei Abgeordneten der CDU/CSU und der FDP)

Wir sind schließlich auch *stolz* darauf, einen wesentlichen Beitrag dazu zu leisten, die Spaltung Europas zu überwinden und den jungen Demokratien im Osten die Heimkehr nach Europa zu erleichtern. Das sind natürlich nicht alles Erfolge allein unserer Politik.

(Freimut Duve [SPD]: Ist nicht wahr?!)

Ohne den Prozeß tiefgreifender politischer Wandlungen in Europa hätten wir das so nicht erreichen können, Aber wahr ist auch: Ohne die klaren politischen Grundsätze, die von Konrad Adenauer bis Helmut Kohl für die CDU immer verbindlich waren, wäre all dies nicht erreicht worden. <u>Deswegen sind wir *stolz* auf dieses Ergebnis unserer Politik.</u>

(Beifall bei der CDU/CSU)"

[v] **Gansel, Norbert (SPD): Plenarprotokolle, 10/228, 12.9.1986, S. 17744:**

„Vizepräsident Westphal: Herr Abgeordneter, gestatten Sie eine weitere Zwischenfrage des Herrn Abgeordneten Möllemann?

Gansel (SPD): Bitte sehr.

Vizepräsident Westphal: Bitte schön.

Möllemann (FDP): Herr Kollege Gansel, Sie haben soeben auf Ihre Forderungen an die Sowjetunion hingewiesen, ihre strukturelle Angriffsfähigkeit aufzugeben. Der Kern der Frage, um die es hier geht, die auch der Bundesaußenminister vorhin aufgeworfen hat, ist aber ein anderer. Ich möchte Sie fragen, ob Sie und die SPD weiterhin zu der Feststellung im Weißbuch der von uns früher gemeinsam getragenen Bundesregierung stehen, daß die Bundeswehr zu einem Angriff weder ausgerüstet noch darauf ausgerichtet sei, sprich, eine strukturelle Angriffsfähigkeit nicht hat.

Gansel (SPD): <u>Herr Möllemann, wir sind *stolz* darauf — ich habe das auch auf unserem Bundesparteitag gesagt —; denn das gehört zu unseren republikanischen Errungenschaften, daß wir eine Bundeswehr haben, die auf die Verteidigung beschränkt ist, unter dem Primat des Politischen steht, keine Feindbilder kennt, den Bürger in Uniform und die Innere Führung will.</u>"

[vi] **Rühe, Volker (CDU): Plenarprotokolle, 13/31, 30.3.1995, S. 20418:**

„Unser Handeln ist nicht mehr nur national. Wenn wir eine integrierte Verteidigung wollen, brauchen wir innerhalb der europäischen Verteidigung abgestimmte Systeme. Wir können nicht mehr autark handeln und brauchen deswegen letztlich eine innerhalb der Europäischen Union abgestimmte Rüstungsexportpolitik.
(Zuruf von der CDU/CSU: Sehr richtig!)
Sonst können wir die Aufgaben der Zukunft nicht lösen. Ich bin der festen Überzeugung, daß die Waffensysteme der Zukunft nicht mehr national, sondern nur noch gemeinsam in Europa beschafft werden können. Wer multinationale Streitkräftestrukturen in Europa haben will - - das wollen wir, wir wollen keine Renationalisierung der Politik --, muß dieser Ansicht sein. Im übrigen: <u>Wir sind *stolz* darauf, daß wir jetzt im Sommer ein deutsch-niederländisches Korps gründen, mit deutschen Soldaten, die in</u>

den Niederlanden stationiert sind, und niederländischen Soldaten, die in Deutschland stationiert sind. Alle niederländischen Einheiten dieses Korps werden von Deutschland aus geführt. Wir sind *stolz* auf das Eurokorps, wir sind *stolz* auf die enge Zusammenarbeit mit den Polen als neuen Freunden, wir sind *stolz* auf die bewährte Zusammenarbeit mit den anderen Partnern, etwa den Dänen. Wer nicht mehr in alten Rüstungskategorien und Rüstungskapazitäten denkt, der muß einen gemeinsamen europäischen Weg suchen."

[vii] **Scharping, Rudolf (SPD): Plenarprotokolle, 14/38, 5.5.1999, S. 3162:**

„Herr Präsident! Meine sehr verehrten Damen und Herren! Vor wenigen Tagen ist eine Umfrage veröffentlicht worden, die nach der Vertrauenswürdigkeit und der Glaubwürdigkeit öffentlicher Institutionen fragte. Die Polizei lag mit 84 Prozent an der ersten Stelle, die Bundeswehr und das Bundesverfassungsgericht mit 73 bzw. 74 Prozent folgten in dieser Wertschätzung an zweiter Stelle.
Diese Wertschätzung ist gut begründet. Sie macht das ausgeprägte Vertrauen in der Bevölkerung deutlich. Ich denke, man sollte am Anfang dieser Debatte sagen, dass man auf die Leistungen der Bundeswehr ebenso *stolz* sein kann, wie man keinen Grund hat, sie in irgendeiner Weise zu verstecken, weder hinter Kasernenmauern noch sonstwo.
(Beifall bei der SPD, dem BÜNDNIS 90/DIE GRÜNEN, der CDU/CSU und der F.D.P.)
Die Leistungen sind auch deshalb so erstaunlich, weil die Bundeswehr wie kein anderer Bereich, der von der Politik zu verantworten wäre, seit der deutschen Einheit Veränderungen durchmachen mußte. Die Zahl der Soldaten in Deutschland ist von 700 000 auf 340 000 gesunken, die Zahl der Zivilbeschäftigen von über 200 000 auf 140 000, die Zahl der Mitarbeiter allein in der territorialen Wehrverwaltung von 78 800 auf 56 500. Dadurch ist der Anteil, den wir für Verteidigungsausgaben in Relation zum Bruttoinlandsprodukt ausgeben, von 3,0 auf 1,5 Prozent ebenfalls halbiert worden."

[viii] **Glos, Michael (CSU): Plenarprotokolle, 15/4, 29.10.2002, S. 87:**

„In Ihrer Regierungserklärung, Herr Bundeskanzler, geben Sie auch auf andere Schicksalsfragen der Nation wenig Antworten. Die Unterfinanzierung der Bundeswehr wird offensichtlich festgeschrieben.
(Volker Kauder [CDU/CSU]: Wo ist der Bundeskanzler?)
Bundesverteidigungsminister Struck hat den Fehler gemacht, dass er sich nicht vom ersten Tag an dagegen gewehrt hat. Jetzt wird sein Etat weiter gekürzt. Das hat er nun davon. Die Bundeswehr ist unsere Armee. Wir sind *stolz* auf sie. Aber auch die Frage, wie es weitergehen soll, ob es eine Freiwilligenarmee wird oder ob die Wehrpflicht bleibt, ist noch nicht endgültig entschieden worden, sondern diese Entscheidung

wurde vertagt. Die NATO-Partner fragen sich, was eigentlich von uns zu halten ist, wenn überall so viel Beliebigkeit Platz greift."

ˣ **Kinkel, Klaus (FDP): Plenarprotokolle, 13/247, 3.9.1998, S. 23089:**

„Wir haben unsere Verantwortung als Koalition bisher darin gesehen, Deutschlands Gewicht für Frieden, Sicherheit und Wohlstand in ganz Europa in die Waagschale zu werfen. Was Krieg, Gewalt und Zerstörung anrichten, haben wir in Bosnien erlebt, und das erleben wir im Augenblick wieder im Kosovo. Ich war vor drei Tagen wieder - das zwölfte Mal - in Sarajevo, um ein neues Werk von VW mit zu eröffnen.
(Zuruf des Abg. Günter Verheugen (SPD))
- Ich bin öfter dort gewesen als Sie, Herr Verheugen, und habe auch mehr bewegt als Sie. Freundliche Grüße! -
(Beifall bei der FDP - Günter Verheugen (SPD): Ich war am Tag vorher da!)
Welch ein Unterschied zu der ersten Reise dorthin im Januar 1995! Wir sind damals in einer ukrainischen UNPROFOR-Maschine mit Panzerwesten und Stahlhelmen auf dem Kopf geflogen. Ich werde niemals die Eindrücke von der ersten Fahrt in die Stadt vergessen: Ruinen, Trümmer, frische Gräber, Gut zweieinhalb Jahre nach Dayton haben wir Grund zu vorsichtigem Optimismus. Die geschundene Stadt Sarajevo blüht - allerdings langsam - wieder auf und kommt wieder voran. Das Land ist militärisch stabil, und wir Deutschen haben Entscheidendes dazu beigetragen. <u>Wir können *stolz* auf den Einsatz unserer Soldaten sein, denen ich ausdrücklich noch einmal danken möchte.</u>
(Beifall bei der F.D.P. sowie bei Abgeordneten der CDU/CSU)"

ˣ **Struck, Peter (SPD): Plenarprotokolle, 14/250, 25.7.2002, S. 25394:**

„Ich freue mich auf die Herausforderung und werde sie mit ganzer Kraft zum Wohle der Bundeswehr annehmen.
Ich übernehme eine schwierige Aufgabe. Das Amt des Bundesministers der Verteidigung bringt hohe Verantwortung, aber auch vielfältige Gestaltungsmöglichkeiten mit sich. Ich übernehme uneingeschränkt und gerne die Verantwortung für die Menschen in der Bundeswehr und werde meine Aufgaben als Inhaber der Befehls- und Kommandogewalt sehr verantwortlich wahrnehmen.
Ebenso bekenne ich mich ausdrücklich zu dem breiten Konsens in Fragen der Außen-, Sicherheits- und Verteidigungspolitik, der in diesem Hause herrscht. Ich stelle mich bewusst in die Kontinuität meiner Vorgänger Helmut Schmidt, Georg Leber, Volker Rühe, aber auch ganz besonders Rudolf Scharping. Es ist das Verdienst dieser meiner Vorgänger, dass der deutschen Friedenspolitik eine Bundeswehr zur Verfügung steht, die im In- und Ausland ein hohes Ansehen genießt.

(Beifall bei der SPD und dem BÜNDNIS 90/ DIE GRÜNEN)
Es hat nicht viele Momente in unserer Geschichte gegeben, in denen man deutsche Soldaten in anderen Ländern um die Übernahme von Aufgaben gebeten hat, in denen tiefes Vertrauen in die deutsche Politik herrscht. Seien wir ein wenig *stolz* darauf, meine Damen und Herren, dass es jetzt so ist.
(Beifall bei der SPD sowie bei Abgeordneten des BÜNDNISSES 90/DIE GRÜNEN)"

[xi] Schröder, Gerhard (SPD): „Meine Vision von Deutschland", BILD-Zeitung, 8.8.2002:

„Unser Deutschland ist ein selbstbewusstes Land. Es ist *stolz* auf die eigene Tradition und offen für den Reichtum anderer Kulturen. In diesem Land kann jeder seine Lebensträume verwirklichen - ganz gleich, aus welcher Kultur oder sozialen Schicht er stammt.
Unser Deutschland kennt keine lähmende Bürokratie, sondern Behörden, die Partner der Bürger sind. Es kennt kein Schlangestehen vor Amtsschaltern, sondern freundlichen Service, der den Menschen bei der Lösung ihrer Probleme hilft.
Unser Deutschland genießt Respekt und Ansehen in der Welt. Weil wir Partner und Vorbild sind. Weil wir das Europa der Völker bauen und weltweit Frieden und Menschenrechte sichern und schützen helfen. Und weil wir deshalb unsere nationalen Interessen nicht verstecken müssen.
Das ist unser deutscher Weg. Für diese Vision kämpfe und arbeite ich."

Verantwortung[1]

Verantwortung – die handlung des sich verantwortens (...); (3) neben dieser concreten bedeutung hat das wort die abstractere 'zustand der verantwortlichkeit', wo die handlung der verantwortung nur als möglichkeit besteht[2].

Verantwortung wird im **allgemeinen Sprachgebrauch** als eine Sorgfalts- und Aufsichtspflicht verstanden sowie als eine Pflicht, Konsequenzen zu tragen.[3] Innerhalb eines Verantwortungsbereiches folgen aus dem Handeln Konsequenzen in Gestalt von Erfolg, Misserfolg, Glück oder Schuld. Dieses anerkannte Verständnis wird von Politikern aufgegriffen, um die Notwendigkeit ihrer Handlungen zu rechtfertigen. Kein Akteur, gleich aus welcher politischen Richtung er kommt, wird die Notwendigkeit bestreiten, *verantwortlich* zu handeln. Es ist ein vertrauter und anerkannter Begriff, dem in der Regel nicht widersprochen wird, da niemand einer *unverantwortlichen* Aktion schuldig gemacht werden will. So dient der *Verantwortungsbegriff* besonders Regierungsmitgliedern zur Legitimierung der eigenen Politik, die somit als alternativlos dargestellt wird.

Für den **außenpolitischen Diskurs** der Bundesrepublik war der Begriff der *Verantwortung* schon immer zentral und prägend. Traditionell war er verknüpft mit den Verfehlungen der jüngeren deutschen Geschichte (→ Deutschland), die Anlass zu Vorsicht, Bedachtsamkeit und Zurückhaltung gaben. In der Sprache der Bonner Republik resultiert *Verantwortung* unmittelbar aus der deutschen Vergangenheit: „In der Tat, wir haben kein einfaches Vaterland, und unsere Geschichte hat uns nie allein gehört. [...] [Von] uns verlangt das besondere Verantwortung, Behutsamkeit und Stetigkeit".[4] ¹ *Verantwortung* bedeutete in diesem

---

[1] Maßgeblich verfasst haben diesen Eintrag Rebecca Agrícola und Daniel Woitoll. Beigetragen hat außerdem Christian Weber.

[2] Stichwort ‚Verantwortung', in: Deutsches Wörterbuch von Jacob und Wilhelm Grimm [1885]: http://germazope.uni-trier.de/Projects/WBB/woerterbuecher/dwb/wbgui?lemmode= lemmasearch&mode=hierarchy&textsize=650&onlist=&word=verantwortung&lemid= GV00375&query_start=1&totalhits=0&textword=&locpattern=&textpattern=&lemmapattern =&verspattern=#GV00375L0 [12.12.2007].

[3] Vgl. Bünting, Karl-Dieter (Hrsg.): Deutsches Wörterbuch, Chur 1996, S. 1237.

[4] Genscher, Hans-Dietrich (FDP): Plenarprotokolle, 10/228, 10.9.1986, S. 17731.

Zusammenhang, dass die Deutschen nicht nur die eigenen Interessen im Blick haben konnten, sondern die negativen Erfahrungen, die andere Staaten mit der deutsche Expansions- und Besatzungspolitik gemacht hatten, in Rechnung stellen und die daraus resultierenden Sorgen ernst nehmen mussten, wenn sie in ihrer Außenpolitik erfolgreich sein wollten.

Fester Bezugspunkt *verantwortlicher* deutscher Außenpolitik sind demnach internationale Organisationen, die den Rahmen bilden für eine Politik der Berechenbarkeit und Kontinuität. Während des Ost-West-Konflikts sehen Regierungsmitglieder die Hauptaufgabe deutscher Außenpolitik vor allem darin, als stabilisierender Faktor zu fungieren. So spricht Bundeskanzler Kohl von der Bindung an den Westen als einer Notwendigkeit. Eine „sich geistig und politisch zwischen West und Ost ansiedelnde Bundesrepublik Deutschland hätte in Wahrheit eine destabilisierende Wirkung [...] und würde damit unserer Verantwortung für die Sicherung von Stabilität und Frieden überhaupt nicht gerecht".[5] [ii] Während die Positionierung zwischen den Blöcken strittig ist, wird die aus der geopolitischen und historischen Lage resultierende Bürde von keinem politischen Lager in Frage gestellt. Sie spiegelt sich in der 1986 immer wieder angesprochenen „besonderen Verantwortung" wider.

Auch **nach der deutschen Vereinigung** wird die Formulierung in Bezug auf die historische Erblast gebraucht. Im Zuge des Selbstfindungsprozesses des vereinten Deutschlands wird die Beziehung zwischen der Vergangenheit und der *Verantwortung* Deutschlands neu interpretiert. Die „Berufung auf Schuld in der Vergangenheit", so Volker Rühe in einer prägnanten Formulierung, „dispensiert nicht von der Verantwortung in der Gegenwart".[6] [iii] Einvernehmlich wird nun eine „größere" oder eine „gewachsene" *Verantwortung* Deutschlands konstatiert.[7] [iv] Außenminister Genscher äußert den damit einhergehenden erweiterten Gestaltungsanspruch: „Das vereinte Deutschland wird mehr Gewicht haben. Mit diesem größeren Gewicht streben wir nicht nach mehr Macht, wohl sind wir uns der größeren Verantwortung bewusst, die daraus erwächst. Wir werden diese Verantwortung in Europa und in der Welt annehmen. Wir werden unser Gewicht in die Waagschale Europas legen, dass es allen Völkern unseres Kontinents und damit

---

5   Kohl, Helmut (CDU): Plenarprotokolle, 10/249, 26.11.1986, S. 19312.
6   Rühe, Volker (CDU): Plenarprotokolle, 12/28, 6.6.1991, S. 2076.
7   Wahlprogramm FDP 1990, S. 29-30;
    Gansel, Norbert (SPD): Plenarprotokolle, 12/27, 5.5.1991, S. 2012;
    Genscher, Hans-Dietrich (FDP): 12/14, 13.3.1991, S. 794;
    Lambsdorff, Otto Graf (FDP): Plenarprotokolle, 12/28, 6.6.1991, S. 2079;
    Gysi, Gregor (PDS): Plenarprotokolle, 12/14, 13.3.1991, S. 756.

der Menschheit insgesamt zugute kommt". [8] [v] *Verantwortung* ‚erwächst' nicht mehr nur aus der Geschichte und den Verbrechen des Nationalsozialismus, sondern auch aus dem ‚größeren Gewicht', das Deutschland mit der Vereinigung bekommen habe (→ Deutschland, → Macht).

Dass das ‚Gewicht' und damit auch die *Verantwortung* des Landes gestiegen sei, scheint sich schnell als allgemeiner Konsens durchgesetzt zu haben. Als Ursachen für diesen doppelten Zuwachs werden meist klassische geopolitische Kriterien, wie Bevölkerungszahl und geographische Lage angeführt. Aus diesem Gewicht wird dann wiederum die Pflicht abgeleitet, mehr Einfluss auf die internationale Politik auszuüben. Ein typisches Beispiel ist die Äußerung Außenminister Kinkels über Deutschlands Rolle in Europa: „Als 80-Millionen-Volk in der Mitte Europas tragen wir, ob wir das nun wollen oder nicht, eine besondere Verantwortung für das Gelingen des europäischen Bauwerks". Ähnlich wie sein Amtsvorgänger folgert Kinkel daraus, dass Deutschland „sein volles Gewicht in die Waagschale einer gemeinsamen europäischen Zukunft" legen müsse.[9] [vi] Bemerkenswert ist die Art, wie die neue Positionierung Deutschlands begründet wird. Die Zunahme an Einfluss, und die Pflicht, sich stärker als bisher in der internationalen Politik zu engagieren, wird entweder auf die geopolitischen Lage oder auf Erwartungen zurückgeführt, die von außen an Deutschland herangetragen werden. Offen bleibt, wer im außenpolitischen Diskurs konkret von Deutschland das Übernehmen von zusätzlicher *Verantwortung* fordert. Eigene (machtpolitische) Ambitionen auf eine einflussreichere Rolle Deutschlands werden nicht angesprochen oder sogar – wie noch bei Genscher – explizit zurückgewiesen. Die neue internationale *Verantwortung* wird als ein Attribut dargestellt, das man zwar bereit ist, für sich in Anspruch zu nehmen, dem man sich aber auch nicht entziehen kann.

Während der *Verantwortungsbegriff* bis zur deutschen Vereinigung vorwiegend mit einer Mahnung zur außenpolitischen Zurückhaltung verbunden war, dient er schon wenige Jahre später hauptsächlich zur **Begründung** kaum verhohlener **machtpolitischer Geltungsansprüche**. Dem Verweis auf die vermeintlich gestiegene *Verantwortung* Deutschlands schließt sich nun unmittelbar die Forderung nach größeren Mitspracherechten an. „Die Bundesregierung", so Klaus Kinkel 1994, „sagt ja zu mehr Mitverantwortung, aber sie wünscht sich dann auch mehr Mitsprache, und zwar dort, wo die wichtigen Entscheidungen fallen, in der UNO und auch im Sicherheitsrat".[10] [vii] Auch die *Verantwortung*, die aus der deut-

---

[8]   Genscher, Hans-Dietrich (FDP): Vereinte Nationen 6/1990, S. 212.
[9]   Kinkel, Klaus (FDP): Plenarprotokolle, 13/9, 15.12.1994, S. 402.
[10]   Kinkel, Klaus (FDP): Plenarprotokolle, 13/9, 15.12.1994, S. 402.

schen Vergangenheit abgeleitet wird, hat eine bemerkenswerte Umdeutung erfahren. Sie wird bald nicht länger zur Begründung von Behutsamkeit und Stetigkeit in der Außenpolitik herangezogen, sondern zur Legitimierung von deutscher Interessenvertretung im Allgemeinen und von Bundeswehreinsätzen im Besonderen. Im Verlauf der Diskussion um den Einsatz deutscher Soldaten in Afghanistan deklariert Peter Struck: „Wir stehen nicht mehr unter Hinweis auf unsere Geschichte abseits, wenn unsere Sicherheitsinteressen betroffen sind und wenn andere auf unseren Beitrag setzen. Dies schließt die Bereitschaft zu militärischen Beiträgen und zur Beteiligung an militärischen Operationen ein. Unsere Geschichte begründet für das wiedervereinigte Deutschland geradezu eine Verpflichtung – zur Solidarität, zur Wahrnehmung von Verantwortung und zur Unterstützung derer, die auf uns bauen".[11] [viii] Was man jahrzehntelang als Direktive zur außenpolitischen Enthaltsamkeit ausgelegt hat, wird nun als Motiv umgedeutet, sich gerade nicht zurückzuhalten.

Ein Novum bildet auch die Berufung auf die eigenen (Sicherheits-)Interessen im Zusammenhang mit *Verantwortung*. Wenn auch den globalen Verpflichtungen hier noch untergeordnet, etabliert es sich im politischen Sprachgebrauch, in einem Atemzug mit *Verantwortung* auch auf die eigenen Präferenzen aufmerksam zu machen: „Wir leisten nicht nur Solidarität mit den Amerikanern [...], sondern wir nehmen auch unsere eigenen Interessen, unsere eigene Verantwortung wahr".[12] [ix] Dass die Begriffe dabei nahezu synonym verwendet werden, zeugt vom neuen Verständnis der eigenen Lage in der Welt (→ Interesse). Diese macht es augenscheinlich nicht nur möglich, sondern aus der Sicht deutscher Außenpolitiker geradezu nötig, die hinzugewonnene Stärke zu nutzen: „Deutsche Außenpolitik ist werteorientierte Interessenpolitik. [...] Deutschland muss [...] in seiner internationalen Verantwortung zwei Fehler vermeiden: es sollte sich nicht größer machen, als es ist, aber auch nicht kleiner".[13] [x]

Die Behauptung, dass die ‚Größe‘ Deutschlands auch eine **verstärkte militärische Beteiligung** an internationalen Einsätzen erfordere, bleibt nicht unwidersprochen. Während auf der einen Seite verlangt wird, „dass Deutschland seine neue Rolle verantwortungsvoll annimmt und die Bundeswehr schnell und konsequent bündnisfähig macht",[14] stoßen solche Auslegungen der ‚neuen‘ *Verantwortung* am linken Flügel auf vehemente Kritik. *Verantwortung* auf militärische Gesichtspunkte zu reduzieren, empfand die Abgeordnete der Grünen, Angelika

11   Struck, Peter (SPD): Plenarprotokolle, 14/250, 25.7.2002, S. 25395.
12   Schäuble, Wolfgang (CDU): Plenarprotokolle, 15/4, 29.10.2002, S. 99.
13   Wahlprogramm FDP 2002, S. 78.
14   Wahlprogramm FDP 2002, S. 88.

Beer, noch als „Vergewaltigung eines Wortes, das nach 50 Jahren gerade in Deutschland nicht für diese Militarisierung und die Legitimierung von Kampfeinsätzen missbraucht werden sollte".[15] [xi] Doch setzt sich spätestens 1998 nach dem Regierungswechsel in der Berliner Republik auch in den Reihen der Grünen ein Verständnis von *Verantwortung* durch, dass sich zunehmend auf die gegenwärtigen und zukünftigen Aufgaben bezieht, die Geschichte jedoch weitestgehend ausklammert. Wer jetzt seinen vermehrten Einfluss nutzen will, scheint den Blick auf die *Verantwortung* für die eigene Vergangenheit zu scheuen, die über fünfzig Jahre der Grund zu außenpolitischer Zurückhaltung war.

Insgesamt zeigt sich Deutschlands veränderter außenpolitischer Sprachgebrauch nirgends deutlicher als im Blick auf den Verantwortungsbegriff. Während er bis zur Vereinigung weitgehend für die Bündelung all dessen stand, was die Bundesrepublik von der verwerflichen Macht- und Vernichtungspolitik des Dritten Reiches unterschied, wurde er im Laufe der 1990er Jahre immer mehr zur begrifflichen Hülle für eine neue, manchmal mit dem Zusatz ‚modern' bzw. ‚zivil' aufgewertete, in jedem Fall aber demokratisch gezähmte Machtpolitik, die angesichts der Tabuisierung des Machtbegriffs (→ Macht) allerdings nicht so bezeichnet werden konnte. Den Höhepunkt erreicht der daraus abgeleitete Geltungsanspruch unter der Regierung Schröder. *Verantwortung* wird hier nicht mehr als die Pflicht interpretiert, die Konsequenzen historischer Schuld zu tragen, sondern als Aufforderung, eigenständig die internationale Politik mit zu gestalten. Aus einem Land, das sich vor seiner Vereinigung gerade wegen seiner *Verantwortung* eine zurückhaltende Außenpolitik innerhalb bewährter Bündnisse auferlegt hatte, ist ein zunehmend souverän agierender Akteur geworden, der nun auf Grund seiner ihm vermeintlich zugefallenen bzw. von außen zugewiesenen weltweiten *Verantwortung* global auftritt und sein Handeln als eine alternativlose Pflicht darstellt. Die gängigen zeitlichen wie auch räumlichen Referenzpunkte (außen-)politischer *Verantwortung* haben sich mithin verschoben: die zeitliche Fixierung auf die Vergangenheit wurde zunehmend verdrängt durch Anforderungen, die von Krisen und Konflikten in der Gegenwart ausgingen, während der räumliche Bezugspunkt Europa sukzessive ergänzt wurde durch eine globale, vor allem über die Vereinten Nationen – und dort insbesondere über das machtpolitische Zentrum, den Sicherheitsrat – vermittelte Perspektive.

---

[15]   Beer, Angelika (GRÜNE): Plenarprotokolle, 13/31, 30.3.1995, S. 2412.

Endnoten

[i] **Genscher, Hans-Dietrich (FDP): Plenarprotokolle, 10/228, 10.9.1986, S. 17731:**

„In der Tat, wir haben kein einfaches Vaterland, und unsere Geschichte hat uns nie allein gehört. Das hat etwas zu tun mit unserer geographischen Lage, von uns verlangt das besondere *Verantwortung*, Behutsamkeit und Stetigkeit."

[ii] **Kohl, Helmut (CDU): Plenarprotokolle, 10/249, 26.11.1986, S. 19312:**

„Eine sich vom Westen lösende, sich geistig und politisch zwischen West und Ost ansiedelnde Bundesrepublik Deutschland hätte in Wahrheit eine destabilisierende Wirkung nach Westen als auch nach Osten und würde damit unserer *Verantwortung* für die Sicherung von Stabilität und Frieden überhaupt nicht gerecht."

[iii] **Rühe, Volker (CDU): Plenarprotokolle, 12/28, 6.6.1991, S. 2076:**

„Die Berufung auf die Schuld in der Vergangenheit dispensiert nicht von der *Verantwortung* in der Gegenwart. Die Sehnsucht nach schuldfreiem Handeln darf nicht zur Flucht in die Scheinidylle führen. Schuldig werden kann auch, wer sich verweigert."

[iv] **Wahlprogramm FDP 1990, S. 29-30:**

„Deutschland wird im Rahmen der Vereinten Nationen und der Europäischen politischen Zusammenarbeit seiner *gewachsenen Verantwortung* bei der Beilegung regionaler und innerstaatlicher Konflikte durch entsprechende politische und wirtschaftliche Maßnahmen gerecht werden."

Gansel, Norbert (SPD): Plenarprotokolle, 12/27, 5. Juni 1991, S. 2012:

„In diesem Bereich stellt sich aber zuerst eine *gewachsene Verantwortung* für Deutschland."

Genscher, Hans-Dietrich (FDP): 12/14, 13.3.1991, S. 794:

„Die *größere deutsche Verantwortung* wird sich darin erweisen, dass wir auch hier die Lehren aus der eigenen Geschichte einbringen."

Lambsdorff, Otto Graf (FDP): Plenarprotokolle, 12/28, 6.6.1991, S. 2079:

„Das Jahr 1991 hat uns sehr schnell vor die Frage der *gewachsenen internationalen Ver-antwortung* des ungeteilten Deutschland gestellt."

Gysi, Gregor (PDS): Plenarprotokolle, 12/14, 13.3.1991, S. 756:

„Wie definieren wir unsere aus der Einheit *gewachsene größere Verantwortung?*"

^v **Genscher, Hans-Dietrich (FDP): Rede vor der UN-Generalversammlung, VN, 6/90, S. 212:**

„Das vereinte Deutschland wird mehr Gewicht haben. Mit diesem größeren Gewicht streben wir nicht nach mehr Macht, wohl sind wir uns der *größeren Verantwortung* bewußt, die daraus erwächst. Wir werden diese *Verantwortung* in Europa und in der Welt annehmen. Wir werden unser Gewicht in die Waagschale Europas legen, daß es allen Völkern unseres Kontinents und damit der Menschheit insgesamt zugute kommt. Damit tragen wir bei zur *europäischen Verantwortung* bei der Gestaltung der sich entwickelnden neuen Weltordnung. Unser Verhalten wird alle bestätigen, die den deutschen Vereinigungsprozeß mit guten Hoffnungen unterstützen."

^{vi} **Kinkel, Klaus (FDP): Plenarprotokolle, 13/9, 15.12.1994, S. 402:**

„Meine Damen und Herren, als 80 - Millionen – Volk in der Mitte Europas tragen wir, ob wir das nun wollen oder nicht, eine *besondere Verantwortung* für das Gelingen des europäischen Bauwerks. Nur wenn Deutschland sein volles Gewicht in die Waagscha-le einer gemeinsamen europäischen Zukunft legt, ist dem Nationalismus auf unserem Kontinent auf Dauer ein Riegel vorgeschoben."

^{vii} **Kinkel, Klaus (FDP): Plenarprotokolle, 13/9, 15.12.1994, S. 402:**

„Die Bundesregierung sagt ja zu mehr *Mitverantwortung*, aber sie wünscht sich dann auch mehr Mitsprache, und zwar dort, wo die wichtigsten Entscheidungen fallen, in der UNO und auch im Sicherheitsrat."

^{viii} **Struck, Peter (SPD): Plenarprotokolle, 14/250, 25.7.2002, S. 25395:**

„Wir stehen nicht mehr unter Hinweis auf unsere Geschichte abseits, wenn unsere Sicherheitsinteressen betroffen sind und wenn andere auf unseren Beitrag setzen. Dies schließt die Bereitschaft zu militärischen Beiträgen und zur Beteiligung an militärischen Operationen ein. Unsere Geschichte begründet für das wiedervereinigte Deutschland geradezu eine Verpflichtung – zur Solidarität, zur *Wahrnehmung von Verantwortung* und zur Unterstützung derer, die auf uns bauen."

ix Schäuble, Wolfgang (CDU): Plenarprotokolle, 15/4, 29.10.2002, S. 99:

„Ich hätte mir deshalb in Ihrer Regierungserklärung eine realistische Bedrohungsanalyse gewünscht. Ich hätte mir gewünscht, dass Sie darstellen, worin deutsche Interessen und *deutsche Verantwortung* eigentlich bestehen und was im Zusammenwirken zwischen Außenpolitik, Entwicklungspolitik und Sicherheitspolitik notwendig ist, damit wir, unsere Kinder und unsere Enkel in sicherem Frieden leben können. Der jetzige Friede ist nämlich bedroht; der Terrorismus bedroht auch uns. Wir leisten nicht nur Solidarität mit den Amerikanern – darauf weisen Sie zur Begründung von Enduring Freedom gelegentlich hin –, sondern wir nehmen auch unsere eigenen Interessen, unsere *eigene Verantwortung* wahr. Das muss gesagt werden."

x Wahlprogramm FDP 2002, S. 78:

„Deutsche Außenpolitik ist werteorientierte Interessenpolitik. Deutschland muss eine *verantwortungsvolle* und angemessene Rolle in der Weltpolitik übernehmen; hierbei muß es in seiner *internationalen Verantwortung* zwei Fehler vermeiden: es sollte sich nicht größer machen als es ist, aber auch nicht kleiner. Die *internationale Verantwortung* Deutschlands muss Hand in Hand gehen mit deutscher Außen- und Sicherheitspolitik in und mit der Europäischen Union."

xi Beer, Angelika (GRÜNE): Plenarprotokolle, 13/31, 30.3.1995, S. 2412:

„Sie, Herr Volker Rühe, versuchen gerade, die weltweiten Einsätze gesellschaftsfähig und akzeptierbar zu machen, indem Sie von Hilfe und *Verantwortung* sprechen. Ihr Vordenker, General Naumann, hat in den verschiedenen Richtlinien niedergelegt, was damit gemeint ist und was höchste Priorität hat, nämlich die klassischen Kampfeinsätze im Rahmen von NATO und WEU. Die UNO haben Sie in Ihrem ganzen Konzept vergessen. Das Wort ,*Verantwortung*' in Ihrem Mund ist eine Verrohung von Sprache. Wenn man *Verantwortung* nur noch militärisch definiert, dann ist das die Vergewaltigung eines Wortes, das nach 50 Jahren gerade in Deutschland nicht für diese Militarisierung und die Legitimierung von Kampfeinsätzen mißbraucht werden sollte."

Zivilität[1]

zivil – bezeichnung einer dem menschen als bürger, als glied der gesitteten menschlichen gesellschaft gemäszen haltung (...) (2) ,den bürger betreffend, bürgerlich', eig. abgrenzend gegen jeden nicht-bürgerlichen bereich, doch nur als gegenbegriff des militärischen im sprachgebrauch entfaltet[2].

Der Begriff *Zivilität*, **im alltäglichen Sprachgebrauch** mit Höflichkeit oder Anstand gleichbedeutend, geht auf das lateinische Wort „cīvīlis" (bürgerlich) sowie das Stammwort „cīvis" (Bürger) zurück.[3] Die grundlegende Bedeutung des Begriffes wird in der Regel auf den Entwicklungsstand eines Individuums, einer Gesellschaft oder *Zivilisation* bezogen.

Für den **sozialwissenschaftlichen Diskurs** ist dabei vor allem Norbert Elias' Werk „Über den Prozess der Zivilisation" von Bedeutung. Danach vollzieht sich der Zivilisationsprozess durch einen grundlegenden Wandel des gesamten „gesellschaftlichen Gewebes", namentlich durch die seit der frühen Neuzeit zunehmende Stabilisierung gesellschaftlicher Zentralorgane – vor allem des Gewaltmonopols – und den daraus resultierenden verstärkten Interdependenzstrukturen.[4] In den durch die Monopolisierung körperlicher Gewalt „befriedeten Räumen" entstehen immer ausdifferenziertere Gesellschaften, die von ihren Individuen reflexives Handeln, Selbstbeherrschung und Affektkontrolle erfordern. Diese neu entstandenen „Verflechtungszwänge" stellen nach Elias die grundlegende Dimension des Zivilisierungsprozesses dar; sie schlagen sich auch in einer veränderten Persönlichkeitsstruktur der Individuen nieder, die eine zunehmende

---

[1]   Diesen Beitrag haben Ursula Stark Urrestarazu und Christian Weber maßgeblich verfasst. Beigetragen haben außerdem Sandra Michels González und Kristin Bode.

[2]   Stichwort ,zivil', in: Deutsches Wörterbuch von Jacob und Wilhelm Grimm [1885]: http://germazope.uni-trier.de/Projects/WBB/woerterbuecher/dwb/wbgui?lemmode= lemmasearch&mode=hierarchy&textsize=650&onlist=&word=zivil&lemid=GZ06435& query_start=1&totalhits=0&textword=&locpattern=&textpattern=&lemmapattern=& verspattern=#GZ06435L0 [12.12.2007].

[3]   DUDEN Etymologie (Bd. 7), Mannheim 1963, S. 784.

[4]   Elias 1976.

Bereitschaft zu reflektiertem und empathischem Handeln entwickeln.[5] Das für den politikwissenschaftlichen Diskurs relevante Konzept des „zivilisatorischen Hexagons" fußt größtenteils auf diesen Überlegungen, erweitert den Begriff *Zivilisierung* jedoch durch eine friedenstheoretische Perspektive.[6] Neben den von Elias formulierten Komponenten des Gewaltmonopols und der daraus resultierenden Interdependenzen ergänzt Dieter Senghaas die Komponenten ‚Kontrolle des Gewaltmonopols durch ‚Rechtstaatlichkeit', ‚demokratische Beteiligung' sowie ‚soziale Gerechtigkeit' und ‚Konfliktkultur'. Diese einander bedingenden Merkmale einer inneren Friedensordnung sollen – übertragen auf die internationale Ebene – zu einer Erklärung einer internationalen Friedensordnung im Sinne einer ‚*Zivilisierung* internationaler Politik' beitragen.

Zivilität wird im **außenpolitischen Diskurs** häufig als Gegenbegriff zum Militärischen verwendet. Im Rückblick auf die Vergangenheit wird vom vereinten Deutschland eine zivile außenpolitische Identität erwartet. In diesem Zusammenhang sind unmittelbar nach der deutschen Einheit besonders im linken Lager Forderungen nach einer Politik der „Selbstbeschränkung" und „Entmilitarisierung" zu vernehmen: „Auf diesen zivilen und nichtmilitärischen Ebenen liegt die tatsächliche Verantwortung des künftigen vereinten Deutschlands, wenn die Rede von den Lehren aus der Geschichte mehr als eine Leerformel sein und werden soll."[7] [i] (→ Verantwortung, → Deutschland) Diese freiwillige militärische Abstinenz schien nach dem Ende des Ost-West-Konflikts sowohl angebracht als auch möglich zu sein, da die Gefahr einer militärischen Auseinandersetzung nicht mehr unmittelbar gegeben war. Vormals militärisch genutzte Mittel sollten nun für friedliche Zwecke eingesetzt werden. Im Rahmen der Abrüstung und Truppenreduzierung wurde unter anderem die Forderung artikuliert, genügend Ressourcen zur „Rezivilisierung bzw. Konversion ehemals militärisch genutzter und vernutzter Menschen, Mittel und Liegenschaften"[8] [ii] bereit zu stellen. *Zivile* und militärische Mittel schließen einander im Verständnis der Zeit nach dem Kalten Krieg kategorisch aus.

Die „*Zivilisierung* der internationalen Politik", die sich in alle Politikbereiche hineinziehen soll, ist ein überwiegend im linken Spektrum artikuliertes nor-

---

[5]   Elias 1976, S. 434-454.

[6]   Senghaas 1995, S. 196-223.

[7]   Beer, Angelika (GRÜNE): Plenarprotokolle, 11/221, 23.8.1990, S. 17477;
      Vgl. auch Lederer, Andrea (PDS): Plenarprotokolle, 12/27, 5.6.1991, S. 2023.

[8]   Wollenberger, Vera (GRÜNE): Plenarprotokolle, 12/27, 5.6.1991, S. 2030.

matives Projekt:[9] [iii] Eine „Politik der Entmilitarisierung und Zivilisierung der internationalen Beziehungen"[10] [iv] sei für die Verwirklichung einer effektiven und zugleich ethischen Friedenspolitik erforderlich. Für Abgeordnete der Grünen und der PDS stellt sich die Umsetzung dieses Projekts als äußerst konsensfähige ethische Maxime dar, die Partei übergreifend gelten sollte: „Unstrittig ist das Ziel: die Zivilisierung der internationalen Beziehungen. Strittig ist der Weg".[11] [v]

Zivilmacht bringt dieses Ziel auf den Begriff. In der wissenschaftlichen Diskussion wird er als Rollenkonzept bestimmter Staaten verwendet, die sich – mit entsprechender Durchsetzungsfähigkeit ausgestattet – mit dem Ideal der ‚*Zivilisierung* der internationalen Politik' identifizieren und ihre außenpolitische Grundorientierung danach ausrichten.[12] Das Rollenkonzept *Zivilmacht* wird dabei von einigen Autoren als grundlegendes Element deutscher außenpolitischer Identität bewertet.[13] Im außenpolitischen Diskurs wird dieses Konzept dementsprechend als erstrebenswerte Rolle eines gewichtigen Akteurs wie beispielsweise der EU verstanden. Die „Zivilmacht Europa" solle in dieser Hinsicht beispielsweise als „Vorreiter für Rüstungskontrolle und Abrüstung" fungieren.[14] [vi] Dem Konzept der ‚zivilen Konfliktbearbeitung' wird dabei eine wichtige Stellung zugeschrieben. Klassischen, militärisch geprägten Strategien soll eine moderne, zeitgemäße Alternative entgegengesetzt werden. In diesem Sinne fordern die Grünen „dass zivile Konfliktbearbeitung nicht mehr dem alten militärischen Denken untergeordnet", sondern zum primären Instrument der Sicherheitspolitik erhoben werden solle.[15] [vii]

Im Laufe der 1990er Jahre wird der vormals typische **Antagonismus zwischen ‚zivilen' und ‚militärischen' Mitteln** tendenziell unschärfer. Angesichts neuer sicherheitspolitischer Herausforderungen wird der Einsatz von Militär nicht mehr von vornherein ausgeschlossen. Vielmehr wird lediglich die angemessene Schwerpunktsetzung zwischen *zivilen* und militärischen Maßnahmen diskutiert. Vor allem im Kontext des Kosovo-Krieges verblassen die letzten Hoffnungen auf eine vollkommen entmilitarisierte Sicherheitspolitik. Als ultima ratio schließen mittlerweile auch die Grünen den Einsatz der Bundeswehr außerhalb

---

9   Wahlprogramm GRÜNE 1998, S. 141;
        Angelika Beer (GRÜNE): Plenarprotokolle, 13/31, 30.3.1995, S. 2411;
        Gebhardt, Fred (PDS): Plenarprotokolle, 14/38, 5.5.1999, S. 3134.

10   Lippmann-Karsten, Heidi (PDS): Plenarprotokolle, 14/21, 24.2.1999, S. 1554:

11   Beer, Angelika (GRÜNE): Plenarprotokolle, 14/38, 5.5.1999, S. 3157.

12   Maull 2007.

13   Risse 2007.

14   Wahlprogramm GRÜNE 2002, S. 85.

15   Wahlprogramm GRÜNE 2002, S. 141.

des Bündnisbereiches nicht mehr aus. So vertrat Angelika Beer 1999 die Auffassung, dass Bundeswehrsoldaten eingesetzt worden sind, „wenn vorher alle zivilen Mittel und Instrumente ausprobiert" worden sind und diese keine Wirkung erzielt haben. In diesem Fall, so die neue Lesart, habe man „das Recht, zu sagen, dass die Bundeswehr in multinationalen Einsätzen versuchen muss, weitere Eskalationen zu verhindern".[16] [viii] Wenig später wird selbst dieses „Primat des Politischen und des Zivilen vor dem Militärischen"[17] [ix] nicht mehr orthodox verstanden. Eine Ergänzung beider Konzepte wird immer häufiger als effektivste Form der Friedenspolitik propagiert: „Die Bundeswehr soll wirksam und verantwortlich zur internationalen Sicherheit beitragen können. Dafür ist zumindest Folgendes unabdingbar: Friedenseinsätze und Kriegsverhütung brauchen einen ausgewogenen Mix an zivilen, polizeilichen, politischen und militärischen Fähigkeiten".[18] [x] Nicht zuletzt Überlegungen über die gestiegenen Erwartungen der Bündnispartner lassen einen „angemessenen und wirkungsvollen Beitrag" Deutschlands unausweichlich erscheinen, und zwar „in seiner zivilen wie in seiner militärischen Dimension".[19] [xi] Die Einsicht, dass beide Konzepte komplementär zu verstehen sind, scheint immer selbstverständlicher zu werden. Im Rahmen multilateraler Außenpolitik – vor allem in NATO und ESVP – wird die Notwendigkeit zum militärischen Handeln immer weniger angezweifelt: „In den letzten Jahren hat es in Europa bereits wichtige Lernprozesse gegeben. So wissen wir, dass Europa in der Praxis eine Gemeinsame Außen- und Sicherheitspolitik braucht und auch Instrumente, sowohl zivile als auch militärische, um diese Politik umzusetzen".[20] [xii] Nur die PDS hält weiterhin an der früheren Sprachpraxis fest, die den Gegensatz zwischen ‚zivil' und ‚militärisch' betont. Sie fordert nach wie vor, dass es „künftig mehr zivile statt militärischer Konfliktlösungen geben" sollte.[21] [xiii] Ihrer Meinung nach setzte deutsche Außenpolitik bereits Mitte der 1990er Jahre zu stark auf militärische Lösungen. Wenn man jedoch „Zivilität und Menschenrechte Stück für Stück als Ballast über Bord" gehen lasse, so Steffen Tippach in einer polemischen Überspitzung, werde eine Entwicklung eingeleitet, an deren Ende „der Außenminister nicht mehr Kinkel, sondern vielleicht Torna-

---

16 Beer, Angelika (GRÜNE): Plenarprotokolle, 14/21, 24.2.1999, S. 1552.
17 Beer, Angelika (GRÜNE): Plenarprotokolle, 14/38, 5.5.1999, S. 3155.
18 Nachtwei, Winfried (GRÜNE): Plenarprotokolle, 15/4, 29.10.2002, S. 116.
19 Scharping, Rudolf (SPD): Plenarprotokolle, 14/22, 25.2.1999, S. 1700.
20 Erler, Gernot (SPD): Plenarprotokolle, 15/4, 29.10.2002, S. 100.
21 Claus, Roland (PDS): Plenarprotokolle, 14/253, 13.9.2002, S. 25599;
     Gebhardt, Fred (PDS): Plenarprotokolle, 14/38, 5.5.1999, S. 3134.

do heißt, sein Staatssekretär Leopard und die Botschafter bei Heckler und Koch hergestellt werden".[22] [xiv]

Abschließend lässt sich festhalten, dass die Verwendung des Begriffs *Zivilität* meist darauf abzielt, jene militärische Abstinenz einzuklagen, mit der das Projekt ‚*Zivilisierung* der Internationalen Beziehungen' verwirklicht werden soll. Diese Forderung erfreut sich besonders im linken politischen Spektrum größerer Beliebtheit – vor allem hinsichtlich einer Fokussierung *ziviler* Handlungsstrategien im Bereich der internationalen Friedens- und Sicherheitspolitik. Zunächst stehen sich die Begriffe ‚*zivil*' und ‚*militärisch*' als einander ausschließende Gegensätze gegenüber. Mit der zunehmenden Beteiligung der Bundeswehr an Einsätzen außerhalb des NATO-Bündnisgebiets löst sich dieser Gegensatz im Diskurs merklich zugunsten eines komplementären Verständnisses auf. Militärische Mittel werden nun gemeinhin als selbstverständlicher Bestandteil friedenspolitischer Strategien begriffen.

Endnoten

[i] **Beer, Angelika (GRÜNE): Plenarprotokolle, 11/221, 23.8.1990, S. 17477:**

„In unserem Antrag fordern wir deshalb die strikte militärische Enthaltsamkeit der Bundesrepublik in diesem wie auch in zukünftigen Konflikten. Nicht Kosmetik an Außenwirtschaftsgesetz und Kriegswaffenkontrollgesetz ist nötig, sondern das Verbot jeglichen Rüstungsexportes, weil es anders nicht mehr geht. Nicht Schleichwege über Änderungen des Grundgesetzes sind nötig, um die so heiß ersehnte Beteiligung der Bundeswehr an UNO-Truppen zu ermöglichen,
(Beifall bei den GRÜNEN)
sondern eine Politik der Selbstbeschränkung und der Entmilitarisierung ist gefordert, wenn man jetzt das Wort „Menschenrechte" noch ernsthaft in den Mund nehmen will.
Auf europäischer wie auf internationaler Ebene ist die Bundesregierung gefordert, sich für diplomatische Lösungen der verschiedenen Konflikte im Nahen Osten unter der Schirmherrschaft der UNO einzusetzen, weil nur so die Rechte der Menschen gewährleistet werden können
Vizepräsident Westphal: Frau Abgeordnete, Sie müssen zum Schluß kommen,
Frau Beer (GRÜNE): Ich komme zum Ende. Auf diesen *zivilen* und nichtmilitärischen Ebenen liegt die tatsächliche Verantwortung des künftigen vereinten Deutschlands,

---

[22]   Tippach, Steffen (PDS), Plenarprotokolle, 13/9, 15.12.1994, S. 432.

wenn die Rede von den Lehren aus der Geschichte mehr als eine Leerformel sein und werden soll. Vielen Dank."

Lederer, Andrea (PDS): Plenarprotokolle, 12/27, 5.6.1991, S. 2023:

„Solange die Bundesregierung und damit auch das Verteidigungsministerium daran arbeiten, die viel zitierte sogenannte neue deutsche Verantwortung ausschließlich militärisch zu verstehen und als Legitimation für eine Erweiterung des militärischen Handlungsspielraums zu bemühen, solange sie statt wirklicher Abrüstung — darauf ist der Kollege von der SPD schon eingegangen — eine Modernisierung und entsprechende Umstrukturierung der Bundeswehr in Angriff nimmt, die deutsche Truppen in die Lage versetzen soll, an weltweiten Einsätzen teilzunehmen, technisch perfekt ausgerüstet, mobil und motiviert, solange sich der Verteidigungsminister in eklatantem Widerspruch zu den vielen hier beschworenen historischen Stunden des letzten Jahres wegen der angeblichen Überwindung des Ost-West-Konflikts an der Erarbeitung einer NATO-Strategie beteiligt, die nach wie vor den Hauptfeind in der Sowjetunion sieht, sich deren instabile Lage zur Begründung der alten Abschreckungsdoktrin inklusive der nuklearen Bedrohung zunutze macht und sich ein zusätzliches Aufgabenfeld in der Dritten Welt sucht, solange also nichts, aber auch gar nichts darauf hindeutet, daß diese größer gewordene Bundesrepublik aus der Vergangenheit lernt, aus der Verantwortung wegen zweier von ihrem Territorium ausgegangenen Kriege auf militärisches Engagement verzichtet
(Zuruf von der CDU/CSU: Schnelle Vorlesung!)
und statt dessen ihren Reichtum ausschließlich für friedliche *zivile* und humanitäre Zwecke einsetzt, solange also das, was Sie als Überwindimg der Blockkonfrontation verkaufen wollen, zum Muskelspiel des leider nicht ebenfalls aufgelösten Militärblocks NATO führt,
(Siegfried Hornung [CDU/CSU]: Ohne diese Bundeswehr stünden Sie nicht da vorne!)
so lange wäre die Zustimmung zu auch nur einem Pfennig dieses Haushalts eine indirekte Unterstützung dieser Großmachtpolitik."

[ii] **Wollenberger, Vera (GRÜNE): Plenarprotokolle, 12/27, 5.6.1991, S. 2030:**

„Noch ein Umstand muß hier angesprochen werden, der sowohl den Einzelplan 14 als auch den Einzelplan 35 unannehmbar macht Truppenreduzierung, Truppenabzug, Standortschließungen und -Verkleinerungen, wie sie sowohl aus dem Ressortkonzept des Verteidigungsministeriums vom 24. Mai dieses Jahres als auch aus den Verlautbarungen der Alliierten bekannt sind, führen nicht nur die bisherige Berechnungsgrundlage des Verteidigungshaushaltes ad absurdum, sondern bringen auch völlig neue Kostenansätze hervor.

Dennoch findet aber die ganze Breite der *Rezivilisierung* bzw. Konversion ehemals militärisch genutzter und vernutzter Menschen, Mittel und Liegenschaften keinen Niederschlag im Etat des Verteidigungshaushaltes. Nicht nur fällt der Punkt Rüstungskontrolle und Abrüstung mit 233 Millionen DM lächerlich niedrig aus, von dieser Summe ist auch lediglich die Hälfte für direkte Abrüstungsausgaben vorgesehen, wenn man einmal die Konventionalstrafen für stornierte Rüstungsaufträge der Ex-DDR als solche ansieht.

Die Abrüstung soll von den Kommunen und Ländern getragen werden, damit der Verteidigungshaushalt nicht nur nicht gekürzt, sondern in voller Höhe für die Reorganisation der Streitkräfte genutzt werden kann. Offensichtlich ist sich das Verteidigungsministerium nicht im klaren darüber, daß selbst die angeblich so reiche Bundesrepublik Deutschland nicht in der Lage ist, gleichzeitig die Kosten für die deutsche Einheit, für die Entwicklung Osteuropas und der Dritten Welt sowie für eine derartige Streitkräftemodernisierung aufzubringen."

Gysi, Gregor (PDS): Plenarprotokolle, 12/28, 6.6.1991, S. 2082:

„Wir unterbreiten den Vorschlag, Rüstungsausgaben im Umfang von 10 Milliarden DM zu reduzieren, wobei dann natürlich 5 Milliarden DM für Konversion erforderlich sind — zum einen für die soziale Absicherung der Soldaten bei Reduzierung von Streitkräften, zum anderen für den Umbau von Produktionsstätten der Rüstung auf *zivile* Produkte —; die anderen 5 Milliarden DM könnten für soziale Zwecke eingesetzt werden.

Mit den Mitteln des Haushaltes 1991 wurde der Golfkrieg mitfinanziert, Diesen Krieg haben aber sehr viele abgelehnt. Das löste hier große Proteste aus. Ich frage nun, weshalb eigentlich jene, die diesen Krieg nicht wollten, zur Bezahlung dieses Krieges gleichermaßen in Anspruch genommen werden. Ich glaube, daß es dafür keine Grundlage gibt."

iii Beer, Angelika (GRÜNE): Plenarprotokolle, 13/31, 30.3.1995, S. 2411:

„Liebe Kolleginnen und Kollegen! Nach einer Studie der US-amerikanischen Agentur für Abrüstung und Rüstungskontrolle sind die Militärausgaben weltweit um 30 % gesunken. Was passiert in Deutschland? Fünf Jahre nach dem Ende des Ost-West-Konflikts, des Kalten Kriegs, erhöht die Bundesregierung zum erstenmal wieder ihren Militäretat. Die im Einzelplan 14 veranschlagten Ausgaben für Rüstung und Militär steigen zum erstenmal wieder an. Nach einem verfügbaren Soll von 47,2 Milliarden DM im Haushaltsjahr 1994 sollen es in diesem Jahr wieder 47,9 Milliarden DM sein. Dieser Ansatz für eine Bundeswehr mit ca. 350 000 Mann entspricht dem Ansatz in einer Bundesrepublik mit einer Bundeswehr von etwa 495 000 Mann, wie es im Jahr

1984 der Fall war. Damit enttäuscht die Bundesregierung jegliche Hoffnung auf eine Demilitarisierung, auf eine *Zivilisierung* der Politik.
(Lachen bei der F.D.P.)
und auf die Umlagerung der Mittel für *zivile* Produkte und für Konversionsprojekte. Der Bundesfinanzminister spricht von Sparen, Sparen, Sparen. Kindergartenplätze können Sie nicht finanzieren.
(Ulrich Heinrich [F.D.P.]: Ist auch nicht unsere Aufgabe!)
Statt dessen schmeißen Sie Milliarden für eine Interventionsarmee hinaus."

Gebhardt, Fred (PDS): Plenarprotokolle, 14/38, 5.5.1999, S. 3134:

„Frau Präsidentin! Meine Damen und Herren! ,Deutsche Außenpolitik ist Friedenspolitik', so heißt es in der bündnisgrünen-sozialdemokratischen Koalitionsvereinbarung. Wie weit dieser Satz von der Realität entfernt ist, erfahren wir seit nunmehr sechs Wochen. Heute ist der Tag 43 des Krieges gegen Jugoslawien, und ein Ende ist nicht in Sicht. Ist das eine neue deutsche Friedenspolitik?
Dabei hätte die neue Regierung durchaus die Möglichkeit gehabt, die Ernsthaftigkeit der Koalitionsvereinbarung unter Beweis zu stellen. Sie hätte deutliche Zeichen setzen können, wie sie ihre Friedenspolitik entwickeln möchte. Das ist nicht geschehen. Statt einen Beitrag zur *Zivilisierung* der internationalen Beziehungen zu leisten und die Zusage der alten Bundesregierung zur Beteiligung der Bundeswehr an einem NATO-Einsatz in Jugoslawien zumindest einer Überprüfung zu unterziehen, hat sie den Marschbefehl unterzeichnet. Statt ein deutliches Signal in Richtung Abrüstung zu setzen, zumindest jedoch weiterer Aufrüstung eine Absage zu erteilen, überschlagen sich die Beschaffungsvorhaben geradezu. Dies ist beschämend genug für eine Regierung, die angetreten ist, Friedenspolitik mehr Raum zu geben."

[iv] **Lippmann-Karsten, Heidi (PDS): Plenarprotokolle, 14/21, 24.2.1999, S. 1554:**

„Frieden militärisch erzwingen zu wollen darf nicht zum zukünftigen Primat der Außen- und Sicherheitspolitik werden, denn in den allermeisten Fällen – das zeigt der Blick auf viele Konfliktherde in dieser Welt – wird dies nicht funktionieren. Statt das militärische Instrumentarium auszubauen – dieser Haushaltsentwurf ist ein Bestandteil dessen –, brauchen wir eine Politik der Entmilitarisierung und *Zivilisierung* der internationalen Beziehungen.
Dabei geht es zentral auch darum, daß an die Stelle des Rechts der Mächtigen die Herrschaft des Rechts gesetzt wird. Dazu ist erforderlich, die Vereinten Nationen und ihre Regionalorganisationen wie die OSZE, zu stärken; denn sie sind für den Weltfrieden und für die internationale Sicherheit zuständig und nicht in erster Linie die NATO oder die Bundeswehr. Nur auf diesem Wege können nationale, regionale oder

sonstige Machtinteressen eingeschränkt werden; nur so wird ein gerechter Friedens-schluß in vielen Fällen erst möglich. Es ist auch erforderlich, Konflikte möglichst früh-zeitig zu erkennen, bevor sie eskaliert sind, und ihre Ursachen dann anzugehen, wenn dies noch möglich ist. Der Kosovo ist das beste Beispiel hierfür."

[v] **Beer, Angelika (GRÜNE): Plenarprotokolle, 14/38, 5.5.1999, S. 3157:**

„Ich habe eben aufgezeigt, wie man Möglichkeiten entwickeln kann, gestaltend auf internationale Politik einzuwirken. Unstrittig ist das Ziel: die *Zivilisierung* der interna-tionalen Beziehungen. Strittig ist der Weg, da viele ein pessimistisches Bild von den internationalen Beziehungen haben. Eine vorausschauende Politik wird zwar im Mo-ment Mittel beanspruchen, und sie muß politisch durchgesetzt werden; dafür müssen auf mittlere und längere Frist Ressourcen auf nationalstaatlicher wie internationaler Ebene zur Verfügung gestellt werden. Sonst werden wir den politischen Anforderun-gen, die auch Auswirkungen auf die Streitkräfte haben, nicht genügen können.
Unsere Überlegungen einer präventiven Sicherheitspolitik zielen darauf, wie eine solche Politik mittels der Bundeswehr unterstützt werden kann. Der Krieg im Kosovo – damit will ich dann auch schließen – macht die Dringlichkeit von Maßnahmen zur Entwicklung dieser präventiven Politik deutlich, damit wir in Zukunft nicht mehr erst dann handeln, wenn das Kind in den Brunnen gefallen ist, sondern schon früher."

[vi] **Wahlprogramm GRÜNE 2002, S. 85:**

„Angesichts neuer Aufrüstungsschübe muss die *Zivilmacht Europa* zugleich Vorreiter für Rüstungskontrolle und Abrüstung werden und vorrangig ihre Fähigkeit zur nichtmilitärischen Krisenbewältigung ausbauen. Wir setzen auf eine Priorität *ziviler* Konfliktbearbeitungsinstrumente."

[vii] **Wahlprogramm GRÜNE 2002, S. 141:**

„Nur durch Entmilitarisierung und das Primat der Politik ist erreichbar, daß *zivile Konfliktbearbeitung* nicht mehr dem alten militärischen Denken untergeordnet wird. Friedenspolitik kann sich nicht hinter Bündniszwängen oder vermeintlichen internati-onalen Notwendigkeiten verstecken. Die Bundesrepublik muss ihre neu gewonnene Souveränität friedenspolitisch nutzen."

[viii] **Beer, Angelika (GRÜNE): Plenarprotokolle, 14/21, 24.2.1999, S. 1552:**

„Wir von der Regierungskoalition müssen hier und heute über die Möglichkeiten, weitere Eskalationen zu verhindern, entscheiden. Wir werden uns davor nicht drücken. Deswegen werden wir diesen Antrag hinsichtlich der Beteiligung an der Kosovo-Mission in den Bundestag einbringen. Wir orientieren uns dabei an unserem politischen Ziel: Die Bundeswehrsoldaten werden zukünftig nur noch dann eingesetzt, wenn vorher alle *zivilen* Mittel und Instrumente ausprobiert und eingesetzt worden sind und wenn sie keine Wirkung erzielt haben. Erst wenn das geschehen ist, haben wir das Recht, zu sagen, daß die Bundeswehr in multinationalen Einsätzen versuchen muß, weitere Eskalationen zu verhindern."

ix **Beer, Angelika (GRÜNE): Plenarprotokolle, 14/38, 5.5.1999, S. 3155:**

„Welche anderen Aufgaben könnte es für die Bundeswehr geben? – Grüne Vorstellungen zielen auf eine Entnationalisierung der Sicherheitspolitik. Es ist klar, daß dies unter den gegenwärtigen Bedingungen des internationalen Systems nicht umsetzbar ist, auch nicht in Kürze. Trotzdem meinen wir, daß man in diese Richtung denken muß und auch erste Schritte tun sollte. Die Bundeswehr kann nicht die zentrale Institution präventiver Politik sein. Das ist die Aufgabe der Diplomatie, der *zivilen* Politik und – zunehmend in der Gesellschaftswelt – die Aufgabe der *Zivilgesellschaft.* Unser Konzept präventiver Sicherheitspolitik zielt auf die Integration dieser verschiedenen Handlungsebenen, die sich ergänzen und die sich nicht gegenseitig ausschließen sollten. Damit muß eindeutig der Primat der Politik und des *Zivilen* vor dem Militärischen gewährleistet sein. Das Ziel einer präventiven Sicherheitspolitik für die Bundesrepublik Deutschland ist eine langfristig angelegte Politik der Reduzierung und Vermeidung von Gewalt sowie die Herstellung einer politischen Ordnung, die Frieden in der internationalen Politik gewährleisten will. Wir wissen, daß Konflikte nicht aus der Welt verbannt werden können. Das ist auch die bittere Erfahrung der heutigen Tage. Uns geht es aber um die *zivile* und friedliche Bearbeitung von Konflikten bzw. um die Deeskalation von Gewalt, wenn es zu einem gewaltsamen Konfliktaustrag kommt, und um die Wiederherstellung einer friedensfähigen Situation. Zu entsprechenden Maßnahmen muß man den Mut haben, bevor man gezwungen wird, Militär einzusetzen."

x **Nachtwei, Winfried (GRÜNE): Plenarprotokolle, 15/4, 29.10.2002, S. 116:**

„In der Koalitionsvereinbarung stellen wir eindeutig klar: Zweck von Kriseneinsätzen der Bundeswehr ist nicht eine militärische Konfliktlösung; denn das wäre illusionär. Ihr Zweck ist, zur Gewaltverhütung beizutragen und Stabilisierungs- und Friedensprozesse dort zu unterstützen, wo *zivile* Beobachter und Vermittler, wo Polizisten nicht mehr ausreichen. Der Rahmen von Kriseneinsätzen ist die Charta der Vereinten Nationen, ist das Völkerrecht und eine Politik gemeinsamer und kooperativer Sicherheit. Diese Grundhaltung kontrastiert mit Bestrebungen, über eine „präventive Selbst-

verteidigung" das allgemeine Gewaltverbot der UN-Charta zu unterlaufen. Die Absage der Bundesregierung an einen Krieg zum Sturz des irakischen Regimes ist die logische Konsequenz aus dieser Grundhaltung.
(Beifall beim BÜNDNIS 90/DIE GRÜNEN sowie bei Abgeordneten der SPD) Die Bundeswehr soll wirksam und verantwortlich zur internationalen Sicherheit beitragen können. Dafür ist zumindest Folgendes unabdingbar: Friedenseinsätze und Kriegsverhütung brauchen einen ausgewogenen Mix an zivilen, polizeilichen, politischen und militärischen Fähigkeiten. Die rot-grüne Bundesregierung baut nun – so steht es im Koalitionsvertrag – das in diesem Jahr gegründete Zentrum für Internationale Friedenseinsätze zu einer vollwertigen Entsendeorganisation aus. Das heißt, wir bemühen uns, die zivilen Säulen von Friedensmissionen der Vereinten Nationen, der OSZE usw. entsprechend zu stärken."

xi **Scharping, Rudolf (SPD): Plenarprotokolle, 14/22, 25.2.1999, S. 1700:**

„Wir wissen, daß unsere Verbündeten auf einen unserer Stellung im Bündnis angemessenen und wirkungsvollen Beitrag unseres Landes für Frieden und Versöhnung im Kosovo zählen, und zwar in seiner zivilen wie in seiner militärischen Dimension. Es ist also auch ein Gebot der Partnerschaftsfähigkeit, der internationalen Verläßlichkeit und der Bündnissolidarität, daß wir uns in dieser Lage so wie unsere Bündnispartner und in gemeinsamer Abstimmung mit ihnen verhalten."

Scharping, Rudolf (SPD): Plenarprotokolle, 14/22, 25.2.1999, S. 1700:

„Unser oberstes Ziel bleibt, zu einer umfassenden Verhandlungslösung auf der Grundlage des Textes der Kontaktgruppe einschließlich der notwendigen zivilen und militärischen Implementierung beizutragen. Darauf müssen wir vorbereitet sein. Der Text der Kontaktgruppe sieht eine militärische Umsetzung und Garantie des Friedensabkommens in einer NATO-geführten Operation vor. Der Einsatz deutscher Streitkräfte wird daher in der politischen und strategischen Verantwortung der Allianz, das heißt, auf der Grundlage eines NATO-Operationsplanes einschließlich entsprechender NATO-Einsatzregeln und NATO-Führungsstrukturen, durchgeführt."

xii **Erler, Gernot (SPD): Plenarprotokolle, 15/4, 29.10.2002, S. 100:**

„Wir, die SPD-Bundestagsfraktion und die Koalition, werden uns der Aufgabe stellen, die Innovationsforderung über die Gesellschaftspolitik hinaus auch für die internationale Politik zu stellen, und zeigen, dass wir dieser Herausforderung gerecht werden. Hier fangen wir nicht bei Null an. In den letzten Jahren hat es in Europa bereits wichtige Lernprozesse gegeben. So wissen wir, dass Europa in der Praxis eine Gemeinsame

Außen- und Sicherheitspolitik braucht und auch Instrumente, sowohl *zivile* als auch militärische, um diese Politik umzusetzen.
Mit Trauer und Zorn blicken wir darauf zurück, dass Europa nicht imstande war, in den der 90er-Jahren vier blutige Kriege auf europäischem Boden zu verhindern. Aber Europa hat die Kraft zu einer umfassenden Integrationsstrategie entwickelt: mit dem Instrument des Stabilitätspakts für Südosteuropa und mit der Stabilisierungs- und Assoziierungsstrategie gegenüber den Ländern, die bisher nicht an dem europäischen Integrationsprozess teilgenommen haben. Im Fall Mazedoniens gelang schließlich erstmals die Verhinderung einer weiteren blutigen Katastrophe in unserer Nachbarschaft. Das war der Erfolg einer Präventionspolitik, die primär auf Diplomatie, auf Verhandlungen, aber ohne Ausschluss einer Sicherheitskomponente, setzte. Wir haben in der letzten Woche darüber gesprochen."

Struck, Peter (SPD): Plenarprotokolle, 14/250, 25.7.2002, S. 25395:

„Die Europäische Union entwickelt sich zu einer starken, umfassenden politischen Union. Mit der europäischen Sicherheits- und Verteidigungspolitik eröffnet sie sich neue Möglichkeiten zur Durchführung militärischer und *ziviler* Krisenmanagementaufgaben und neue Perspektiven, um an der Friedenssicherung in Europa und darüber hinaus mitzuwirken. Die Europäische Union hat auf dem Gipfel in Laeken vor wenigen Monaten ihre Einsatzbereitschaft für einige Krisenmanagementaufgaben erklärt. Unabhängig davon ist die Weiterentwicklung von europäischen militärischen Fähigkeiten – abgestimmt mit der NATO – von herausragender Bedeutung."

Erler, Gernot (SPD): Plenarprotokolle, 15/13, 4.12.2002, S. 930:

„Ich sage noch einmal: Wir sind zur Diskussion, zur Zusammenarbeit wie auch zum Streit über die richtigen politischen Strategien in dieser außerordentlich gefährlichen Nachseptemberwelt bereit. Diese zwingt uns zur Vernunft und zur Kooperation, verbietet uns aber, unsere Ressourcen und unsere Kräfte am falschen Platz zu vergeuden. Genau das tun Sie aber, wenn Sie mit Ihrer faktenleeren Aggression und Ihrer verantwortungsvergessenen Destruktivität gegenüber allem, was diese Bundesregierung auch in der Außen- und Sicherheitspolitik macht, fortfahren.
Wir sind – das kann ich Ihnen versichern – bei diesem Thema sehr selbstbewusst. Deutschland hat weltweit noch nie so viele internationale Verpflichtungen übernommen wie heute. Darunter sind mehrere militärische Verpflichtungen, aber noch mehr *zivile.* Wir werden an einem europäischen Modell für die globale Politik in der Nachseptemberwelt weiterarbeiten – mit Ihnen, wenn Sie wollen, aber auch ohne Sie, wenn Sie sich weiter so verweigern wie bisher.

Wir sind stolz auf einen Bundeskanzler und auf einen Außenminister, die es geschafft haben, für diesen Kurs, für den es in diesem Land in vielen Punkten in den vergangenen Jahren keine Mehrheit gegeben hätte, eine Zustimmung um mehr als 80 Prozent der Bevölkerung zu erhalten. Das ist eine solide Grundlage für die Arbeit, die wir in den nächsten vier Jahren vorhaben. Auf dieser Grundlage werden wir weiterarbeiten."

[xiii] **Claus, Roland (PDS): Plenarprotokolle, 14/253, 13.9.2002, S. 25599:**

„Auch ich möchte an die Regierungserklärung von Bundeskanzler Schröder, die wir im November 1998 in Bonn gehört haben, erinnern. Da war sehr viel Hoffnung und Aufbruch in Ihren Reihen, meine Damen und Herren von der Koalition. Da war Hoffnung auf einen Politikwechsel. Da war ein Mehr an sozialer Gerechtigkeit versprochen. Der Aufbau Ost sollte zur Chefsache gemacht werden und es sollte künftig mehr *zivile* statt militärischer Konfliktlösungen geben. Das hat in der Tat auch uns Hoffnung gemacht. Wir haben seinerzeit aber auch schon festgestellt: Sie hatten die Wahlen gewonnen mit dem Image von Gerhard Schröder und mit dem Programm von Oskar Lafontaine.

(Beifall bei Abgeordneten der PDS)

Mit dem Rückzug Lafontaines aus der Politik und mit Ihrem selbstverordneten Weg in die neue Mitte begann eine Politik, in der soziale Gerechtigkeit, wirklicher Aufbau Ost und *zivile* statt militärischer Konfliktlösungen mehr und mehr zurückgedrängt wurden."

[xiv] **Tippach, Steffen (PDS): Plenarprotokolle, 13/9, 15.12.1994, S. 432:**

„Während die als Kerneuropa favorisierte Achse Bonn - Paris in der Westeuropäischen Union ihre ökonomische, außenpolitische und militärische Vormachtstellung zementiert, fällt das deutsche Kapital zwecks Profitmaximierung und bar jeder Rücksicht über die ost- und südosteuropäischen Staaten her. Um die Positionen für weitere weltweite Verteilungskämpfe abzustecken, werden jeder gutgehenden Diktatur - natürlich so sie sich nicht kommunistisch nennt - Waffen, Gelder und Wirtschaftshilfe in den Rachen geworfen. Während *Zivilität* und Menschenrechte Stück für Stück als Ballast über Bord gehen, setzt die deutsche Außenpolitik mehr und mehr auf militärische Lösungen: eine Entwicklung, an deren Ende der Außenminister nicht mehr Kinkel, sondern vielleicht Tornado heißt, sein Staatssekretär Leopard und die Botschafter bei Heckler und Koch hergestellt werden.

(Beifall bei Abgeordneten der PDS)

Werte Kolleginnen und Kollegen, ich möchte diese Aussagen untersetzen. Allein der Rüstungshaushalt 1995 soll bei 47,9 Milliarden DM auf unverständlich hohem Niveau verharren. Dazu kommen erhebliche Rüstungsgelder, die gut getarnt in anderen Haushaltsplänen schlummern, wie etwa 150 Millionen DM für den Bau von Mehr-komponenten-Fregatten im Haushalt - man höre - des Auswärtigen Amtes oder die Kosten für Weltraum- und Atomforschung. Während für den Pleitevogel Eurofighter satte 640 Millionen DM verschleudert werden und selbst die strategische Forschung der Bundeswehr - die nicht-technische - 72 Millionen DM verschlingt, ist die staatliche Friedensforschung mit ganzen 364 000 DM dabei.

Die UNICEF hat gestern dazu aufgefordert, die Produktion und Verbreitung von Landminen endlich zu beenden. Nicht so in Deutschland: Hier sind sogar noch etliche 100 Millionen DM zur Verfeinerung dieser - vor allem für die *Zivilbevölkerung* - tödli-chen Waffen im Haushaltsplan eingestellt.

Eine Bundesregierung, die weit über 50 Milliarden DM für Rüstung und nicht einmal eine halbe Million DM für die Friedensforschung übrig hat, dabei aber von Frieden und Konfliktvermeidung redet, ist entweder blind oder hat ein gespaltenes Bewußt-sein."

Fazit – Ein neues, eigenständigeres Deutschland

Gunther Hellmann / Christian Weber / Frank Sauer

Das Anliegen dieses Buches ist es, einen neu entwickelten, sprachphilosophisch inspirierten Forschungsansatz zu präsentieren und exemplarisch anzuwenden, den wir „Vokabularanalyse" nennen. Zwei Referenzpunkte machen die Analyse ausgewählter Schlüsselbegriffe des außenpolitischen Diskurses in Deutschland mit Blick auf die letzten zwanzig Jahre besonders interessant: Zum einen die Annahme, dass sich Außenpolitik – wie generell jegliche Politik und auch ein großer Teil menschlichen Handelns überhaupt – im Wesentlichen sprachlich artikuliert und insofern auch die ((un-)veränderte) außenpolitische Praxis in ((un-) veränderten) Redeweisen zum Ausdruck kommt; zum anderen die im fachlichen Diskurs anhaltende Debatte darüber, wie die *Entwicklung* deutscher Außenpolitik in den vergangenen Jahren zu charakterisieren sei – eine Debatte, die sehr stark unter der (unseres Erachtens irreführenden) Dichotomisierung geführt wurde, ob Kontinuität *oder* Wandel überwiege. Vor diesem Hintergrund war unser Ziel ein theoretisch reflektierter wie auch empirisch untermauerter Zugriff, der sich von der alten „Kontinuität-oder-Wandel"-Debatte insofern abhebt, als er eine Antwort auf die Frage zu geben versucht, *wie genau* sich deutsche Außenpolitik in den letzten ca. fünfzehn Jahren nun eigentlich entwickelt hat – d.h. welche Art von Beschreibung dieser Entwicklung besonders treffend erscheint. Die eingehendere Untersuchung des Gebrauchs von ausgewählten Schlüsselbegriffen im außenpolitischen Vokabular Deutschlands sollte insbesondere nachzeichnen, in welcher Weise das Selbstverständnis Deutschlands (artikuliert in Sprechakten der außenpolitischen Elite) in diesem Zeitraum durch Veränderung gekennzeichnet ist. Die empirische Untersuchung verschiedener Schlüsselbegriffe förderte dabei in der Tat augenfällige Verschiebungen zu Tage.

Die Wittgenstein'sche Fährte einer *allmählichen, schleichenden Veränderung etablierter Sprachspiele* hat sich als außerordentlich ertragreich erwiesen. Die Befunde dieser Untersuchung entsprechen unserer Prämisse, dass sich Bedeutungsverschiebungen innerhalb eines Vokabulars keinesfalls plötzlich, sondern nur über längere Zeiträume hinweg vollziehen. So ist beispielsweise davon auszugehen, dass sich auch im Jahr 2002 noch Redeweisen finden, die als eher typisch für die „Bonner Republik" gelten können, auch wenn sie vor dem Hintergrund neuer „Berliner" Sprachspiele eigentlich „veraltet" anmuten müssen. Das ändert aber nichts daran, dass sich unsere Überzeugungssysteme aus einer Vielzahl von Überzeugungen zusammensetzen, die *auf einen Schlag* und *in Gänze* verändert zu sehen schon deshalb völlig unplausibel ist, weil dann sämtliche Handlungsroutinen zusammenbrechen würden und nichts mehr berechenbar wäre. Dass unsere Überzeugungen, Wünsche und Absichten in ein „Netz evaluativer Einstellungen und praktischen Wissens verstrickt" sind (Davidson 2006: 45), die sich wechselseitig stützen und miteinander ändern, bedeutet nicht nur, dass sie nicht *isoliert von einander gedacht* werden können. Es bedeutet auch, dass sie nur *begrenzt intentional gesteuert* werden können und sich nur *langsam ändern*. Letzteres ist aus handlungstheoretischer Perspektive auch schon deshalb zu erwarten, weil individuelle wie auch kollektive Akteure *Gewohnheiten* (bzw. „Routinen") erstrebenswert finden und *Krisen* (bzw. „problematische Situationen") eher meiden.[1]

So wenig daher im Alltag sozialen Handelns *tabula rasa* zu erwarten ist, so wenig gilt das auch im Feld der Außenpolitik. Alte (Sprech-/Handlungs-) Gewohnheiten bestehen in angepasster Form fort, neue Handlungsweisen treten hinzu. Mit zwei Beispielen lässt sich dieses Nebeneinander des Alten und Neuen kurz illustrieren. In einer Regierungserklärung vor dem Deutschen Bundestag „Zur Lage der Bundeswehr und ihrer Aufgaben im Rahmen der Sicherheitspolitik der Bundesrepublik Deutschland" im Juli 2002 – also unmittelbar bevor Gerhard Schröder im Zuge der Eskalation der deutsch-amerikanischen Auseinandersetzungen über eine angemessene Vorgehensweise gegenüber Saddam Husseins Irak einen „deutschen Weg" ausrief – hob der damalige deutsche Verteidigungsminister Peter Struck im Zusammenhang mit der Diskussion neuer „gemeinsamer Risiken" nach den Terroranschlägen des 11. September 2001 die „konsequente Politik des Interessenausgleichs und des Multilateralismus" hervor, der sich die Bundesregierung weiterhin „verschrieben" habe. Deutschland sei „gefordert, wenn sich die NATO, die Europäische Union und die Vereinten Nationen zur Abwehr von Gefahren und zur Sicherung des Friedens engagieren." Und ganz im Sinne der alten „Bonner" Bemühung, ein „Entweder-oder" zwischen transatlantischer und europäischer Orientierung erst gar nicht aufkommen zu lassen, wird „die internationale Rolle Deutschlands" als eine beschrieben, die sich „nicht von einem transatlantischen Bündnis, das für Sicherheit und Stabilität des euro-atlantischen Raumes von zentraler Bedeutung ist, und von der Stärkung der

---

[1]   Zur hier zugrunde gelegten pragmatistischen Theorie menschlichen Denken und Handelns vgl. im Überblick Hellmann 2008.

außen- und sicherheitspolitischen Handlungsfähigkeit Europas [...] trennen" lasse.[2] Das Kompositum „Interessensausgleich" in unmittelbarer Nähe zum Begriff des Multilateralismus bei gleichzeitiger „sowohl-als-auch"-Priorisierung transatlantischer *und* europäischer „Handlungsfähigkeit" hätte in genau dieser Verbindung auch einer Rede aus dem Jahr 1986 entstammen können.[3]

Ähnliches gilt für ein zweites Beispiel, eine Aussage von Strucks Vorgänger Rudolf Scharping zum Kosovokrieg 1999:

> „Es ist schon deutlich geworden, dass sich die Bundesrepublik Deutschland viel stärker als in der Vergangenheit an Maßnahmen der internationalen Friedenssicherung beteiligt. Das kann man nicht allein auf den militärischen Beitrag zu solcher Friedenssicherung beschränken. Zu einer integrierten oder kohärenten Politik gehören auch vorbeugende Krisenbekämpfung, schnelle Beseitigung von Krisenursachen und Hilfe bei der zivilen Entwicklung eines Landes oder einer Region. Das hat Auswirkungen auf vielfältige internationale Institutionen, beispielsweise auf die Vereinten Nationen und ihre Entwicklungsagentur. Es hat Auswirkungen auf die Bereitschaft der Bundesrepublik Deutschland, die Vereinten Nationen zu stärken und im Interesse dieser Stärkung entsprechende Möglichkeiten zur Verfügung zu stellen. Es hat auch Auswirkungen auf die Diskussion um eine neue Strategie der NATO und die Rolle der Europäer innerhalb der NATO."[4]

Zwar wird hier schon – anders als im Zitat Strucks – die Unabwendbarkeit eines eigenständigen deutschen Eingreifens in das internationale Konfliktgeschehen hervorgehoben und eingeräumt, dass Deutschland „viel stärker als in der Vergangenheit an Maßnahmen der internationalen Friedenssicherung" teilnehmen müsse. All dies bleibt aber eingebettet in klassische „Bonner" Rhetorik: „zivile" Krisenprävention, generell Vorrang „ziviler" vor militärischen Maßnahmen, Stärkung „internationaler Institutionen" im Allgemeinen und der Vereinten Nationen im Besonderen.

---

[2] Das Zitat lautet in Gänze wie folgt (Struck, Peter (SPD): 14/250, 25.7.2002, S. 25395): Die Bundesregierung habe sich „zu Recht einer konsequenten Politik des Interessenausgleichs und des Multilateralismus verschrieben. Das heißt, wir sind gefordert, wenn sich die NATO, die Europäische Union und die Vereinten Nationen zur Abwehr von Gefahren und zur Sicherung des Friedens engagieren. Vor diesem Hintergrund ist die internationale Rolle Deutschlands nicht von einem transatlantischen Bündnis, das für Sicherheit und Stabilität des euro-atlantischen Raumes von zentraler Bedeutung ist, und von der Stärkung der außen- und sicherheitspolitischen Handlungsfähigkeit Europas zu trennen."

[3] Zu den Begriffen „Entweder-oder"-Politik und „Sowohl-als-auch"-Politik vgl. Hellmann 1997a.

[4] Scharping, Rudolf (SPD): 14/021, 24.2.1999, S. 1546.

Die Fortdauer einiger gewohnter politischer Positionen und altbewährter Redeweisen ist also offenkundig. Sie kann aber nicht darüber hinwegtäuschen, dass sich im Laufe der vergangenen 10-15 Jahre zugleich viele neue Sprachspiele etabliert haben, die man inzwischen als typisch für die „Berliner Republik" charakterisieren kann. In ihnen tauchen zwar größtenteils die gleichen Begriffe wie in alten „Bonner" Sprachspielen auf, diese werden jedoch immer häufiger mit (teils sogar stark) veränderter Bedeutung und in neuen Kombinationen gebraucht. Um dies zu illustrieren, bietet sich eine andere Passage aus derselben Rede Peter Strucks an. Sie findet sich unmittelbar vor der in Anm. 2 zitierten Passage und verdeutlicht, wie sehr sich das umfassendere Netz an außenpolitischen Überzeugungen in der „Berliner Republik" verändert hat:

„Meine Damen und Herren, es sind gemeinsame Risiken, die gemeinsame Antworten erfordern. Sicherheit und Stabilität sind zu einer gemeinsamen Aufgabe geworden. Aufgrund des politischen, wirtschaftlichen und sicherheitspolitischen Potenzials Deutschlands wird von uns – mehr als früher – gefordert, mehr Verantwortung für die internationale Friedenssicherung in Europa und darüber hinaus zu übernehmen. Die Bundesregierung stellt sich dieser Verantwortung. Wir stehen nicht mehr unter Hinweis auf unsere Geschichte abseits, wenn unsere Sicherheitsinteressen betroffen sind und wenn andere auf unseren Beitrag setzen. Dies schließt die Bereitschaft zu militärischen Beiträgen und zur Beteiligung an militärischen Operationen ein. Unsere Geschichte begründet für das wiedervereinigte Deutschland geradezu eine Verpflichtung – zur Solidarität, zur Wahrnehmung von Verantwortung und zur Unterstützung derer, die auf uns bauen."[5]

Hätte ein deutscher Verteidigungsminister mit diesen Worten eine Debatte über die Eventualität einer deutschen Beteiligung an der Befreiung Kuwaits im Januar 1991 eröffnet, hätte er wohl seinen Hut nehmen müssen: Unter indirektem Verweis auf die amerikanische Kriegsführung in Afghanistan offen von „unseren Sicherheitsinteressen" zu sprechen, die dort „betroffen" seien und mit einem Verweis auf „unsere Geschichte" sogar eine moralische Verpflichtung zur „Bereitschaft zu militärischen Beiträgen und zur Beteiligung an militärischen Operationen" abzuleiten, wäre 1990 unmöglich gewesen – und dies obwohl es damals (im Unterschied zu Kosovo 1999 oder Irak 2003) ein unstrittiges völkerrechtliches Mandat zum Einsatz von Gewalt zur Befreiung Kuwaits gab und sich eine Analogie zwischen „Saddam" und „Hitler" weit stärker aufdrängte als dies etwa im Blick auf die Taliban der Fall war (vgl. Hellmann 1997b).

---

[5]   Struck, Peter (SPD): 14/250, 25.7.2002, S. 25395.

Es ließen sich mühelos weitere Zitate anführen, in denen dieses spannungsvolle Nebeneinander zwischen altem und neuem Vokabular hervortritt. In den Analysen einzelner Schlüsselbegriffe werden solche Zitate in Fülle wiedergeben und am Beispiel des Verantwortungsbegriffs ist dies auch noch in anderen Kontexten dokumentiert worden.[6] Was bislang weniger geleistet wurde (und was in methodologischer Hinsicht angesichts der Spannbreite legitimer Interpretationsmöglichkeiten bestimmter Aussagen gewiss auch eine größere Herausforderung darstellt), ist der Nachweis einer Veränderung des gesamten außenpolitischen Kernvokabulars. Wie in der Einleitung diskutiert, basiert dieses ganze Projekt wesentlich auf der erkenntnis-/handlungstheoretischen Prämisse, dass individuelle und kollektive Überzeugungen ein „Netz" bilden – d.h. dass Veränderungen in einem Bereich des Netzes (Rorty spricht zumeist von einzelnen „Fäden" im Netz) unweigerlich Veränderungen in anderen Bereichen nach sich ziehen. Wie sich eine solche Prämisse in konkreten gegenstandsbezogenen Beobachtungen materialisiert, d.h. zu welchen Beschreibungen (der Sprache) deutscher Außenpolitik ein Davidson'scher „Holismus des Mentalen" (vgl. Einleitung) gerechtfertigterweise Anlass gibt, soll im Folgenden eingehender diskutiert werden.

Der Übergang von einem „Bonner" zu einem „Berliner Vokabular"

Die einzelnen Beiträge im Hauptteil dieses Bandes haben den Gebrauch einzelner Schlüsselbegriffe rekonstruiert und dabei zumeist ohne weiteren Kommentar auf ihre Vernetzung mit anderen Begriffen verwiesen. Im Folgenden wollen wir die Vernetzung dieser Schlüsselbegriffe zu einem „ganzen Vokabular" (Rorty) in den Mittelpunkt rücken. Dabei interessiert uns besonders die Frage, wie sich Veränderungen in der Bedeutung einiger zentraler Schlüsselbegriffe, wie etwa dem der „Verantwortung" oder des „Interesses", auf andere Begriffe und vor allem auf das „Netz" des außenpolitischen Vokabulars als Ganzes auswirken. Wir wollen diese Vernetzungsdimension hier nochmals besonders hervorheben, indem wir aufzeigen, wie markant die Unterschiede zwischen dem typischen „Bonner" Vokabular und dem „Berliner" Vokabular hervortreten, wenn man sich einen Moment lang vom eigenen zeitgebundenen Standpunkt samt Lese- und Hörge-

---

[6] So argumentiert etwa Rainer Baumann (2006: 151-159), dass der Verantwortungsbegriff nach der Vereinigung immer seltener auf die Verpflichtungen bezogen wurde, die für Deutschland aufgrund der nationalsozialistischen Verbrechen erwachsen. Statt dessen wurde „Verantwortung" immer mehr zur Legitimationsformel für einseitige nationale Statusansprüche.

wohnheiten entfernt und aus der Position eines distanzierten Beobachters das typische Zusammenspiel der Schlüsselbegriffe aus der Zeit 1986-1990 kontrastiert mit deren Verbindungen in einem Vokabular wie es sich 1998-2002 in den benutzten Quellen findet. Diese Kontrastierung lässt sich vor allem an jenen Begriffen veranschaulichen, die für den außenpolitischen Diskurs die Funktion zentraler *Knoten* haben, also Punkten, an denen wichtige Fäden des semantischen Netzes zusammen laufen und von denen das Netz als Ganzes getragen wird. Das Beispiel des Machtbegriffs und seine Vernetzung mit anderen Schlüsselbegriffen des außenpolitischen Diskurses bietet sich besonders an.

Wie im Beitrag „Macht" gesehen, ist dieser Begriff für den außenpolitischen Diskurs in Deutschland weiterhin von vergleichsweise marginaler Bedeutung. Zudem hat „Machtpolitik" für deutsche Ohren nach wie vor keinen guten Klang. Allerdings – und das ist in diesem Zusammenhang bedeutsam – wurde in den letzten Jahren ein beträchtliches Maß jener Bedeutung, die der „Macht"-Begriff in den außenpolitischen Diskursen anderer Länder transportiert, im deutschen Diskurs zunehmend auf andere Begriffe verlagert. Dies gilt zum einen für Synonyme zur Umschreibung einzelner Facetten von „Macht", wie „Einfluss" oder „Gewicht", die auch in anderen Ländern gängig sind, es gilt aber auch für wichtige weitere Schlüsselbegriffe, die das außenpolitische Vokabular Deutschlands von anderen Staaten absetzen, wie etwa „Verantwortung" oder „Selbstbewusstsein". Wenn beispielsweise ein imaginärer Zuhörer aus den 1970er Jahren in einer Zeitmaschine in das Jahr 1999 katapultiert worden wäre und man ihm dort eine Passage aus einer Rede des früheren Sponti und damaligen deutschen Außenministers Joschka Fischer präsentiert hätte, in der dieser u.a. Deutschlands „Bereitschaft" erklärte, „dauerhaft mehr Verantwortung zu übernehmen", dann hätte er dies (vielleicht mit einer leichten Irritation im Blick auf das Adverb „dauerhaft") mit hoher Wahrscheinlichkeit für einen Ausschnitt aus einer Rede zur deutschen Vergangenheit und nicht (wie tatsächlich) für eine mittlerweile stehende Formulierung der deutschen Diplomatie gehalten, mit der der deutsche Anspruch auf einen ständigen Sitz im UN-Sicherheitsrat zum Ausdruck gebracht wird.[7] Die Wortkombination „dauerhaft mehr Verantwortung übernehmen" knüpft insofern an einen durchweg positiv besetzten Begriff an, um einen unmissverständlichen machtpolitischen Anspruch zu formulieren, den man mit dem Machtbegriff selbst nicht bezeichnen kann. Wie weit diese Verwendungsweise von früheren „Bonner" Formulierungen entfernt ist, wird deutlich, wenn man die Reden Hans-Dietrich Genschers, aber auch diejenigen Helmut Kohls oder auch Angelika Beers

---

[7] Vgl. Fischer, Joseph (GRÜNE): 22.9.1999, Vereinte Nationen 5/1999, S. 169-171.

aus den späten 1980er und frühen 1990er Jahren aufmerksam liest. Dort wird „Verantwortung" geradezu als *Gegenbegriff* zu dem der Macht gebraucht. Wenn im unmittelbaren Sinnzusammenhang mit „verantwortungsbewusster deutscher Politik" überhaupt von Macht die Rede war, dann allenfalls von einer „Selbstbeschränkung eigener Macht" und von einer „Einbindung in friedensvertragliche und friedensfördernde internationale Zusammenhänge".[8] Von dort aus ist es ein weiter Schritt bis zu der heute gängigen Argumentationsfigur, in der statt einer *Selbstbeschränkung* eine *Ausweitung* der eigenen Macht mit der Bereitschaft begründet wird, „mehr Verantwortung zu übernehmen".[9]

Damit soll keineswegs konkurrierenden Stilisierungen der „Bonner Republik" das Wort geredet werden – sei es nun in der Form der Verklärung einer „zivilmächtigen" Vergangenheit (Maull 1990/1991) oder auch der Geißelung einer „Angst vor der Macht", die sich auf dieselbe Vergangenheit bezog (Schöllgen 1993). Denn das, was wir hier als „Berliner" Argumentationsfiguren und Redeweisen charakterisieren, findet sich natürlich auch schon in den 1980er Jahren – beispielsweise in der folgenden Passage aus einer Rede Helmut Kohls, in der durchaus ein Bewusstsein deutscher Macht hervortritt.

> „Zum anderen wird unser Land, ob wir das wollen oder nicht, auf Grund seiner internationalen Verflechtungen und des hinzukommenden Gewichts vermehrt Stellung beziehen und Verantwortung übernehmen müssen. Wenn wir das sagen, so tun wir das nicht mit Selbstzufriedenheit, sondern wir erkennen an, dass die Bundesrepublik Deutschland in der Welt an Gewicht gewonnen hat und dass unsere Partner und auch andere Mitglieder der Staatengemeinschaft von uns erwarten, dass wir dieses politische Gewicht nutzen und in Europa und außerhalb Europas vermehrt Verantwortung übernehmen."[10]

Ein nicht unwichtiger Unterschied im Vergleich etwa zu Reden von Gerhard Schröder sechzehn Jahre später ist allerdings der Kontext, in dem die Formel, „vermehrt Verantwortung übernehmen" auftaucht. Kohl beansprucht im weiteren Verlauf der Rede keine Aufwertung des deutschen Status in der EU oder in den Vereinten Nationen, sondern er antizipiert steigende Anforderungen an den deutschen „Nettozahler", der sich außerhalb deutscher Grenzen mit seiner „Scheckbuchdiplomatie" einen ausgesprochen guten Ruf erworben hatte. Antizipiert werden „verstärkt auf uns zukommende Herausforderungen [...] voraus-

---

8   Beer, Angelika (GRÜNE): 11/226, 20.9.1990, S. 17842.
9   Vgl. auch Baumann 2006: 156-159.
10   Kohl, Helmut (CDU): 10/249, 26.11.1986, S. 19314.

sichtlich auf den Gebieten der Währungspolitik, der Weltwirtschaftsordnung, des Nord-Süd-Dialogs, aber auch bei den regionalen Krisen". Im Hinblick auf diese „Herausforderungen", so Kohl, müsse Deutschland „bereit sein, und wir sind bereit, Verantwortung verstärkt zu übernehmen." Und in bester „Bonner" Multilateralismus-Tradition fügt er hinzu, dass Deutschland „dabei [...] alles tun" müsse, um sich mit seinen „Verbündeten und Freunden immer wieder abzustimmen."[11]

Das Beispiel des Machtbegriffs und seiner Vernetzung mit anderen Schlüsselbegriffen des außenpolitischen Diskurses zeigt auch, dass eine Fixierung auf Selbstbeschreibungen in traditionellen Machtkategorien wie „Großmacht" oder „Mittelmacht" lediglich an der sprachlichen Oberfläche verbleiben und wichtige Veränderungen zentraler Sprachspiele übersehen würde. Denn selbst wenn die Beschreibungen hierzu variierten – so etwa im kurzen Ausflug Bundeskanzler Schröders im Jahr 1999 zu einer Beschreibung Deutschlands als „großer Macht in Europa", der jedoch spätestens im Wahljahr 2005 wieder bei der Selbstbeschreibung als „Mittelmacht" endete[12] – sind die entscheidenden Sprachspiele, die Aufschluss über das außenpolitische Selbstverständnis geben, doch dort lokalisiert, wo Deutschland von seiner außenpolitischen Elite aufgrund seiner geographischen Lage, seiner wirtschaftlichen Leistungskraft und seines Bevölkerungsreichtums größerer „Einfluss" und „mehr Verantwortung" zugeschrieben wird und daraus auch weitergehende Gestaltungsansprüche bzw. Mitspracherechte abgeleitet werden. In diese Sprachspiele ordnen sich weitere Schlüsselbegriffe

---

[11]   Kohl, Helmut (CDU): 10/249, 26.11.1986, S. 19314. Vgl. auch Kuhlwein, Eckart (SPD): 13/031, 19950330, S. 2400: „Es ist richtig, wir sollten mehr Verantwortung in der Welt wahrnehmen, wie das seit dem Zusammenbruch des Ostblocks für Deutschland immer wieder eingefordert wird aber das heißt mehr als die Vertretung nationaler ökonomischer Interessen, und das heißt auch nicht die permanente Suche nach neuen Aufgaben für die Bundeswehr, meine Damen und Herren. Verantwortung muss das Auswärtige Amt als Außenvertretung der Bundesrepublik Deutschland in der Welt vor allem für Umwelt, Entwicklung und Menschenrechte wahrnehmen."

[12]   „Deutschland (ist) gut beraten, sich selbst als eine große Macht in Europa zu sehen – wie es unsere Nachbarn längst tun – und seine Außenpolitik entsprechend auszurichten, um sie im Rahmen der europäisch-atlantischen Strukturen zu verfolgen" Schröder 1999: 394. Im Fernsehduell mit seiner Herausfordererin Angela Merkel am 4.9.2005 hob Schröder seine Außenpolitik zweimal als Argument für eine Wiederwahl hervor, u.a. mit den Worten: „Ich bitte um Vertrauen für [...] eine Politik nach außen, die Deutschland positioniert hat als mittlere Macht des Friedens, die dafür gesorgt hat - ich habe dafür manche Kritik einstecken müssen - dass Deutschland z.B. aus dem Irakkrieg herausgehalten wird." Vgl. zum Wortlaut des Fernsehduells http://bz.berlin1.de/aktuell/news/bundestagswahl2005/050905/Duell_Seite_1_275_Zeilen.I4SK6D6.html [15.3.2006].

(wie etwa „Interessen" oder „Normalität") nahtlos ein, wie das im Beitrag zum Normalitätsbegriff zuvor bereits angeführte Zitat Franz Münteferings aus dem Jahr 2002 verdeutlicht:

> „Ein Projekt heißt: Deutschland, ein normales Land in Europa. Lange Zeit war Deutschland getrennt und wir Deutschen in West und in Ost lebten in einer besonderen Situation. Wir hatten ein Vaterland, aber wir lebten in zwei Welten. Unsere Situation war unnormal. Wie tief greifend die Entwicklung seit 1990 für unser Land und für uns als Deutsche in diesem Land sein würde, haben wir 1990 vielleicht noch nicht geahnt. Jetzt ist Deutschland ein normales Land in Europa mit Rechten und Pflichten und in der Verantwortung, seinen Beitrag für das Gelingen Europas zu leisten. Bundeskanzler Gerhard Schröder tut das, selbstbewusst die Interessen Deutschlands wahrend – das hat sich in den vergangenen Tagen nicht zum ersten Mal gezeigt –, aber auch darauf bedacht, dass Deutschland seinen Beitrag dazu leistet, dass dieses Europa weiter wachsen kann und eine Region des Friedens, der Demokratie und des Wohlstands bleibt. Die Bundesregierung hat dafür unsere Unterstützung."[13]

Bemerkenswert ist hier vor allem die Veränderung des Begriffs „Interesse" in seiner Verbindung zu „Deutschland" und „Europa". Die im Beitrag zum Interessensbegriff bereits beschriebene Tendenz, die Beziehung zwischen Deutschland und EU-Europa weniger als schicksalhaft, und immer stärker unter instrumentellen Gesichtspunkten zu beschreiben, kommt im veränderten Gebrauch dessen, was als „Interesse" bezeichnet wird, besonders augenfällig zum Vorschein. Sechzehn Jahre vorher sprach Helmut Kohl noch von der *„Einbindung der Bundesrepublik und ihrer außenpolitischen Interessen* in die Bündnisse und Gemeinschaften der westlichen Welt", die ein „politisch notwendiges Ziel *an sich"* darstelle.[14] Und auch der ehemalige Bundespräsident Richard von Weizsäcker war sich zum Zeitpunkt der deutschen Vereinigung sicher, dass „wir Deutschen [...] unseren

---

13   Müntefering, Franz (SPD): 15/004, 29.10.2002, S. 74.

14   Kohl, Helmut (CDU): 10/249, 26.11.1986, S. 19311: „Herzstück unserer politischen Arbeit im westeuropäischen Rahmen war immer die *Vertiefung der Zusammenarbeit* mit unseren französischen Freunden. Es steht für mich außer Frage, dass es für die deutsche Außenpolitik in der Vergangenheit nicht immer leicht war, *zugleich zu den USA und zu Frankreich ein uneingeschränkt gutes Verhältnis* zu haben. Ich darf heute mit großer Genugtuung feststellen, dass es dieser Koalition der Mitte gelungen ist, dieses gleich gute Verhältnis zu Paris und Washington zu erreichen. Die *Einbindung der Bundesrepublik und ihrer außenpolitischen Interessen in die Bündnisse und Gemeinschaften der westlichen Welt* ist für uns die logische Folgerung aus unserer freiheitlich-demokratischen Verfassung im Inneren. Sie stellt deshalb *ein politisch notwendiges Ziel an sich* dar. Diese für uns unumstößliche Grundorientierung deutscher Außenpolitik nach Westen findet selbstverständlich auch Ausdruck in ihrer ostpolitischen Dimension." (Hervorhebung durch die Verfasser).

Interessen am besten dienen [...], wenn wir uns im Stärken der Gemeinschaft von niemandem übertreffen lassen."[15]

Der Kontrast zur Koppelung des Interessenbegriffes mit anderen Schlüsselbegriffen bei Bundeskanzler Schröder könnte, wie das folgende Zitat zeigt, kaum größer sein:

> „Als ich Herrn Gerhardt hier gehört habe, hatte ich den Eindruck, er verstehe die Interessen aller anderen Staaten, nur die deutschen nicht. Aber das ist doch nicht unsere Aufgabe, meine Damen und Herren. – Natürlich, so haben Sie doch geredet: Sie verstehen nur die Interessen der Deutschen nicht. [...] Dagegen halte ich es für richtig, den Partnern in Europa verständlich zu machen, dass auch die Deutschen ein Recht auf die Vertretung ihrer Interessen haben. Inhalt meiner Politik ist es, klarzumachen, dass die Deutschen selbstbewusst ihre Interessen vertreten, dabei aber immer wissen – vielleicht sogar mehr als andere; darüber will ich aber gar nicht richten –, dass in einem einheitlichen Europa die eigenen Interessen nur im Respekt vor den Interessen der anderen durchgesetzt werden können. Nur darum geht es."[16]

Deutsche und europäische Interessen werden in diesem „Berliner" Verständnis nicht mehr *gemeinsam* gedacht. Betont werden vielmehr, wie auch das Beispiel Franz Münteferings zeigt, „die Interessen der Deutschen" *gegenüber* der EU und deren Mitgliedstaaten. Verbunden ist damit die Beschreibung Deutschlands als ein Land, das inzwischen „ein normales Land in Europa" sei, das nicht nur die „unnormale" Situation der Teilung in zwei Staaten hinter sich gelassen habe, sondern darüber hinaus nun auch das Recht (erworben) habe, ebenso wie Frankreich und Großbritannien „nationale Interessen" geltend zu machen. „Normalität", „nationale Interessen", Deutschland *versus* Europa (statt Deutschland „in" Europa[17]) und „selbstbewusste" Einforderung von „Rechten", die „allen anderen Staaten" auch zustehen – das sind genauso tragende Begriffe des neuen „Berliner" Vokabulars wie „Einbindung", „Interessenausgleich" und „Selbstbeschränkung" zum Kernbestand des „Bonner" Vokabulars gehörten.

---

15   von Weizsäcker, Richard, Frankfurter Allgemeine Zeitung vom 4.10.1990, Nr. 231, S. 5.
16   Schröder, Gerhard (SPD): 14/021, 24.2.1999, S. 1525.
17   Vgl. zur grundlegenden Differenz von „Deutschland *in* Europa" und „Deutschland *und* Europa" Katzenstein 2000: 60, der die geradezu symbiotische Verschmelzung von Deutschland und Europa noch in der zweiten Hälfte der 1990er Jahre für so grundlegend und weitgehend hielt, das sie nicht mehr in klassischen Kategorien zu fassen sei. Die institutionelle Verflechtung habe im Blick auf Deutschland Kräfte frei gesetzt, „die eine Beziehung zwischen Deutschland *und* Europa zu einem Deutschland *in* Europa umgestaltet haben."

Eine neue Eigenständigkeit und die Betonung der Differenz

Im Hinblick auf die übergreifende Frage, was uns dieser allmähliche Wandel des außenpolitischen Vokabulars an Erkenntnissen über die deutsche Außenpolitik liefert, ist daher festzuhalten, dass neue Akzentsetzungen hinsichtlich der eigenen außenpolitischen Identität unübersehbar sind. Seit der Vereinigung (und umso deutlicher, je mehr man sich der Gegenwart nähert) kommt in den gängigen Sprachspielen zum Ausdruck, dass sich Deutschland in den Reden seiner wichtigsten außenpolitischen Repräsentanten immer mehr als *eigenständiger Akteur* wahrnimmt. Diese Akzentuierung neuer Eigenständigkeit äußert sich in unterschiedlicher Form. Anhand von drei Dimensionen der *Differenz* zu früheren Selbstbeschreibungen bzw. Handlungsweisen kann man sie illustrieren.

Erstens zeigt sie sich in der unausweichlichen Neubestimmung dessen, was „Deutschland" ist: nicht mehr (bezogen auf die frühere Teilung in zwei deutsche Staaten) eine politische Forderung, die „Einheit der Nation" wiederherzustellen, sondern *ein Vorschlag zur Neuerfindung des Landes in einer veränderten Welt.* Dass diese Neuerfindung im Wesentlichen darauf hinaus laufen soll, ein „normales Land" mit denselben „Rechten und Pflichten" wie andere Staaten auch zu werden, mag auf den ersten Blick verwundern, gehörte es doch unmittelbar nach 1990 noch zu den rhetorischen Pflichtübungen außenpolitischer Redner, die Bonner Außenpolitik nicht nur als eine durchgängige Erfolgsgeschichte, sondern auch als wesentliche Voraussetzung für die Ermöglichung der Vereinigung zu feiern. Für diejenigen, die endlich eine „Normalisierung" erreichen und Deutschland das „natürliche Machtbewusstsein einer Nation" verschreiben wollten, war dies allerdings eine allzu positive Beschreibung. Die Bonner Republik wurde daher aus diesem Blickwinkel zur „Anomalität" erklärt, einem „Symbol für gewinnend sympathische und bescheidene deutsche Politik", die „für alle bequem" war, von deren Folgen die Deutschen aber „gesunden" mussten.[18] Die hier nur angedeutete, unter Bundeskanzler Schröder aber beträchtlich vorangetriebene Differenz zur alten „Bundesrepublik" (vgl. Hellmann 2007) kommt nirgends klarer zum Ausdruck als in der veränderten (und weitgehend akzeptierten) Rolle, die der Bundeswehr mittlerweile zugeschrieben wird: wenn in der Bundeswehr im linken Spektrum in der ersten Hälfte der 1990er Jahre noch das mögliche Vehikel zu einer „Militarisierung" der deutschen Außenpolitik gesehen wurde (vgl. Hellmann 1997a), so fällt es heute überhaupt nicht mehr auf, wenn nicht nur im

---

[18]   Alle Zitate Bahr 1999: 43, 45.

bürgerlichen Lager, sondern auch von sozialdemokratischen Verteidigungspolitikern „Stolz" über die Rolle der Bundeswehr artikuliert wird.

Akzentuiert wird diese neue Eigenständigkeit auch darin, dass zweitens die *Differenz zu anderen Akteuren stärker in den Vordergrund rückt*. Die USA etwa werden immer seltener als jener verlässliche – und hinsichtlich der eigenen Sicherheit letztlich unersetzliche – Verbündete und immer mehr als ein Akteur beschrieben, von dem sich nicht nur Deutschland, sondern mit ihm auch ganz Europa absetzen müsse, bzw. demgegenüber es sich „als ebenbürtiger Partner" durch besonders lobenswerte Handlungsweisen wie Friedensstiftung, multilaterales Vorgehen u.ä. auszeichnen solle. Dasselbe „Europa" verliert gleichzeitig aber, wie im Vorangegangenen gesehen, auch jene ihm früher häufig zugeschriebene, geradezu mythische Qualität, als Projektionsfläche alles Guten dienen zu sollen. Die alte Symbiose zwischen „Deutschland" und „Europa" weicht ebenfalls zunehmend der Hervorhebung von Differenz.

In der Sache nicht minder deutlich, wenn auch zumeist etwas diffuser bezüglich möglicher Referenzpunkte, ist drittens die Akzentuierung einer neuen Eigenständigkeit wie sie sich insbesondere in den letzten Jahren in der explosionsartigen *Zunahme von Selbstbeschreibungen mit unterschiedlichen Variationen des Attributs „Selbstbewusstsein" oder „Stolz"* äußert. Im neueren außenpolitischen Sprachspiel fungieren diese beiden Begriffe zumeist als Chiffren, die die Differenz zu einem früheren „Selbst" akzentuieren sollen – dem (vermeintlich mangelnden) „Selbstbewusstsein" der „Bonner Republik", das sich, folgt man den gängigen neuen Sprechweisen, insbesondere darin äußerte, dass es (z.B. gegenüber den EU-Partnern) die eigenen „nationalen Interessen" vernachlässigte oder sich (z.B. gegenüber den USA) allzu schnell den vermeintlichen Ansprüchen anderer Staaten unterordnete („Scheckbuchdiplomatie").

Unser Postulat einer neuen „Eigenständigkeit Deutschlands" als wesentlichem Merkmal „neuer deutscher Außenpolitik" wäre unvollständig ohne einen Blick auf die zukünftigen Perspektiven deutscher Außenpolitik. Welche Implikationen halten die zum außenpolitischen Vokabular gehörenden und in einem semantischen Netz aufeinander bezogenen, sich *wechselseitig* fortentwickelnden Schlüsselbegriffe für zukünftiges (Sprech-)Handeln in der deutschen Außenpolitik bereit?

Implikationen für Stand und Perspektiven deutscher Außenpolitik

> „Kann man die Rede von der „internationalen Verantwortung"
> oder die Beschwörung der „nationalen Interessen" nicht einfach
> als Phrasen abtun, wie sie nun einmal zur politischen Rhetorik
> gehören, in der Praxis aber folgenlos bleiben? Wohl kaum, denn
> bei aller Unbestimmtheit erweisen sie sich doch als Leitbegriffe
> eines politischen Diskurses und, wichtiger noch, als Legitimati-
> onsformeln für eine Neuorientierung der deutschen Außen-
> und Sicherheitspolitik."[19]

Mit der „*Um*webung" des Netzes kollektiver außenpolitischer Überzeugungen, wie sie sich in der Umdeutung zentraler Schlüsselbegriffe innerhalb des außenpolitischen Vokabulars äußert, gehen notwendigerweise weitreichende politische Veränderungen einher. Dies betrifft in unserem Zusammenhang natürlich in erster Linie den *Möglichkeitsraum* gegenwärtiger und zukünftiger deutscher Außenpolitik – d.h. all das, was in den nachrichtendienstlich abgeschirmten Räumen strategischer Planer an „großer Strategie" nicht nur für *denkbar* gehalten und ins„geheim" angedacht, sondern auch (und gerade) auf dem offenen Marktplatz der Demokratie artikuliert wird und sich im kollektiven Gedächtnis (als gar nicht mehr so „neues" Sprachspiel) sedimentiert. Wenn unsere Beschreibung eines neuen, eigenständigeren Deutschlands zutrifft, das den eigenen Wert viel stärker als früher durch die Differenz zu anderen hervorhebt, statt sie (wie in Bonner Zeiten) einzuebnen, dann folgt daraus unter anderem, dass „nationale" und nicht „gemeinsame" Interessen im Zentrum stehen und diese dann auch gegen den Widerstand von anderen durchgesetzt werden sollen. In dem Maße, in dem solche Sprechweisen als Ausdruck einer wünschenswerten neuen „Normalität" nicht nur stillschweigend akzeptiert, sondern nachahmend artikuliert werden, werden sie zum nicht weiter reflektierten Bestandteil einer kollektiven Neube-schreibung des außenpolitischen Selbst. Anders formuliert: Mit der Erfindung des „Berliner" (bzw. der „*Um*webung" des alten „Bonner") Vokabulars ist eine veränderte Ausrichtung deutscher Außenpolitik „denkbar", „sagbar" und somit letztendlich auch „machbar" geworden. In dem Maße, in dem machtpolitische Zielsetzungen und Praktiken („dauerhaft mehr Verantwortung übernehmen") in neuer Weise artikuliert und legitimiert werden, liegt die entscheidende Hürde zu ihrer Realisierung nicht mehr in der eigenen Selbstbeschränkung, sondern im Widerstand anderer politischer Akteure. Die „machtpolitische Resozialisierung"

---

[19] Kreile 1996: 4

deutscher Außenpolitik (Hellmann 2004) bedeutet dabei nicht unbedingt, dass Deutschland nunmehr (wie etwa Frankreich in Afrika) sein Interesse an alten deutschen Kolonien wieder entdeckt oder (wie einst Margret Thatcher) von der EU „sein Geld zurückhaben" will. Trotzdem wäre es nicht ganz abwegig, wenn man die Veränderungs*tendenz* deutscher Außenpolitik in Anlehnung an die Aussage des früheren Staatssekretärs von Ploetz beschreibt, der bereits Ende der 1990er Jahre die Forderung aufstellte, dass deutsche Außenpolitik „britischer" werden müsse (Hort 1997). „Britischer" *und* „französischer" ist die deutsche Außenpolitik bereits in mehrfacher Hinsicht geworden. Dies lässt sich an einer Vielzahl von Beispielen zeigen – vom breiten neuen Anspruch einer globalen ordnungspolitischen Rolle (Roos 2008) bis zu einzelnen Politiken im Rahmen der Vereinten Nationen (ständiger Sitz) bzw. der EU (Verletzung des Stabilitäts- und Wachstumspaktes) oder der Rüstungsbeschaffung (Lauer 2007). „Britischer" und „französischer" steht dabei (etwa im Kontrast zu „Bonn") sowohl für einen *deutlich gewachsenen Gestaltungsanspruch* (z.B. nationaler statt europäischer Sitz im UN-Sicherheitsrat) wie auch für eine veränderte Wahrnehmung der *Berechtigung* solcher Forderungen („Recht auf Vertretung eigener Interessen"). Umfragedaten zeigen, dass solche Selbstwahrnehmungen in den letzten Jahren unter der deutschen Bevölkerung immer öfter auf einen fruchtbaren Boden fallen.[20] Entsprechend verbreitet hat sich dadurch der Resonanzboden für machtpolitische Praktiken. Und in dem Maße, in dem neue Sprechweisen nachgeahmt werden, gelten die damit einhergehenden Forderungen als selbstverständlicher und unproblematischer.

Wie sich ein dermaßen erweiterter Möglichkeitshorizont für „moderne Machtpolitik" (Bredow 2004) auf Deutschland, Europa und jene anderen Aktionsräume auswirkt, in denen deutsche Außenpolitik präsent ist, ist sicherlich in einem beträchtlichen Maße *offen*, d.h. abhängig von kontingenten Entscheidungssituationen, den politischen Präferenzen konkreter Individuen im außenpolitischen Establishment Berlins sowie den Reaktionen anderer Staaten. Wie unterschiedlich „moderne deutsche Machtpolitik" ausfallen kann und wie sehr sich andere dafür empfänglich zeigen, lässt sich an zwei jüngeren Beispielen illustrieren. Gerhard Schröders Offensive im Zusammenhang mit dem deutsch-russischen Gaspipeline-Projekt ist ein Beispiel dafür, wie empfindlich Deutschlands Nachbarn reagieren, wenn sie den Eindruck gewinnen, dass über ihre Köpfe hinweg (und womöglich zu ihrem langfristigen strategischen Nachteil) deutsch-

---

[20]   Vgl. hierzu die Sammlung von Umfragedaten zur deutschen Außen- und Sicherheitspolitik im Anhang zu Hellmann 2006c.

russische Abkommen geschlossen werden – und welche Hürden sich in der Folge solcher Alleingänge für die Implementation ergeben (Dempsey 2006). Nimmt man demgegenüber die öffentlichen Äußerungen von Bundeskanzler Schröder zum Maßstab, so verband sich für Deutschland mit diesem Vertragsabschluss primär das Ziel, „einen Großteil seiner Energieversorgung auf Jahrzehnte" zu sichern. Die Pipeline, so Schröder, sei „gegen niemanden gerichtet", sondern diene allein „deutschen Interessen und russischen Interessen. Ich wüsste, nicht, was daran falsch sein sollte" (Agence France Presse 2005).

Ein anderes Beispiel „moderner deutscher Machtpolitik" ist die Art und Weise, wie Angela Merkel das Projekt einer sogenannten „Mittelmeerunion" des französischen Präsidenten Sarkozy machtpolitisch eingefangen hat. Von Anbeginn war es von Sarkozy und seinen Beratern als ein Projekt der Gegenmachtbildung nicht zuletzt gegenüber Deutschland konzipiert worden. Ziel war eine „Union" aller Anrainer des Mittelmeers, die zwar in Teilen von der EU profitieren, nicht aber von allen EU-Mitgliedsstaaten gleichberechtigt mitgestaltet werden sollte. Das außenpolitische Establishment in Berlin im Allgemeinen und Bundeskanzlerin Merkel im Besonderen setzte allerdings alles daran, und mobilisierte ihrerseits Gegenmacht innerhalb der EU, um den Ausschluss von EU-Mitgliedern aus der geplanten neuen Institution zu verhindern. Dieses Ziel wurde letztlich durch (mehr oder weniger sanften) Druck erreicht (Busse 2008). Deutschland blieb eingebunden – und es band seinerseits Frankreich in einer Weise ein, die der französischen Führung allem Anschein nach nur teilweise behagte. In klassischer „Bonner" Rhetorik präsentierte Merkel den Kompromiss als eine Lösung, die „den Barcelona-Prozess fortentwickeln" und als „ein Projekt aller 27 Mitgliedstaaten" der Europäischen Union „auf eine neue Stufe stellen" sollte. Frankreich und Deutschland seien sich darüber im Klaren, dass sie „zunächst natürlich mit unseren Partnern über die Details sprechen" müssten, „damit wir keinen überfahren. Deutschland und Frankreich sind wichtig, aber sie sind nur zwei unter 27 Mitgliedstaaten" (Pressekonferenz 2008).

Beide Beispiele illustrieren sowohl höchst unterschiedliche Stile in der (zweifellos „selbstbewussten") Durchsetzung „deutscher Interessen" wie auch ein geteiltes Bewusstsein, dass Deutschland die entsprechenden machtpolitischen Gestaltungsansprüche *legitimerweise* stellte. Denn genauso wie Gerhard Schröder aller Wahrscheinlichkeit nach das Projekt einer Mittelmeerunion in der ursprünglichen Form wie Merkel abgelehnt hätte, hat Merkel in der *Substanz* die Entscheidungen Schröders zur Pipeline verteidigt. Mit den Folgen beider Entscheidungen haben sich Deutschlands Partner (mehr oder weniger zähneknirschend) abgefunden – d.h. sie haben dem machtpolitischen Gestaltungsanspruch Deutschlands letztlich nachgegeben. Genauso klar ist aber auch, dass etwas Vergleichbares noch fünfzehn oder gar zehn Jahre früher nicht ganz so leicht vorstellbar gewesen wäre bzw. die Empfänglichkeit Polens bzw. Frankreichs für einen vergleichbaren machtpolitischen Anspruch deutlich schwächer ausgeprägt gewesen wäre. Unsere These ist, dass *längerfristige* und stets *graduelle* (d.h. in einer *einzelnen* Aussage schwerlich erkennbare) Verschiebungen im Netz kollektiver außenpolitischer Überzeugungen die Voraussetzungen für solche neuen Praktiken geschaffen haben. An der Neuverknüpfung von Schlüsselbegriffen (den „Knoten" im Vokabular) lassen sie sich zumindest ansatzweise festmachen, so schwierig das im Sinne der Herstellung intersubjektiver Nachvollziehbarkeit einer solchen Interpretation im einzelnen auch immer sein mag.

Bezogen auf unseren Gegenstand scheint es uns, dass sich nicht nur der Gestaltungs*anspruch*, sondern auch die Gestaltungs*möglichkeiten* (bzw. der Handlungsspielraum) deutscher Außenpolitik beträchtlich ausgeweitet haben. Wenn man die bisherige am Vokabular festgemachte Analyse in eine stärker strukturelle Analyse übersetzen wollte, könnte eine Beschreibung der Veränderungen deutscher Gestaltungsmöglichkeiten in etwa so lauten: Für die Zeit vor 1990 könnte man festhalten, dass der Fokus der Bonner Entscheidungsträger prioritär auf die Sicherung eines eigenständigen (west-)deutschen Entwicklungsweges gerichtet war. Eine Bedrohung wurde damals nahezu einhellig in Osteuropa, insbesondere der Sowjetunion lokalisiert und sicherungsfähig war diese eigenständige Entwicklung nur durch verbündeten Beistand. Kaum etwas davon ist heute noch relevant. Eine existenzielle Bedrohung ist (jenseits apokalyptischer Terrorszenarien) nicht erkennbar, das vereinigte Deutschland ist ringsum umgeben von Bundesgenossen (EU-Partnern) und könnte, selbst wenn in diesem Umfeld neuerlich eine klassische territoriale Bedrohung entstünde, dieser (zumindest fürs erste) in einem weit höheren Maße selbständig begegnen als dies für den westdeutschen Teilstaat je der Fall war. Entsprechend hat sich die Rolle Deutschlands geändert. Deutschland ist so sicher (und daher *sicherheitspolitisch* auch so *unabhängig*) wie nie zuvor in der deutschen Geschichte. Für kein anderes Mitglied der NATO hat sich allerdings auch die grundlegende sicherheitspolitische Motivation so radikal verändert wie für Deutschland. Dass sich deutsches sicherheitspolitisches Handeln nach wie vor (und entgegen zahlreicher „realistischer" Erwartungen nahezu ausschließlich) im multilateralen Rahmen (EU, NATO, UN) vollzieht, ist ein Beleg dafür, wie sehr einige „Bonner" Lehren verinnerlicht worden sind. Dass Deutschland in einer zunehmend Profil und Gewicht gewinnenden Europäischen Sicherheitspolitik neben Frankreich und Großbritannien zum dritten großen „player" geworden ist, ist allerdings auch ein Beleg für seine anhaltende „Normalisierung" im Sinne einer „britischeren" und „französischeren" Außenpolitik.

In diesem Kontext (und im Kontrast zur Zeit vor 1990) ist allerdings betonenswert, dass Deutschland aufgrund seiner historisch einmaligen Sicherheitsunabhängigkeit auch ganz anders handeln *könnte* – wenn es denn wollte. *Denkbar* wäre sowohl (wenn auch unter Inkaufnahme erheblicher politischer Kosten) ein internationalistisch-pazifistischer Kurs wie ihn etwa die „Linke" empfiehlt. *Denkbar* wäre im anderen Extrem aber auch ein klarer Renationalisierungskurs – und auch dies mit beträchtlichen Nebenwirkungen. In beiden Fällen stünden aber im Kontrast zur Zeit des Ost-West-Konflikts klassische „vitale Sicherheitsinteressen" („Unversehrtheit des eigenen Territoriums") nicht auf dem Spiel.

Wie man sich zu einem solchen Befund erweiterter außenpolitischer Gestaltungsmöglichkeiten in *normativer* Hinsicht verhält, ist eine offene Frage. Nichts führt vom empirischen Befund zwingend zu politischen Schlussfolgerungen (oder „Handlungsempfehlungen"), denn erweiterte Gestaltungsmöglichkeiten *können* nicht nur unterschiedlich genutzt werden, sie *werden* auch (wie die Kontrastierung zwischen Gerhard Schröder und Angela Merkel zeigt) unterschiedlich genutzt.

Wie die polnischen, baltischen und teilweise auch skandinavischen Reaktionen auf das Gaspipeline-Geschäft zeigen, hegen einige Nachbarstaaten nach wie vor Sorgen gegenüber einem (mehr oder weniger offen) machtpolitisch agierenden Deutschland. Auch wenn die geographische Mittellage in Europa und Deutschlands vergleichsweise große Bevölkerung nicht zwangsläufig die gleichen Sicherheitsdilemmata hervorrufen müssen, wie etwa vor Ausbruch des Ersten Weltkriegs, so erscheint es auch unter den Bedingungen der europäischen Integration nach wie vor bedenkenswert, dass sich die Deutschen *freiwillig* ein gewisses Maß an Zurückhaltung auferlegen. Das kann man offensiv instrumentell begründen – also etwa dadurch, dass man auf diffuse Bedrohungsängste verweist (wie sie sich nach wie vor in der polnischen Partei „Recht und Gerechtigkeit" des früheren Ministerpräsidenten Jarosław Kaczyński spiegeln) und argumentiert, dass diese sich dämpfen lassen, wenn man sich an der Bonner Tradition der „Selbstbeschränkung" (Haftendorn 2001) auch unter den veränderten Rahmenbedingungen orientiert. Dass die machtpolitischen Rahmenbedingungen eine solche Politik nicht mehr erzwingen, sondern bestenfalls unter Klugheitserwägungen nahe legen, mag eine Entscheidung zu ihren Gunsten unwahrscheinlich erscheinen lassen. Sie machen sie aber nicht weniger attraktiv – zumindest dann, wenn man außenpolitische Attraktivität weniger in Prestigekategorien als in jenen „Werte"-Kategorien definiert, die Bundeskanzlerin Merkel auf ihre Fahne schreibt.[21] Insofern spricht nach wie vor auch eine werteorientierte Begründung für eine solche Politik der Selbstbeschränkung, weil sie anderen, „kleineren" Staaten in stärkerem Maße jene Mitspracherechte einräumt, die typische Großmächte ihnen üblicherweise verweigern.

Implikationen für sprachphilosophisch inspirierte Forschung in den IB

Der näher liegendere Kandidat für „Handlungsempfehlungen" am Ende eines solchen Buches ist aber wohl eher die eigene Disziplin als die Politik. Natürlich gehört es in dieser Hinsicht zum etablierten Sprachspiel, den Ertrag der eigenen Forschung (wenn auch in zurückhaltender Form) zu loben, anderen Forschern die „Vokabularanalyse" zur Nachahmung und Weiterentwicklung zu empfehlen und einige abschließende Vorschläge zu machen, wie eine solche Weiterentwicklung aussehen könnte. Dieser disziplinären Konvention wollen wir uns natürlich nicht verweigern. Wir tun dies (hoffentlich erfolgreich) allerdings mit einem Schuss an „liberaler Ironie", die einer unserer wichtigsten Ideengeber, Richard Rorty, als wissenschaftliche Grundhaltung im Allgemeinen empfiehlt. Eine Ironikerin, so Rorty, zeichnet sich dadurch aus, dass sie *radikale* und *anhaltende* Zweifel gegenüber jenem „endgültigen Vokabular" hegt, dass sie gegenwärtig gebraucht (Rorty 1989: 73). Ein „vokabularanalytischer" Blick würde sich in Rortys Verständnis daher mindestens genauso stark auf das *eigene* analytische Vokabular richten wie das Vokabular, das rekonstruiert werden soll, d.h. sowohl auf unseren Gegenstand (die Analyse des Gebrauchs bestimmter Schüsselbegriffe im außenpolitischen Diskurs Deutschlands) als auch auf die Art und Weise mit welchem Vokabular *wir* dieses Vokabular analysieren.

Diese abschließenden Bemerkungen beziehen sich auf letzteres, wobei die „ironische" Pointe zu unserer Vokabularanalyse natürlich nicht die ist, dass wir sogleich wieder alles in Zweifel ziehen. Selbstverständlich wollen wir reklamieren, dass die systematische Analyse des Gebrauchs von Schlüsselbegriffen und

---

21   Merkel (2008) beschreibt ihr Verständnis einer „an Werten ausgerichteten Politik" wie folgt: „Wir wollen mit unserer deutschen Außen- und Sicherheitspolitik einen Beitrag zu einer friedlichen Welt, zu einer freiheitlichen Welt, zu Stabilität und Wohlstand nicht nur für uns, sondern insgesamt in der Welt leisten. Dabei ist für uns klar: Politik ist auf Werten aufgebaut. Wir sind der festen Überzeugung, dass diese an Werten ausgerichtete Politik gleichzeitig auch die beste Politik ist, um unsere Interessen in der Welt wahrzunehmen. Das heißt also, interessengeleitete und wertegebundene Politik gehören zusammen. Freiheit, Rechtsstaatlichkeit und Menschenwürde sind dabei die Leitlinien unseres Handelns."

ihrer Vernetzung *eine* vielversprechende Methode ist, die uns Aufschluss über (mögliche) Veränderungen der deutschen Außenpolitik liefern könnte. Als ein weiteres Ergebnis wollen wir auch für uns in Anspruch nehmen, dass ein solcher Zugriff bestimmte Facetten einer *neuen „Eigenständigkeit deutscher Außenpolitik"* in den Blick zu bringen vermag, die anderen Formen des Zugriffs eher entgehen. Ganz allgemein glauben wir, dass die Vokabularanalyse besonders gut dafür geeignet ist, Prozesse der *inkrementellen* Veränderung zu analysieren – also jene Prozesse, die in gängigen Ansätzen zur Analyse von Wandel schon deshalb häufig unbeachtet bleiben, weil die Veränderungsprozesse, die sich in einer längeren zeitlichen Perspektive durchaus als gravierend entpuppen mögen, dem gängigen Instrumentarium makrosozialer Analyse verstellt bleiben (vgl. Pierson 2003). Wenn demgegenüber die Prämisse stimmt, dass sich Wandel keineswegs nur in jenen krisenhaften Momenten zeigt, die üblicherweise das empirische Material politikwissenschaftlicher Untersuchungen abgeben, sondern sich viel häufiger als inkrementeller Prozess einer Kette von Mikro-Veränderungen darstellt, dann könnte der Ansatz der Vokabularanalyse ein Instrument sein, eine wichtige Lücke im methodischen Instrumentarium der IB zu schließen.

Da wir allerdings auch die ironische Pointe Rortys ernst nehmen, wollen wir mit einigen selbstkritischen Anmerkungen schließen. Zum einen ist diesem Projekt natürlich anzumerken, dass es auf sehr vielen Schultern steht. Der empirische Aufwand war beträchtlich – und er wäre in dieser Form von einem Individuum wohl nur im Rahmen einer großen Qualifikationsarbeit (Promotion, Habilitation) zu leisten gewesen. Im Blick auf die Absicherung von Kohärenz bei der Interpretationsleistung scheint es uns bedenkenswert, bei ähnlichen Projekten in Zukunft zusätzliche methodologische Bewährungsmechanismen einzubauen. Dazu könnte eine Vielfalt an interpretativen und rekonstruktionslogischen Methoden genügend Anschauungsmaterial liefern. Ein Problem ist, dass solche Methoden in den IB bislang (trotz ihres Potenzials) höchst spärlich angewendet werden. Eigentlich werden sie fast ausschließlich in solchen benachbarten sozialwissenschaftlichen Disziplinen eingesetzt, die entweder Individuen oder kollektive Akteure „geringeren Umfangs" ins Zentrum ihrer Analyse rücken – also weniger „Staaten" oder „außenpolitische Entscheidungsapparate" als vielmehr Individuen oder soziale Gruppen unterschiedlicher Größe untersuchen. Die wenigen Beispiele offensiv rekonstruktionslogischer bzw. interpretativer Verfahren sind allerdings vielversprechend. Sie zeigen, dass man auf diesem Wege auch ein neues Licht auf die Frage werfen kann, wie der Fortbestand der NATO zu erklären (Franke 2008) oder die Veränderungen deutscher Außenpolitik auf den Begriff zu bringen sind (Roos 2008). Im ersten Fall wurde Ulrich Oevermanns „Objektive Hermeneutik"

(Oevermann 2002), im zweiten Fall die Methode der „grounded theory" (Strauss/ Corbin 1998) eingesetzt. Beide haben gegenüber der vergleichsweise freien Interpretation systematisch ausgewählter Zitate, die hier angewandt wurde, den Vorteil vielfach erprobter und handwerklich versierter Interpretationsverfahren. Da es keinen Grund zu der Annahme gibt, dass sie mit dem Kernanliegen dieses Projekts (der Analyse des Gebrauchs von Schlüsselbegriffen und ihrer Vernetzung) nicht vereinbar sein sollten, könnte es sich in einem weiteren Schritt lohnen, die Zusammenführung zu versuchen.

Literaturverzeichnis

Achbar, Mark (Hrsg.) 2001: Noam Chomsky - Wege zur intellektuellen Selbstverteidigung: Medien, Demokratie und die Fabrikation von Konsens, Grafenau.

Adler, Emanuel 2002: Constructivism and International Relations, in: *Carlsnaes, Walter/Risse, Thomas/Simmons Beth A.* (Hrsg.), Handbook of International Relations, London, S. 95-118.

Agence France Presse (German), 2005: Russland und Deutschland besiegeln Gasleitung durch Ostsee, 8.9.2005.

Austin, John L. 2002 (1962): Zur Theorie der Sprechakte (How to do things with Words), Stuttgart.

Bach, Jonathan P. G. 1999: Between Sovereignty and Integration. German Foreign Policy and National Identity after 1989, New York.

Bahr, Egon 1999: Die „Normalisierung" der deutschen Außenpolitik, in: Internationale Politik 54: 1, S. 41-52.

Baring, Arnulf 1999: Es lebe die Republik, es lebe Deutschland! Stationen demokratischer Erneuerung 1949-1999, Stuttgart.

Baumann, Rainer 2002: The Transformation of German Multilateralism. Changes in the Foreign Policy Discourse since Unification, in German Politics and Society 20: 4, S. 1-26.

Baumann, Rainer 2006: Der Wandel des deutschen Multilateralismus. Eine diskursanalytische Untersuchung deutscher Außenpolitik, 1988-2000, Baden-Baden.

Berger, Thomas U. 1998: Cultures of Anti-militarism. National Security in Germany and Japan, Baltimore.

Berndt, Michael 1997: Deutsche Militärpolitik in der „neuen Weltunordnung". Zwischen nationalen Interessen und globalen Entwicklungen, Münster.

Bock, Stefanie 2002: Neuer Wein in alten Schläuchen: Eine Untersuchung zum Bedeutungswandel von Schlüsselbegriffen im außenpolitischen Diskurs Deutschlands, Diplomarbeit, Fachbereich Gesellschaftswissenschaften der Johann Wolfgang Goethe-Universität, Frankfurt a.M., verfügbar unter: http://www.soz.uni-frankfurt.de/hellmann/bock_diplomarbeit.pdf [10.12.2002].

Boekle, Henning/Rittberger, Volker/Wagner, Wolfgang 2001: Constructivist foreign policy theory, in Rittberger, Volker (Hrsg.), German foreign policy since unification. Theories and case studies, Manchester/New York, S. 105-137.

von Bredow, Wilfried 2004: Machtpolitikresistenztestanordnungsproblem, in Welt-Trends 12: 43, 2004, S. 18-22.

Busse, Dietrich 1987: Historische Semantik (Reihe „Sprache und Geschichte" Bd. 13, hrsg. von *Reinhart Koselleck* und *Karlheinz Stierle*), Stuttgart.

Busse, Dietrich 2002: Wortkombinationen, in: *Cruse, D. Alan/Hundsnurscher, Franz/ Job, Michael/Lutzeier Peter Rolf* (Hrsg.), Lexikologie. Ein internationales Handbuch zur Natur und Struktur von Wörtern und Wortschätzen (Handbücher zur Sprach- und Kommunikationswissenschaft), Berlin/New York, S. 408–415.

Busse, Dietrich 2003a: Begriffsgeschichte oder Diskursgeschichte? Zu theoretischen Grundlagen und Methodenfragen einer historisch-semantischen Epistemologie, in: *Dutt, Carsten* (Hrsg.), Herausforderungen der Begriffsgeschichte, Heidelberg, S. 17-38.

Busse, Dietrich 2003b: Linguistische Diskursanalyse. Sprachwissenschaftliche Ansätze zur Analyse gesellschaftlichen Wissens, Manuskript, verfügbar unter: http://www.phil-fak.uni-duesseldorf.de/germ1/mitarbeiter/busse/mat/busse-up-2003.pdf [1.11.2006].

Busse, Nikolas 2008: Die freundschaftliche Zähmung des Nicolas Sarkozy. Wie Frankreichs Präsident sein Brüsseler Glück auf der deutsch-französischen Achse fand - und eine Mittelmeerunion bekam, Frankfurter Allgemeine Zeitung, 15.3.2008, S. 2.

Buzan, Barry/Ole Weaver/Jaap deWilde 1998: Security: A New Framework for Analysis, Boulder, CO.

Chomsky, Noam 2004: Language and Politics, Edinburgh.

Crawford, Beverly 2007: Power and German Foreign Policy: Embedded Hegemony in Europe, Houndmills/Basingstoke.

Davidson, Donald 2001: Subjective, Intersubjective, Objective, Oxford.

Davidson, Donald 2006: Probleme der Rationalität, Frankfurt a.M..

Dempsey, Judy 2006: Fulfilling vow, Merkel looks east, International Herald Tribune, 2.2.2006.

Diez, Thomas 1999: Speaking "Europe": the politics of integration discourse, in: Journal of European Public Policy 6: 4, Special Issue, S. 598-613.

van Dijk, Teun A. 1997: Discourse as Interaction in Society, in: Ders. (Hrsg.), Discourse As Social Interaction (Discourse Studies: A Mulitdisciplinary Introduction, Bd.2), London/Thousand Oaks/Neu Delhi, S. 1-37.

Duffield, John. S. 1999: Political Culture and State Behaviour: Why Germany Confounds Neorealism, in: International Organization 53: 4, S. 765-803.

Ecker-Ehrhardt, Matthias 2002: Alles nur Rhetorik? Der ideelle Vorder- und Hintergrund der deutschen Debatte über die EU-Osterweiterung, in: Zeitschrift für Internationale Beziehungen 9: 2, S. 209-252.

Elias, Norbert 1976: Über den Prozeß der Zivilisation. Soziogenetische und psychogenetische Untersuchungen. Wandlungen der Gesellschaft – Entwurf zu einer Theorie der Zivilisation (Bd.2), Frankfurt.

Fenske, Hans 1975: Gleichgewicht, Balance, in: Brunner, Otto/Conze, Werner/Koselleck, Reinhart (Hrsg.): Geschichtliche Grundbegriffe. Historisches Lexikon zur politisch-sozialen Sprache in Deutschland, Stuttgart, (Bd. 2), S. 959-996.

Franke, Ulrich 2008: Eine Art Vereinte Nationen mit größerer Wirksamkeit? Zum „Rätsel" des Fortbestands der NATO nach dem Ende der Blockkonfrontation, Dissertation, Universität St. Gallen.

Gadamer, Hans-Georg 1987 (1971): Die Begriffsgeschichte und die Sprache der Philosophie, in: *Ders.*, Gesammelte Werke, Bd. 4 (Neuere Philosophie II), Tübingen, S. 78-94.

Greiffenhagen, Martin (Hrsg.) 1980: Kampf um Wörter? Politische Begriffe im Meinungsstreit, München.

Hacke, Christian 2003: Die Außenpolitik der Bundesrepublik Deutschland. Von Konrad Adenauer bis Gerhard Schröder, Berlin.

Hacke, Christian 2006: Mehr Bismarck, weniger Habermas. Die Große Koalition bringt einen neuen Realismus in die deutsche Außenpolitik, in: Internationale Politik 61: 6, S. 68-76.

Haftendorn, Helga 2001: Deutsche Außenpolitik zwischen Selbstbeschränkung und Selbstbehauptung, Stuttgart.

Harnisch, Sebastian/Maull, Hanns W. 2001: Germany as a Civilian Power? The Foreign Policy of the Berlin Republic, Manchester.

Hellmann, Gunther 1997a: Jenseits von „Normalisierung" und „Militarisierung": Zur Standortdebatte über die neue deutsche Außenpolitik, in: Aus Politik und Zeitgeschichte B 1-2, S. 24-33.

Hellmann, Gunther 1997b: Absorbing Shocks and Mounting Checks: Germany and Alliance Burden-Sharing in the Gulf War, in: *Bennett, Andrew J./Lepgold, Joseph/Unger, Danny* (Hrsg.), Friends in Need. Burden-Sharing in the Gulf War, New York: St. Martin's Press 1997, S. 165-194.

Hellmann, Gunther 1999: Machtbalance und Vormachtdenken sind überholt: Zum außenpolitischen Diskurs im vereinigten Deutschland, in: *Medick-Krakau, Monika* (Hrsg.), Außenpolitischer Wandel in theoretischer und vergleichender Perspektive: Die USA und die Bundesrepublik Deutschland, Baden-Baden, S. 97-126.

Hellmann, Gunther 2004: Wider die machtpolitische Resozialisierung der deutschen Außenpolitik. Ein Plädoyer für offensiven Idealismus, in: WeltTrends 12: 42, S. 79-88.

Hellmann, Gunther (Hrsg.) 2006a: Germany's EU Policy in Asylum and Defence: De-Europeanization by Default? Houndmills/Basingstoke.

Hellmann, Gunther 2006b: Lamed Power: Germany and European Integration, in Ders. (Hrsg.), Germany's EU Policy in Asylum and Defence: De-Europeanization by Default? Basingstoke, S. 156-185.

Hellmann Gunther 2006c: Europäisches Deutschland oder deutsches Europa? Deutsche Wege in der Außen- und Sicherheitspolitik seit der Vereinigung 1990, in: Jürgen Weber (Hrsg.), Illusionen, Realitäten, Erfolg: Zwischenbilanz zur deutschen Einheit, München, S. 237-304.

Hellmann, Gunther 2007: „...um diesen deutschen Weg zu Ende gehen zu können." Die Renaissance machtpolitischer Selbstbehauptung in der zweiten Amtszeit der Regierung Schröder-Fischer, in: *Egle, Christoph/Zohlnhöfer, Reimut* (Hrsg.), Ende einer Episode? Eine Bilanz der zweiten Legislaturperiode der Regierung Schröder 2002-2005, Wiesbaden, S. 453-479.

Hellmann, Gunther 2008: Pragmatismus, in: Carlo Masala und Wilhelm, Andreas (Hrsg.), Handbuch Internationale Politik, Wiesbaden (im Erscheinen).

Hellmann, Gunther/Roos, Ulrich 2007: Das deutsche Streben nach einem ständigen Sitz im UN-Sicherheitsrat: Analyse eines Irrwegs und Skizzen eines Auswegs, Duisburg: Institut für Entwicklung und Frieden, Universität Duisburg Essen, INEF-Report 92.

Herborth, Benjamin 2004: Die *via media* als konstitutionstheoretische Einbahnstraße. Zur Entwicklung des Akteur-Struktur-Problems bei Alexander Wendt, in: Zeitschrift für Internationale Beziehungen 11: 1, S. 61-87.

Hort, Peter 1997: Die deutsche Europapolitik wird „britischer". Bonn stellt das Integrationsmodell in Frage und orientiert sich mehr an Kosten und Nutzen, Frankfurter Allgemeine Zeitung, 30.10.1997.

Ifversen, Jan 2003: Text, Discourse, Concept: Approaches to Textual Analysis, in: Kontur – Tidsskrift for Kulturstudier 7, 61-69, verfügbar unter: http://www. hum.au.dk/cek/kontur/docs/kontur_07/pdf_filer/ji_text.pdf, [13.3.2005.]

Katzenstein, Peter 2000: Gezähmte Macht: Deutschland in Europa, in: *Knodt, Michèle/Kohler-Koch, Beate* (Hrsg.), Deutschland zwischen Europäisierung und Selbstbehauptung, Frankfurt/New York, S. 57-84.

Keller, Reiner 1997: Diskursanalyse, in: *Hitzler, Ronald/Hohner, Anne* (Hrsg.), Sozialwissenschaftliche Hermeneutik. Eine Einführung, Opladen, S. 309-333.

Kirste, Knut/Maull, Hanns 1996: Zivilmacht und Rollentheorie, in: Zeitschrift für Internationale Beziehungen 3: 2, S. 283-312.

Kondylis, Panajotis 1993: „Der deutsche ‚Sonderweg' und die deutschen Perspektiven" in: *Zitelmann, Rainer/Weißmann, Karlheinz/Großheim, Michael* (Hrsg.), Westbindung. Chancen und Risiken für Deutschland, Frankfurt a.m., Berlin, S. 21-38, hier S. 31.

Koselleck, Reinhart 1979: Begriffsgeschichte und Sozialgeschichte, in: Ders. (Hrsg.), Historische Semantik und Begriffsgeschichte, Stuttgart, S. 19-36.

Koselleck, Reinhart 2002: Begriffsgeschichte, in: *Jordan, Stefan* (Hrsg.), Lexikon Geschichtswissenschaft. Hundert Grundbegriffe, Stuttgart, S. 40-44.

Koselleck, Reinhart 2006: Begriffsgeschichten. Studien zur Semantik und Pragmatik der politischen und sozialen Sprache, Frankfurt a.M..

Kratochwil, Friedrich 1989: Rules, Norms and Decisions. On the Conditions of Practical and Legal Reasoning in International Relations and Domestic Society, Cambridge.

Kreile, Michael 1996: Verantwortung und Interesse in der deutschen Außen- und Sicherheitspolitik, in: Aus Politik und Zeitgeschichte B 5, S. 3-11.

Lauer, Henrik 2007: Transformation deutscher Außenpolitik? Eine Analyse der deutschen Wehr- und Rüstungspolitik seit dem Ende des Ost-West-Konfliktes, Diplomarbeit, Johann Wolfgang Goethe-Universität, Frankfurt a.M..

Legro, Jeffrey W. 2005: Rethinking the World. Great Power Strategies and International Order, Ithaca, N.Y.

Mattern, Janice B. 2003: The Difference that Language-Power Makes: Solving the Puzzle of the Suez Crisis, in: *Debrix, Francois* (Hrsg.), Language, Agency and Politics in a Constructed World, New York, S. 143-171.

Maull, Hanns W. 1990/1991: Germany and Japan: The New Civilian Powers, in: Foreign Affairs 69: 5, S. 91-106.

Maull, Hanns W. 1992: Großmacht Deutschland? Anmerkungen und Thesen, in: *Kaiser, Karl/Maull, Hanns W.* (Hrsg.), Die Zukunft der deutschen Außenpolitik. Symposium des Forschungsinstituts der Deutschen Gesellschaft für Auswärtige Politik, Bonn, S. 53-72.

Maull, Hanns W. 2006: Die prekäre Kontinuität: Deutsche Außenpolitik zwischen Pfadabhängigkeit und Anpassungsdruck, in: *Schmidt, Manfred G./Zohlnhöfer, Reimut* (Hrsg.), Regieren in der Bundesrepublik Deutschland, Innen- und Außenpolitik seit 1949, Wiesbaden, S. 422-445.

Maull, Hans W. 2007: Zivilmacht Deutschland, in: *Hellmann, Gunther/Schmidt, Siegmar/Wolf, Reinhard* (Hrsg.), Handwörterbuch zur deutschen Außenpolitik, Wiesbaden, S. 73-84.

Merkel, Angela 2008: Rede von Bundeskanzlerin Merkel vom 10. März 2008 anlässlich der 41. Kommandeurstagung der Bundeswehr in Berlin, verfügbar unter http://www.bundeskanzlerin.de/Content/DE/Rede/2008/03/2008-03-10-rede-merkel-kommandeurtagung.html [23.3.2008]).

Milliken, Jennifer 1999a: The Study of Discourse in International Relations: A Critique of Research and Methods, in: European Journal of International Relations 5: 2, S. 225-254.

Milliken, Jennifer 1999b: Intervention and Identity: Reconstructing the West in Korea, in: *Weldes, Jutta/Laffey, Mark/Gutterson, Hugh/Duvall, Raymond* (Hrsg.), Cultures of insecurity: states, communities, and the production of danger, Minneapolis/London.

Milliken, Jennifer 2001: The Social Construction of the Korean War. Conflict and its Possibilities, Manchester.

Morgenthau, Hans 1952: „Another ‚Great Debate': The National Interest of the United States", in: The American Political Science Review, Vol. 46, No. 4, S. 961-988.

Mutz, Reinhard 2000: Auf schiefer Bahn. Deutsche Außenpolitik - Militarisierung ist mehr als ein Schlagwort geworden, in: Freitag - Die Ost-West-Zeitung, 4.8.2000, auch verfügbar unter: http://www.freitag.de/2000/32/00320601.htm [18.07.2007].

Niesen, Peter 2007: Anarchie der kommunikativen Freiheit. Ein Problemaufriss, in Ders./Herborth, Benjamin (Hrsg.), Anarchie der kommunikativen Freiheit. Jürgen Habermas und die Theorie der internationalen Politik, Frankfurt a.M.

Oevermann, Ulrich 2002: Klinische Soziologie auf der Basis der Methodologie der objektiven Hermeneutik – Manifest der objektiv hermeneutischen Sozialforschung (Manuskript, verfügbar unter http://www.agoh.de/cms/index.php? option=com_remository&Itemid=293&func=fileinfo&id=28 [23.2.2008]).

Onuf, Nicolas 1989: World of Our Making: Rules and Rule in Social Theory and International Relations, Columbia/South Carolina.

Pierson, Paul 2003: Big, Slow-Moving, and ... Invisible. Macrosocial Processes in the Study of Comparative Politics, in: *Mahoney, James/Rueschemeyer, Dietrich* (Hrsg.), Comparative Historical Analysis in the Social Sciences, Cambridge, S. 177-207.

Pressekonferenz 2008: Pressekonferenz von Bundeskanzlerin Merkel und Staatspräsident Sarkozy am 3.3.2008 im Gästehaus der Niedersächsischen Landes-

regierung in Hannover, verfügbar unter http://www.bundeskanzlerin.de/
Content/DE/Mitschrift/Pressekonferenzen/2008/03/2008-03-03-pk-merkel-
sarkozy.html [8.3.2008].

Przeworski, Adam 1998: Deliberation and Ideological Domination, in: *Elster, Jon*
(Hrsg.), Deliberative Democracy, Cambridge, S. 140-160.

Reder, Anna 2006: Kollokationsforschung und Kollokationsdidaktik, in: Linguistik
online 28:3, 157-176, verfügbar unter: http://www.linguistik-online.de/28_06/
[23.11.2006].

Rieger, G./Schultze, Rainer-Olaf 2002: „Machttheoretische Ansätze"; Zürn, Michael:
„Realistische Schule", in: *Nohlen, Dieter/Schultze, Reiner-Olaf* (Hrsg.), Lexikon
der Politikwissenschaft. Theorien – Methoden – Begriffe, München.

Risse, Thomas 2001: A European Identity? Europeanization and the Evolution of
Nation State Identities, in *Cowles, Maria Green/Caporaso, James/Risse, Thomas*
(Hrsg), Transforming Europe. Europeanization and Domestic Change, Itha-
ca/London, S. 198-216.

Risse, Thomas 2004: Kontinuität durch Wandel: Eine „neue" deutsche Außenpolitik? In: Aus Politik und Zeitgeschichte B 11, S. 24-31.

Risse, Thomas 2007: Deutsche Identität und Außenpolitik, in: *Schmidt, Siegmar/
Hellmann, Gunther/Wolf, Reinhard* (Hrsg.), Handbuch zur deutschen Außenpolitik, Wiesbaden, S. 49-61.

Roos, Ulrich 2008: Überzeugungen deutscher Außenpolitik. Die Entwicklung der
grundlegenden Handlungsregeln deutscher Außenpolitik nach der Vereinigung, Dissertation, Johann Wolfgang Goethe-Universität, Frankfurt a. M.

Rorty, Richard M. 1979: Philosophy and the Mirror of Nature, Princeton.

Rorty, Richard M. 1989: Contingency, Irony and Solidarity, Oxford.

Rorty, Richard M. 1992 (1967): Metaphilosophical Difficulties of Linguistic Philosophy, in: *Rorty, Richard M.* (Hrsg.), The Linguistic Turn. Essays in Philosophical Method. Chicago/London, S. 1-39.

Rorty, Richard M. 1993 (1987): Physikalismus ohne Reduktionismus, in: *Rorty,
Richard M.*, Eine Kultur ohne Zentrum. Vier philosophische Essays, Stuttgart, S. 48-71.

Rorty, Richard M. 2000: Response to Robert Brandom, in: ders. (Hrsg.), Rorty and
his Critics, Malden, Mass./Oxford, S. 183-190.

Rorty, Richard M. 2007: Philosophy and Cultural Politics, Philosophical Papers,
Vol. 4, Cambridge.

Schmidt, Manfred G. 2004: „Macht", in: Wörterbuch zur Politik, Stuttgart, S. 424f.

Schöllgen, Gregor 1993: Angst vor der Macht. Die Deutschen und ihre Außenpolitik, Berlin/Frankfurt a.M..

Schöllgen, Gregor 2003: Der Auftritt: Deutschlands Rückkehr auf die Weltbühne, Berlin.

Schöllgen, Gregor 2004: Die Zukunft der deutschen Außenpolitik liegt in Europa, in: Aus Politik und Zeitgeschichte B 11, S. 9-16.

Schröder, Gerhard 1999: Eine Außenpolitik des „Dritten Weges"? in: Gewerkschaftliche Monatshefte 50: 7-8, S. 392-396.

Schwarz, Hans-Peter 1994: Die Zentralmacht Europas. Deutschlands Rückkehr auf die Weltbühne, Berlin.

Senghaas, Dieter 1995: Frieden als Zivilisierungsprojekt, in: Ders. (Hrsg.), Den Frieden denken, Frankfurt, S. 196-223.

Shrouf, A. Naser, 2005: Sprachwandel als Ausdruck politischen Wandels. Am Beispiel des Wortschatzes in Bundestagsdebatten 1949-1998, Frankfurt a.M..

Stathi, Katerina 2006: Korpusbasierte Analyse der Semantik von Idiomen, in: Linguistik online, 27: 2, S. 73-89, verfügbar unter: http://www.linguistik-online. de/27_06/ [23.11.2006].

Sternberger, Dolf 1932: „Fressendes Gift" bis „Wiedergeburt", in: Deutsche Republik 44: 6 (30.Juli 1932), S. 1398-1401.

Stötzl, Georg/Wengeler, Martin 1995: Kontroverse Begriffe. Geschichte des öffentlichen Sprachgebrauchs in der Bundesrepublik Deutschland. Berlin, New York.

Strauss, Anselm L./Corbin, Juliet M. 1998: Basics of Qualitative Research: Techniques and Procedures for Developing Grounded Theory (Second Edition), Thousand Oaks.

Strauß, Gerhard/Haß, Ulrike/Harras, Gisela (Hrsg.) 1989: Brisante Wörter von Agitation bis Zeitgeist, Berlin/New York.

Teubert, Wolfgang 1999: Korpuslinguistik und Lexikographie, in: Deutsche Sprache 4: 27, S. 292-313.

Teubert, Wolfgang 2002: Der britische Anti-Europa-Diskurs und seine Schlüsselwörter, in: Sprachreport 2, S. 7-12.

Teubert, Wolfgang 2006: Korpuslingistik, Hermeneutik und die soziale Konstruktion der Wirklichkeit, in: Linguistik online 28:3, S. 41-60, verfügbar unter: http://www.linguistik-online.de/28_06/ [23.11.2006].

Townson, Michael 1992: Mother-tongue and fatherland. Language and politics in German, Manchester/New York.

Wæver, Ole 1995: Securitization and Desecuritization, in: *Lipschutz, Ronnie* (Hrsg.), On Security, New York, S. 46-86.

Wæver, Ole 2003: Discoursive Approaches, in: *Wiener, Antje/Diez, Thomas* (Hrsg.), European Integration History, Oxford, S. 197-216.

214

Weber, Max 2005: Wirtschaft und Gesellschaft, Neu Isenburg, S. 38.

Weiß, Ulrich 2002: „Macht", in: *Nohlen, Dieter/Schultze, Reiner-Olaf* (Hrsg.), Lexikon der Politikwissenschaft. Theorien – Methoden – Begriffe, München, S. 486-487.

Wendt, Alexander 1994: Collective Identity Formation and the International State, in: American Political Science Review 88: 2, S. 384-396.

Wendt, Alexander 1999: Social Theory of International Politics, Cambridge.

Wittgenstein, Ludwig, 1984a (1958): Philosophische Untersuchungen. Werkausgabe Band 1, Frankfurt a. M..

Wittgenstein, Ludwig 1984b (1969): Über Gewißheit, Frankfurt a. M..

Zehfuß, Maja 1998: Sprachlosigkeit schränkt ein. Zur Bedeutung von Sprache in konstruktivistischen Theorien, in: Zeitschrift für Internationale Beziehungen 5: 1, S. 109–137.